[美] 维克多·尼德霍夫 Victor Niederhoffer　劳蕾尔·肯纳 Laurel Kenner　著

PRACTICAL
SPECULATION

投机教父尼德霍夫
的股票投机术

中国青年出版社 CHINA YOUTH PRESS　中青文传媒

图书在版编目（CIP）数据

投机教父尼德霍夫的股票投机术 /（美）维克多·尼德霍夫，（美）劳蕾尔·肯纳著；张尧然，杨颖玥译. — 北京：中国青年出版社，2017. 10

书名原文：Practical Speculation

ISBN 978-7-5153-4887-2

Ⅰ . ①投… Ⅱ . ①维… ②劳… ③张… ④杨…

Ⅲ . ①股票投资—经验—美国 Ⅳ . ①F837.125

中国版本图书馆CIP数据核字（2017）第205359号

投机教父尼德霍夫的股票投机术

作　　者：〔美〕维克多·尼德霍夫　劳蕾尔·肯纳

译　　者：张尧然　杨颖玥

责任编辑：肖　佳

美术编辑：张燕楠

出　　版：中国青年出版社

发　　行：北京中青文文化传媒有限公司

电　　话：010-65511270/65516873

公司网址：www.cyb.com.cn

购书网址：zqwts.tmall.com　www.diyijie.com

印　　刷：三河市文通印刷包装有限公司

版　　次：2017年10月第1版

印　　次：2019年6月第2次印刷

开　　本：787×1092　1/16

字　　数：280千字

印　　张：21.5

京权图字：01-2015-5673

书　　号：ISBN 978-7-5153-4887-2

定　　价：59.00元

P RACTICAL
S PECULATION

赞　誉

本书凝聚了非常广泛、非常难得的经验与智慧，深入浅出，指导性强。作者如外科医生一般，将牛市熊市剖析得淋漓尽致。

——史蒂芬·M. 斯蒂格，芝加哥大学统计学教授

在我看来，维克多·尼德霍夫是全世界眼光最好的投机者。这本新书展示了他的独特天赋——洞察看似相互独立的事件的微妙合力。尽管本书主要是讲投资策略，它也很好地解释了市场功能。

——赫伯特·伦敦，纽约大学人文学科教授，哈德森学院院长

维克多·尼德霍夫写的所有内容都值得一读，不，值得再三阅读。他对市场的分析别出心裁。读者将会在书中发现大量真知灼见，拓展他们的思维，启发他们的想象。

——劳伦斯·S. 里特，纽约大学金融学荣誉退休教授

维克多·尼德霍夫和劳蕾尔以独特的眼光，剖析了日常生活中各种复杂因素的相互关系和相互依赖，这也有助于理解人们会怎样应对一连串的事件。

本书深入洞悉的思想，或许是我们这个时代最新颖的思想。

——肯尼斯·W.伦德尔，肯尼斯·伦德尔公司创始人

维克多和劳蕾尔的观点令人振奋。在全球投资的画布上，他们从空间和时间两个维度挥洒笔墨。这是他们漫步于艺术、科学、体育和投资之间的炫目旅途。好好读读这本书，再去投资股市吧。

——埃尔罗伊·迪姆森，伦敦商学院教授，《投资收益百年史》作者之一

PRACTICAL
SPECULATION

致 谢

这是一本来自投资一线的书。其中大部分观点来自我们在CNBC（美国全国广播公司财经频道）"财富"专栏、worldlyinvestor.com网站和thestreet.com网站的专栏，这些观点在面对市场无情的裁决的同时，也得到了很多读者的品评，虽然其中不乏嘲讽之词。

正是有很多人的帮助，我们才得以在忙碌的生活中完成此书。我们要特别感谢CNBC"财富"专栏的编辑乔恩·马克曼，他对书中的诸多观点都有所贡献。感谢威利出版社的编辑帕梅尔·万·吉森，他启发了我们写作此书，并无数次帮助我们。

有那么一群优秀的人，我称之为"投机者群"，他们阅读我们的专栏并给出反馈。受本杰明·富兰克林组建交流学会的精神启发，我们邀请他们参加我们的邮件交流群。在与他们讨论的过程中，我们的思维得到了磨砺，观点得到了升华。我们要特别感谢詹姆斯·戈德坎普，他为大家建立了一个通讯录。投机者群从最初的不到10人，发展到现在的150多人，其中有来自各行各业的精英，大家因共同的兴趣集合到一起，对市场进行统计分析，并在讨论中相互受教。布莱特·斯蒂恩博格博士是我们最早的读者之一，也是我

市场斗士（画家：苏珊·斯莱曼，2000年）

们的挚友，他对本书贡献颇多。还有很多人在生活和思想上给予我们帮助，他们包括吉坦舒·布赫、亨利·卡斯滕斯、邓肯·库克、尼格尔·戴维斯、E先生、比尔·伊甘、格伦·埃斯科瓦多、埃德·克洛斯、比尔·海恩斯、戴维·希尔曼、詹姆斯·拉基、约翰·兰姆伯格、保罗·莱维斯、埃里克斯·马丁、马克·麦克纳伯、舒伊·米特苏打、比品·帕塔克、汤姆·瑞安、肯·萨多夫斯基、迪克·西尔斯、卢赛尔·西尔斯、沙鲁巴·辛格、唐·斯塔里克、加里·泰特、杰克·蒂尔尼、史蒂夫·威士登，等等。还有很多人，抱歉在此难以一一列举。

维克多办公室的交易员们，在本职工作之外为本书贡献了大量研究与分析工作。张石和戴维·西奥卡承担了很多研究工作，并绘制了书中的散点图。帕特里克·波义耳研究了有关物理学和格雷厄姆的图书。罗布·温卡普永不懈怠地帮助我们整理书籍、信件和文章。吉坦舒·布赫在进行交易操作的同时，还帮助我们跟踪了多个项目。

比尔·伊甘、约翰·兰姆伯格、凯伦·拉尔森和亚当·罗宾逊审阅了书稿，并提出了很多宝贵建议。

里普·麦肯兹对第5章做出了很大贡献。

thestreet.com网站的詹姆斯·克拉默和worldlyinvestor.com网站的杰里米·平克鼓舞了我们早期的写作。

非常感谢芝加哥大学的史蒂夫·斯蒂格勒和吉姆·劳里，以及维克多的多年老友、顾问李·亨克尔，还有丹·格罗斯曼，他与维克多搭档30多年，其见解鞭辟入里，其友谊真挚无比。

在此，劳蕾尔还要感谢她的音乐老师奥布·泽库、布鲁斯·萨瑟兰和罗伯特·温特，感谢他们教授的音乐之道，在生活的方方面面都很有用。

最后，感谢我们的家人，感谢你们与我们携手共度，风雨同舟。

维克多·尼德霍夫

劳蕾尔·肯纳

扫码免费听

《高效能人士的七个习惯》有声书

目 录 / Contents

前 言 / INTRODUCTION

嘿！你们这些傻瓜！你们已经身处险境了，难道还不明白吗？它们正在找你们！它们正在找我们所有人！包括我们的妻子，我们的孩子……它们已经在这里了！你们马上就会被变形！

——迈尔斯·本奈尔博士，《人体异形》（1956年电影版）

噩梦总是如此相似。我躺在床上，盯着天花板上大屏幕上滚动的新闻标题：

收入预期下降导致股市下跌

担心经济放缓，股市可能连续第五周下跌

伴随证券市场大跌，货币市场收益率降至1%

股市连续450天未能达到2000年最高点

研究表明60%以上股票价格低于52周最高点

一月指标预示今年或衰退，市场随之骤跌

巴菲特说投资者的期望"太高了"

美联储会议前夕，担忧笼罩市场大跌

备受推崇的江恩轴线被击穿，诱发大量卖盘

目前股息率比1996年格林斯潘发表"非理性繁荣"演讲的时期低25%

在这些噩梦里，我持有IBM或者price.com网站的股票，甚至是泰京银行的股票，1997年我持有这家泰国国有银行的股票时，它的股价从200美元跌到了几分钱。接下来的梦境也总是一样的：我持有的股票跌跌不休，要求大量追加保证金的电话纷至沓来，相关股票价格也随之出现断崖式下跌。对冲基金经理们为了平衡头寸，做空了更多的股票。我看空的裸期权价格却在飞涨。千百万投资者盲目地跟着新闻消息走，他们像僵尸一样跟风，不惜以任何价格清空手中的股票，转而投入货币市场基金，哪怕税后年化收益率只有-1%。

"停住！你们这些傻瓜！"我大声喊道，"现在根本就没什么危险！难道你们看不到吗？那些新闻不过是要误导你们！再不冷静下来，你们就将失去一切，失去你们的财富，失去你们的家庭！"

在杰克·芬尼1954年出版的科幻小说《人体异形》里，人们的状态与投资者有异曲同工之妙。在小说里，外星人秘密入侵了书中虚构的加州圣米拉小镇，在不知不觉间进入了熟睡中的小镇居民体内。到第二天早上，这些受害者乍看起来和之前一模一样，但是他们已经丧失了人类的情感，不再有喜怒哀乐，不再有激情，不再有希望。

书中的英雄迈尔斯·本奈尔博士当时正好不在家，他回来之后，最初并没有在意受害者们的怪异行为。但他很快意识到这里发生了某种可怕的事情。他和勇敢的恋人贝基·德里斯科尔一起运用法医知识进行详细检查，指出这些外星人是寄生的种荚，它们能在温室里进行自我复制，从而侵入更多的人类受害者。但它们不能交配，也不会产生后代，只能通过寄生生存，而它们在人体宿主中的寄生将在五年之后结束。

历经坎坷逃出小镇之后，迈尔斯和贝基用火攻打败了外星人感染的种荚人的先锋部队。其他外星人认为地球是个不友好的地方，于是重返太空寻找新的牺牲品。

该书中对受害者的描述，常常被理解为对盲目顺从权威的警告，但它也生动描述了大众投资者的茫然，他们看到像我梦里那样的新闻标题时，辨别不出其中的谬误和虚假宣传，盲目跟风，结果被一再误导。

最严重的问题是，这些新闻标题首先会引发人们的情绪冲动，随后又让他们变得麻木。它们会蒙蔽投资者的眼睛，让他们对20世纪美国和大部分欧洲国家1500000%的股票投资收益率视而不见。然而平均来看，当时每个时刻的市场背景都和现在一样，看起来黯淡无光。现代科学快速进步，企业不断发展，令我们活得越来越健康，生活越来越有活力，对于我们的下一代来说，很有必要以一个世纪的时间跨度去思考投资。

让我们再来看一看开头的前三条新闻标题：

> 收入预期下降导致股市下跌
>
> 担心经济放缓，股市可能连续第五周下跌
>
> 伴随证券市场大跌，货币市场收益率降至1%

这些新闻标题有一个共性问题：它们把牛市写成了熊市。我们将会在后续章节详细探讨这个问题。再看接下来三条新闻标题：

> 股市连续450天未能达到2000年最高点
>
> 研究表明60%以上的股票价格低于52周最高点
>
> 一月指标预示今年或衰退，市场随之骤跌

这三条新闻标题所描述的现象在任何时间段都是真实的，但它们都包含一项巨大的随机成分，比如股票收益。这些信息对投资者来说没有任何意义。继续看：

> 巴菲特说投资者的期望"太高了"
>
> 美联储会议前夕，担忧笼罩市场大跌
>
> 备受推崇的江恩轴线被击穿，诱发大量卖盘
>
> 目前股息率比1996年格林斯潘发表"非理性繁荣"演讲的时期低25%

这些新闻标题所讲述的故事并不真实，其中还含有一些错误理念，会伤害相信类似报道的人们。

引发恐慌的新闻标题往往是基于捏造，而不是基于事实推理的；它们利用巧妙的宣传技巧传达这些观点，而不是用经得起检验的科学陈述。就像在科学蒙昧的社会里，祭司使用虚构的神话维护社会秩序、从大众身上获取好处一样，今天的市场专家使用简单的、厚颜无耻的谎言从轻信他们的投资者身上攫取利益。这种现象解释了为什么大众投资者为交易商及其高管贡献了如此多的佣金、价差、研究经费、通信支出、写字楼房租、销售开支、营销费用，以及骇人听闻的奖金，正是这些交易商和高管构成了华尔街的基石。

这里列出的几条新闻标题绝非我们为了自圆其说特意挑出来的个例。它们是这种捏造误导性信息、每天通过各种媒体渠道对投资者进行宣传攻势的典型。不加批判地接受这些新闻中的错误信息，不论它是过分夸大牛市还是危言耸听宣传熊市，都会把投资者引到屠宰场。

虽然不论是在市场中，还是在生活的其他方面，宣传都无处不在，但我们还是有办法让自己不受其操纵，那就是科学方法。如果有关市场的理论是经得起检验的，那就可以用数学来验证它们。使用科学方法，不仅可以消除

对"非理性""繁荣"等词语的争议，还可以把市场理论和现实世界联系起来。这些经过验证的理论，可以带来实实在在的收益（说到底，这也是你读这本书的原因）。

我们厌恶那些在市场暴涨之后向投资者鼓吹牛市的言论，很多公司会隐藏盈利，等待恰当的时机再把盈利释放出来，诱导投资者购买股票，以便于管理层兑现期权；我们强烈批判那些证券公司分析师，只要某家上市公司是他们的客户，他们就永远都不会建议人们卖出这家公司的股票；我们讨厌像安然公司的杰佛瑞·斯基林那样狂妄自大的管理者，他甚至会咒骂那些质疑公司财务报表的分析师；我们也讨厌那些极端自我主义的管理者，他们把打高尔夫球当作自己理所当然的特权。

错误、未经证实的假说主导了今天的市场。尽管自市场有效理论提出后的40年里，取得了一些进步，但在很大程度上，金融领域依然处于蒙昧的黑暗时代。媒体日复一日提供给人们的，不过是各种迷信的说法、事后诸葛亮般的评论，以及对那些拼命想要跟上大盘涨幅的基金经理的采访。

这些报道大都声称自己发现了某家公司的利好或利空消息与当天市场表现之间的联系，把某天的大盘上涨归功于几家公司积极的盈利预期，或者把某天的下跌归咎于另外几家公司消极的盈利预期。但市场如此巨大且多变，随便哪一天，都会有几家公司发布报告，说它们的情况比某个标准更好或者更差。只要投资者稍加看重类似这样的报告，他们就会成为变幻莫测的市场的牺牲品。这些报告煞有介事地寻找一些似有似无的证据，证明某些已经发生的事情，却没有任何预见性。更糟糕的是，一些无知的投资者丧失了辨别哪些消息有用、哪些消息没用的能力，没能建立对未来进行开明、理性决策的基础。没有哪位评论员能精确预测市场，比如预测某家上市公司效益与其市场表现之间的精确联系。在生活和其他领域中，投资者常常会对某些事物产生怀疑。但在投资领域，他们却忘记了使用最普通的怀疑，全盘接受了媒体上那些含混不清、无法证实的断言。

在看似毫无规律可循的市场运动中，如果市场下跌，投资者就会如梦初醒，开始反感市场；如果市场上扬，他们又会高度积极，变得狂热起来。在这两种情况下，他们都很有可能会过度交易，为券商做出更大的贡献。结果就是，大量气恼的投资者时刻准备着，一旦某个市场领袖发声就会跟着他转，每个人都准备随时离场，在股市最好的时候转身投入实际收益率为负的货币基金市场。不幸的是，市场里富者愈富，众多客户和投资者却一无所获，甚至赔得连吃饭钱都不剩。

更严重的是，市场的牺牲品会变得和圣米拉镇的种莱人一样，对所有新观点都冷嘲热讽，丧失了乐观和理想。他们渐渐变得不相信科技、不相信增长，多次被企业披露的信息欺骗之后，连整个实业系统都不相信了。本奈尔博士的一段话可以用来生动描述投资者的这种状态：

> 我曾目睹了那些人的人性是怎样丧失殆尽的。它们不是一下子消失，而是一点点失去，他们自己似乎都没有感觉到……我们所有人的心都在一点点变硬，变得冷酷无情。

但是生活为那些愿意冒险的人提供了最大的回报，市场也是如此。虽然风险带来了不确定、焦虑甚至是损失，但它也给我们带来了最好的可能。每一个努力成为投机者的人，都是在进行一场英雄般的探索。想要变得比当下更好，我们可能会受到他人的讥讽或疏远，而英雄主义则是催人奋进的战鼓。

如果你了解我的经历，读到现在，你或许会问："维克多·尼德霍夫怎么又跑出来写了一本有关投机和投资的书？他的对冲基金不是在1997年清盘了吗？"

直到1996年，我还保持着投资界的最佳纪录。巴克莱银行称我为1996

年度的顶级基金经理。我获得了"最佳对冲基金经理"的称号，还带着钢琴家罗伯特·施拉德周游世界，在各种高雅的场合发表有关市场和音乐的演讲。我聘请了一大群顶级名校毕业的交易员和分析师，其中很多人都已经和我共事了十几年以上。我曾和乔治·索罗斯在多次冒险投机中合作，那时候，无论是在工作还是在娱乐时，我们都形影不离。当时，我写的《投机教父尼德霍夫回忆录》刚刚出版就成了畅销书。我管理的基金和个人财富都在以指数速度增长，这一切似乎都合情合理。

然后，泡沫崩盘了。我失去了一切。用华尔街的话来说，我被"炸得灰飞烟灭"。

这段故事被大量报道。1998年12月13日，杰拉尔丁·法布里肯特在《纽约时报》上发表了一篇文章，用最刻薄、最幸灾乐祸的口吻描述了我的失败：

> 这支用波多兰公牛角和大量白银制成的五英尺长的号角，曾经为瑞典国王查尔斯十五世所有，如今是维克多·尼德霍夫最喜爱的银制品收藏。但是尼德霍夫先生已经养不起他的收藏了。这位基金经理在1997年10月失去了全部身家，他先是在泰国股市进行无对冲杠杆投机，随后又赌美国市场不会大幅下跌，结果他为自己、家人和投资者管理的全球系统基金连续两次受到重创，被彻底抹平。尼德霍夫为了偿债，为了抚养四个还未成年的孩子，为了维持家人的生活，为了再次回到他唯一了解的证券行业，不得不苦苦挣扎。

> 从之前基金的废墟中重返市场，不论是在经济上还是心理上，都比尼德霍夫想象的更为艰难。"当你已经55岁时，还要做到不屈不挠是很难的，"他在家中书房里接受采访时如是说，"在你遭遇坏运气之后，你的支持者和客户就会产生恐惧。我现在处处都捉襟见肘。"

在经历了20年的成功之后，很多投资者都已经成了他的朋友。但是现在，很多情谊走到了尽头。"我的电话不再整天响个不停了。"他说。他感觉自己与投资者患难与共很重要。"我很悲伤，我也受到了惩罚，"他说，"我的智慧太不可信。"他把自己的失败与长期资本管理公司进行对比，后者是更大的对冲基金，最近得到了华尔街的救援。"我当时应该利用长期资本管理公司的喘息之机。"尼德霍夫说。但是相反，他没有那样做，现在他正在变卖自己的银器收藏。

转眼之间，我从职业巅峰跌落到了谷底。我的雇员大量辞职。很多客户曾是我最好的朋友，如今却纷纷弃我而去。

当初为了提振业绩，保住第一名的位置，我投资了泰国的股票市场，而当时我对这个国家却知之甚少。在美国，银行股下跌90%时，是一个很好的反弹机会。在东南亚却不是这样。我最大的重仓股，也是泰国最大的银行，其股价竟然下跌了99%。我在海外市场的损失耗尽了以往的积蓄。这个故事的后续至今依然令人心伤，不堪回首。一句话，亚洲股市的暴跌引发了全球股市的大震荡，那一天，道琼斯指数下降了550点。这已经足以触发股市熔断规则，在下午两点钟提前闭市。面对第二天要追加千万美元保证金的局面，我被迫清盘了我的基金。

我不但丢掉了自己的投资业务，还不得不卖出自己持有的其他金融资产。我抵押房子换来一大笔贷款，贷款年利率为15%。最后，我尊严扫地，卖掉了大量的银器古董收藏。我在一家拍卖行手册中的自我介绍，就体现了当时的复杂心情：

一次阅读商业历史时，我知道了华尔街投机家在他们的冒险生涯中，常常会在窘迫的时候卖掉他们收藏的银器……我最欣赏的此类交易之一，是杰伊·库德卖掉了一座职业网球比赛冠军奖杯。在各种幸灾乐祸的声音中，我真不敢想象，自己某一天也会被列为这样的例子。

我在方方面面都受到了毁灭性打击。我的妹妹黛安是一位精神病医生。她指出，严重的抑郁症病人（有自杀倾向的病人的婉称），会出现体重减轻、性欲衰退等10种临床表现。而我身上出现了全部这些症状。或许也是想得到同情，在一次会见外聘律师时，我忍不住半开玩笑地提起这件事。后来，我的律师把我拉到一边，劝诫我再也不要说这种话了，他说："其他人听了你这话，只会愤慨你为什么没有扣动扳机自杀以谢天下。"

家人和朋友尽最大努力陪我渡过难关。我收到了55本《相约星期二》。送书的人都强调说，书中的主人公莫瑞随时都面临死亡的危险，却依然高傲地活着，他们建议我学习他这种生活姿态。

我还收到了10本拉迪亚德·吉卜林的诗《如果》，这也是一种鼓舞。有些送书人还特意标出了下述诗句：

> 如果你敢把取得的一切胜利，
> 为了更崇高的目标孤注一掷，
> 面临失去，决心从头再来而绝口不提自己的损失；
> ……
> 如果你能惜时如金，利用每一分钟不可追回的光阴，
> 那么，你的修为就会如天地般博大，
> 并拥有属于自己的世界，
> 更重要的是，我的儿子，
> 你成了一名真正的男子汉！

反复阅读《相约星期二》，带着自己鬼门关似的经历、令人悲伤的噩梦

与反思，我频频拜访父亲阿蒂的墓地。他是一名学者，还当过警察，他总是有无穷的力量，虽然早在1981年，他才62岁就英年早逝，但是每逢困难险境，他的精神总能鼓舞全家人振作起来。我的伯伯豪伊·艾森伯格的经历很值得我借鉴，他曾经43次在全国手球比赛决赛中遭遇逆转，由胜转败（不过，他也赢过18场决赛）。我问他，如果我爸爸还在，他会怎样评价我的这些失败。他说：

> 那又怎么样？这并不是世界末日。你和你的家人身体都很健康，你依然可以过自己想要的生活，这才是最重要的。是你所有的投资策略、经验和过程导致了最后那一刻的发生。你孤注一掷，想要取得更大的收益，结果却扑了个空。但你也曾用同样的做法遥遥领先。

> 虽然我不会相信，但就算你很难东山再起，那也没多可怕。你还可以教书，我也会在经济上帮助你。你看，我已经用房子抵押了一笔贷款。

> 这次的失败对你应该会有所启发。加大赌注能增加收益，但它也可能让你和队友全盘皆输。尽管最大发挥自己的优势看起来是正确做法，但同时也要有相应的战术，尽可能不要输掉整场比赛，甚至是输掉比赛资格，葬送整个比赛生涯。谁都不愿意看到这样的情况：再也不能按照自己的意愿继续比赛。其中关键就在于，你还能否继续参加比赛，还有没有机会一点点挽回败局。

> 不论你将来做什么，都要更加谨慎，都要对家人朋友好一点。你有一份美好的生活值得追求，还要追求这世上的一切美好事物。慢慢来，别着急。

我没有那份奢侈，去长久地咀嚼品味自己的失败。我有六个孩子要交私立学校的学费，有一位妻子和一位前妻要养活，要花大笔的钱才能维持之前的美好生活，打官司处理眼下的事情也得花钱。我们采了一筐草莓，结果筐子打翻了，我们得重新来采。我必须再一次把它装满，但是我没有钱来供应这些开支。更要命的是，那些平时就怀疑我这种交易风格的人，这时候已经没有任何兴趣来与我合作。

我在运动生涯中也遭遇过失败。但是这次要想复原却更加困难。在这场资本竞赛中，我不仅输掉了比赛，还输掉了我的装备、我的教练、我的勇气，还有我的粉丝。因为赛事主办方担心出现不良后果，我甚至连资格赛也无缘参加了。

在这种情况下，转而追寻其他替代工作也就显得合情合理了。这份替代工作就是和劳蕾尔·肯纳合作写专栏，讲述我在失败中学到的教训，或许能防止其他人重蹈覆辙。这时我发现，若想教别人，我先得自我反省。

我在1999年遇到劳蕾尔时，她是彭博新闻社北美股市板块的主编，这是美国最大的两家金融新闻有线公司之一。颇有讽刺意味的是，本书批评那些在市场中散布错误信息和虚假信息的人，而她也曾是其中之一。生命如此短暂，时间一秒不停地嘀嗒流逝，她决定自己开一个专栏。她的专栏读者很快就超过了其他同类专栏。她的文章从棒球、小说《白鲸》甚至贝多芬的交响乐中获得灵感，启发投资者，却并不讨老板的欢心，结果被扫地出门。最后，她离职丧失了收入来源。在这场遭遇中，唯一的好事就是她终于可以与我自由合作写专栏了，她觉得这是件有意义的事情。

看到投资者们如此频繁地依赖那些错误信息，我们都痛心不已。那些强加给投资者们的胡言乱语令我们感到痛苦，而且我们都有理由，也有相关的知识来做点什么。

势不可挡的喝彩

我们刚开始写专栏时，很多人的典型反应都是"滚到一边去"，有读者写信说，这简直是世上最荒唐的事情：一个在资本市场中输掉全部身家的人，居然要写专栏教别人怎样投资。

　　在我们最早收到的信中，有一封信建议我不要写专栏了，还是去刷盘子攒钱，给投资者还钱比较好。

　　2002年年初，我们警告投资者不要盲目跟随那些相信"趋势是朋友"的说法，下面是当时一些颇具代表性的读者来信：

　　　　最后，我想鼓励你们继续在"财富"上写专栏，与我们分享你们的想法。但是能获得盈利的交易方法，似乎与你们的观点正好相反。

　　　　这或许是我看到过的最烂的文章。不断给羊群传达同样的信息，把它们带到屠宰场。维克多曾是全世界最优秀的投资经理之一……可他现在为什么在专栏里兜售投资建议？我得好好想想。

　　　　你是怎样做垮了自己的账户，大家都心知肚明。

　　　　我发现这件事太有趣了，一个一夜之间损失了1.25亿美元的人，一个债台高筑的人，居然找了一份给投资者提供咨询的工作。

　　　　我觉得你们这些家伙简直就是喜剧演员。把你过去五年的交易数据给我看看呗，我听说你后来破产了，很多趋势投资者可没有这样。

　　　　归根到底一句话，尼德霍夫到底破产了多少次，然后一次次找朋友借钱，重新开始交易投资？（来自海龟投资者网站）

　　　　我上次看排名的时候，尼德霍夫已经不是波士顿红海投资集团的顶级投资家了。约翰·亨利才是。

　　有的读者则直接把电脑病毒发给我们：

　　主题：转发：本邮件可能含病毒

　　一封来自vze24cgd@verizon.net的邮件可能包含病毒。本邮件会被隔离在mh2dmz4.bloomberg.net主机上的隔离分区，文件名为vm.02285185015.10682。

　　非病毒的文件我们一般都会回复，我们还发现语气温和的答复能够驱散读者的怒气。2002年10月4日，一位名为詹姆斯·泰勒的读者在电子邮件中说：

　　为什么你是投资界的权威呢？你是怎样成为权威的呢？说到底，你还不是搞垮了你的基金？

　　我回复说：

　　我并不是权威。我一直在努力学习。我想，他们觉得一个努力学习的人或许会有读者。或许这就是我的学习过程，而且我也需要一份工作。

　　这位读者很快又来信说：

　　我对上一封邮件深感抱歉。我措辞粗鲁，也有失公允。我只是在任意发泄，因为我在CNBC新闻上看到过太多的"分析师"和所谓专家，他们完全没有未雨绸缪的意识。

　　你的经验和眼光令这份专栏蓬荜生辉。其实，我有一本你写的《投机教父尼德霍夫回忆录》，而且认为非常值得一读。证券交易是一项非常高难度的业务，它可以考验我们，特别是当我们过分自信的时候。

　　市场评论员令人诟病的一点是，他们假设自己是旷野里孤独的声音，既没有其他人支持也得不到表扬。但事实上，我们很难陷入这样的处境。每个月都有数以千计的人们阅读我们在CNBC"财富"专栏上的文章。不论我们写什么，都会有一些人批评说："忘了这两个家伙的建议吧，要是维克多自己靠投资谋生的话，他连一美元也赚不来！"我们鼓励这样的看法，他们令我们能够安心继续我们的工作。我们有时候会给这些批评者回信说：

> 你说得对。维克多现在只能靠写专栏来养活一大家子人，来给六个女儿交学费。他以前擅长的投机游戏已经消失了，所以他连一份助理的职位也得不到。写专栏是一份很好的第二职业，因为他一整天随时都可以写作。他仍然在不懈努力，只要有一点点运气，他就将重新开始攀登投资这座大山，最终不再需要靠写作来谋生。

我们也不总是这么有耐心。得克萨斯有个经济学学生，他针对一篇有关股息的专栏文章给我们写信说，我们只引用近100年的数据是不够的，他认为实际的计量经济学工作没这么简单。维克多和平常一样，不温不火地回信说："希望你能从更多年的数据里找到一些规律，然后再来教教我们。"然而，他又回信说，看到维克多这个名字印在报纸上就觉得可憎，希望我们两个早日破产，劳蕾尔顿时怒不可遏，简直想要冲过去，拿自己三英寸高的高跟鞋鞋跟敲这家伙的脑袋。

尽管类似这样的来信或许会伤害我们，但我们理解，那些损失了大笔金钱的人们会迁怒于每一个人，从CNBC到分析师，从权威评论到专栏作者，统统包括在内。

事实上，我们两个都不需要靠写作来谋生。我们的生活需要开支，揭穿那些欺骗大众投资者的谎言需要使用付费数据库，这两方面的开销都比我们写专栏和写书赚的钱多。但是既然有人愿意虚心切磋，与我们相互指点，我们也就拿出认真的态度来对待这些批判。

从我和劳蕾尔2000年开始共同写作起，我们就从读者那里听到了无数令人心碎的故事，他们眼睁睁看着自己的财富和退休金账户缩水了一半甚至更多。他们向我们写信求助，咨询怎样才能把亏损的钱赚回来，或者怎样才能继续养活自己。他们特别想知道我当年遭遇崩盘时，是怎样面对自己的。

我给这些读者的答案是，不要躲避风险。风险是所有勇敢冲锋的一部分，不论是贸易、商业、慈善、建筑、勘探、美术、音乐、体育、航海还是谈恋爱，都难免会有风险。风险不仅是收获的必然代价，更是人类不可逃脱的命运。就像保罗·海恩在《经济学的思维方式》中所写的一样，"人在做出抉择时，如果不知道每一种选择的未来结果如何，那就是在投机。所以每个人都是投机者。"

当我在1997年清盘我的基金时，不论投资者投资了多长时间，他们大部分人都是有所盈利的。在1997年以后，我又重返投资界。在这一路上，我赚过钱，也赔过钱，好在上天保佑，赚的比赔的多。

> 由于害怕失败，个人常常以一种愤世嫉俗的态度来掩饰自己的感受，对于自己没有得到的奖赏持否定态度。对于那些执着追求或者已经得到奖赏的人，他们常常是报以嘲讽，在遭遇失败时，他们会抨击整个社会。随着愤世嫉俗者变得越来越消极，越来越厌世，他们很容易减少对社会的贡献与付出。

上面这段话的作者便是我的父亲。他是一位警官，他这番话本来是描写一些执法者的，但也同样适用于陷入悲惨境地的投资者，尤其是那些连年亏损的投资者。

所有冒险冲入华尔街密集宣传攻势中的人，都在承受遭遇毁灭的风险。在这种情况下，有必要寻找一个指引方向的舵手。为了挖掘在市场中赚钱需要掌握哪些知识，我们阅读了数百本有关交易、投资、统计、风险和行为经济学的书籍。然而很遗憾，几乎所有有关买股票的内容都是在煽动怂恿，那些建议大部分都没有被彻底检验过。当然，这些作者也很谨慎，他们的遣词造句让人没法验证。

人们盲目相信无法验证的观点，可以追溯到封建社会时期。当时人们生活在悲惨与贫困之中，没有机会自我提升，没有机会早早退休，没有机会去做创新的事情，没有机会找到治疗疾病的方法来延长生命。科学研究似乎能给人们带来一些帮助，但也存在一个问题，在当时的社会环境下，等学术成果发表时，往往已经过时。

就像《人体异形》中的受害者一样，投资谬论的受害者看起来也很正常，很理性。然而他们的集体行为却会导致非常不幸的结果。只有人们屈服了，变成不会思考的种荚人了，那些专业的市场寄生虫才能依靠剥削投资者，活得津津有味。只有在没有质疑、没有科学方法的环境中，投资者们才会蒙受巨大损失。

所有这些情况，使我们想和本奈尔博士一样大声疾呼："救命！住手！停下！停下来听我说！难道你们看不见吗？他们想让我们变得像种荚人一样，这样我们就可以给这个市场系统做贡献。"

那些攫取投资者钱包的人们无时无刻不在释放有关市场的谬论，在本书中，劳蕾尔和我扮演了贝基·德里斯科尔和本奈尔博士的角色，来帮助读者免受这些谬论的影响，避免变为种荚人的噩运。劳蕾尔曾在财经信息服务商彭博新闻社工作，了解各种迷惑人的技巧。本奈尔博士能够给患者看病，防止他们被异化，但我只是一个统计学博士。不过我也有一点像本奈尔博士，我会习惯性地把报纸上那些标新立异的文章剪切下来，阅读这些文章可以开阔看问题的视野。在过去25年里，我一直在自己最喜欢的报纸《国民问询报》（*The National Enquire*）上搜寻这样的故事，普通人的英雄故事，学习他们的生存技巧、他们难以磨灭的常识和天性，使自己采取乐观的投资的方式，并在种荚萌芽之前将它们连根除掉。我们希望读者也能发现这条道路是可以盈利的。

本书是在劳蕾尔和我过去三年专栏基础上的拓展。我们曾携手与神秘主义、傲慢自大和市场宣传工具作斗争，为四家不同网站撰写了500来篇重量级专栏。没错，我们的这些工作大多都被炒鱿鱼了。我们先是在劳蕾尔所在的彭博社专栏写了七周，然后又在thestreet.com写了两个月，在那里，我们的第一个合作专栏"投机之角"诞生了。在worldlyinvestor.com的专栏，我们写了一年零一个月，这对我们来说已经很久了，但后来还是被新编辑们扫地出门，因为他们想让我们教育人们如何做理财规划，而不是到处喊叫提醒大众警惕假大空的宣传。在本书出版的时候，我们又快要被现在的东家CNBC"财富"专栏炒鱿鱼了。

我们必须澄清一件事，本书中有大量的原材料都是首次面世。这需要大量的筛选，例如，我们首次综合分析了连续十年的每周财经评论内容，我们探讨并重构了散点图的使用，我们讨论了资本市场中的能量守恒定律，以及价值线公司的股票评级系统。此外，本书中的所有思想都是新鲜的。在实际交易经验的基础上，我们吸收了学术界、评论界诸多专家的知识和见解，只有在当今这个网络时代，才有可能做到这一点。

在整个写作过程中，读者的建议给我们提供了不可估量的帮助，引领我们去探索新领域，结识新朋友。最重要的是，我们从现实世界中观察各种模式，从中寻找、验证新想法，并且乐在其中，而不仅仅是传承其他专家的智慧。在过去三年里，劳蕾尔和我从数学分析、减少舆论影响、避免陷入消极思维、建立恰当的投资基础等方面收获颇多，希望我们的感悟能帮助本书读者取得成功。

本书框架

本书的第一部分仔细剖析了常见的错误、谬论和宣传技巧，它们诱导投资者误入歧途，成为割肉流血的羔羊。

第一章：被思维病毒控制的羊群

每个人都知道，只要美联储主席表示担心股价太高，就会在市场上引发完全无法预料的爆炸性后果。艾伦·格林斯潘在1996年12月5日的"非理性繁荣"讲话，就引发了这样一连串悲惨的事件，我们将在第1章详细讲述他这次演讲导致的所有后果，包括人们对科技发展、经济增长和牛市的不信任。

第二章：股价真的由上市公司盈利决定吗

正如库恩在《科学革命的结构》中指出的一样，在科学发展中，常常会有越来越多的情况与当时流行的理论相冲突。19世纪末期，实验不断发现原子核自然衰减的证据，牛顿力学就遇到了这样的问题。当今的流行说法，认为股价是由上市公司的盈利或者市盈率决定的。我们对这种流传最广的估值体系进行了验证，提供了一些看穿媒体报道、分析报告和公司宣传的方法，帮助读者抵制错误交易方式的诱惑。

第三章：趋势真的是朋友吗

市场剧烈下行会引发恐惧和担心。谁若能预测到市场何时上升，便能赢得无数的财富和力量。所以也就不必奇怪，市场中存在有关动量的神话，充斥了各种控制这种巨大力量的英雄事迹，以此来缓解投资者的焦虑，给他们以希望，并让他们继续沿着错误的方向前进，却没有机会进步。我们运用科学方式对这些技术崇拜及其核心秘诀——"趋势是你的朋友"——进行了分析，最终发现，很遗憾，趋势并不是你的朋友。

第四章：熊市迷信与认知失调

一位作家，怎样才能在整个职业生涯中都坚持错误，还能在财经新闻界保持最大影响力？我们采访了阿兰·阿贝尔森一探究竟，结果发现，在1990年代的大牛市期间，他在《巴伦周刊》上发表的几百篇每周评论文章，没有一丁点儿乐观的暗示。

第五章：如何判断一家公司是否在讲故事

在古希腊，最难以接受的罪恶是狂妄，以及权力的傲慢。维克多的父亲阿蒂·尼德霍夫曾撰写文章，深刻洞察了狂妄对司法系统的损害。我们试图进一步深入他的分析，研究狂妄在市场中的后果。

第六章：戳穿本杰明·格雷厄姆的神话

古人有他们信奉的神灵和英雄，现代社会中也有我们崇拜的人。在古希腊的黄金时代，科学思维第一次得以确立，一些思考者开始质疑对神的敬畏和供奉。多多发问总是件好事。当今社会崇拜的一代名人格雷厄姆，便是本章的主角。

第七章：计算机撰写出的财经新闻

天才数学家阿兰·图灵曾说，如果一台电脑能够蒙蔽人，让人把它误认为一个人，或许就可以说它是智能的。反过来说也是如此：如果我们能够通过程序，让电脑复制一个人的发言，我们可以说这个人并不智能。只需一个有限的数据库，装入一些错误观点和平庸的基金经理的言论，电脑就可以写出当今很多财经新闻。我们解释了其中原因，并展示了我们撰写财经新闻的专利程序。

第二部分：股票实战投机术

第二部分提供了一些理性决策的基础内容。在市场中，生存是第一位的，我们的策略是，让读者在享受汗水浇灌的果实之前先活下来。这个策略源于对国际象棋的思考，象棋是一千年来最天才的游戏之一，它需要敏锐思考才能得出最好的策略。

第八章：如何避免伪相关

在投资战争中取胜的主要工具很简单，一个小孩就能理解，那就是散点图。通过描绘两个事物的联合值，投资者可以确定这两者之间是否相关，相关度如何。用这个技巧几乎可以理解股市的所有信息。我们将逐步解释这一工具，并展示如何用它来分析利率变化对市场的影响。

第九章：未来股市的收益

在20世纪，主要发达国家的股市复合收益率达到了创纪录的1500000%。这是伦敦商学院三位研究者得出的惊人结论，他们整理了全世界范围102年的股价数据库，写出了一本《投资收益百年史》，我们认为这是当今世上最好的投资书。在他们的数据库基础上，我们改进长期"买入—持有"策略，提炼出了几个系统，本章就介绍了这些系统。

第十章：房地产周期与股市

固定不可移动的房产，看起来像是波动不已的股市的最佳替代品。然而作为小投资者参与大规模房地产投资的主要渠道，房地产投资信托基金的长期收益还不如股市。学习有关不动产和商业周期的规律，或许可以带来巨大收益。

第十一章：能量转换定律与股票投资

在预测看似不断变化的世界时，能量守恒定律的基本原则非常有用。我们以维克多小女儿基拉的一天为引，进行了一场市场实验，将能量看作资金，讲述了市场热力学。

第十二章：体育竞技比赛策略与投资策略

维克多在各种网球、壁球比赛中得到过数不清的冠军，在2001年建立的壁球名人堂中，他被列为顶级球员。他分享了一些在球场和市场上都很有用的策略，包括在比赛前、比赛中和比赛后的策略。

第十三章：股票中讨价还价的艺术

每个人都有一个自己愿意接受的价格。投资者不应该不好意思斤斤计较，以便多在市场上得到一点利润。

第十四章：利用信息不对称获取投机利润

人们对维克多第一本书的批评，主要是认为其中有太多的大道理，却没有任何能帮助人们赚钱的东西。开始写专栏的时候，我们发现自己每天都在火线冲锋，每天都要想出一些建议来。在我们开始点评个股交易之后，我们的专栏读者增加了10%。令人高兴的是，尽管我们为服务读者所投入的远不只金钱和时间，但帮助他们选股对我们也不无裨益，我们可以借此检验股票的赚钱效率。

第十五章：看懂财务报表关键指标，识破上市公司骗局

不断进化的"盈利控制"技巧，把上市公司的净利润变得并不真实。我

们揭示了怎样从资产负债表和现金流量表中挖掘信息，了解一家公司更真实的财务健康情况。股票回购、分红、库存、应收账款、缴税情况等，都有助于辨别真相与捏造的情况。

第十六章：结语

在本章，我们回答了读者最常问的四个问题。我们解释了我们自己在交易中是否使用某些技术指标，有哪些书可以推荐给投机者，为什么我们对艾伦·格林斯潘出言不逊。我们还透露了让我们乐此不疲、不断学习的秘密武器：我们通过专栏结识的一大群投资者和聪明人。我们每天都通过电子邮件与他们交流，讨论市场哲学与投资策略。我们从上万封邮件中选取了几封放在书中。

PART ONE

Mumbo
Jumno and
Moonshine

PRACTICAL
SPECULATION

第一部分　>>>

投资过程中常见的
错误做法与谬论

第一章 / **CHAPTER 1**

被思维病毒控制的羊群

> 里约热内卢传来了一些罕见的新闻。一种传染性疯病正在圣保罗肆虐，其严重程度甚至堪比欧洲人在中世纪遇到的黑死病。恐慌的居民们纷纷逃离，抛弃了他们的家园，放弃了他们的土地。他们说，一种看不见但确实存在的吸血鬼在追捕他们、占有他们，像对待牲口一样统治他们，并在他们睡着的时候杀死他们吸血。
>
> ——居伊·莫泊桑，《奥尔拉》

1996 年6月18日：多么美好的时代！随着新千年愈来愈近，美国的和平与繁荣看起来也蒸蒸日上。冷战已经结束了。世界贸易空前开放，我们开始花钱购买商品和创意，而不是耗费千万亿巨资建立相互摧毁的武器系统。几十年来，美国财政第一次出现了盈余。银行利率只相当于15年前的一半。生产力和收入都在增长，而失业率和通胀率却可以忽略不计，就在几年前，人们还不敢想象这么好的情况。电脑改变了人们的工作和家庭生活。生物科技革命和信息高速公路正在启动。家长们有理由期望他们的子女活到一百岁以上。差不多有5000万人在使用互联网。很多投资者通过投资科技股而变得富有，企业也发现投资新项目更容易赚钱。千百万人的经济状况比以往任何时候都更惬意，生活标准也比以往任何时候都更高。人们对改善生活的前景充满乐观情绪。未来景象看起来一片大好。

我打开CNBC网站，查看财经新闻。我手上的一只科技股涨了15%！我给经纪人打电话，让他卖掉一半股票。现在我有钱付孩子们的学费了。美联储主席艾伦·格林斯潘开始发言了。他说，芯片和软件的科技突破极大提高了生产力。他说自己看不到任何理由，经济发展将会出现停滞。在他的言论刺激下，道指涨了120点。我向他在屏幕上的身影致敬，原因只有一个，他的发言让我感到非常开心。

接着，电视台主持人开始采访一位从1987年就开始做空市场的悲观派基金经理。这位经理又发表了一通老调："市场估值已经高得离谱了……股息回报赶不上20世纪50年代和60年代早期……道指在1995年上涨33%的基础上，今年又上涨了9个百分点，对于平均一年的涨幅来说，已经够多了。"可是，如果把股息分红也重新投入股市的话，从1979年到现在，美国股市的复合收益率已经达到了1200%。他的声音听起来似乎有点失望，他也活该失望，从1987年开始就一直和市场对着干，注定要完蛋。他没有提到利率的下降，没有提到留存收益率的翻倍，也没有提到现在回购股票的资金相当于支付的股息。他也没能拿出证据，证明股市涨幅高于平均水平之后就一定会下跌。只要他拿出笔纸来算一算，就会发现股市在一年上涨之后，第二年继续上涨的概率是53%；一年下跌，次年上涨概率是52%。涨年次年的涨幅略高于跌年次年的涨幅。

1996年12月6日：起床之后，我打开了早六点的商业新闻。大灾难来了。昨晚美国股市闭市之后，格林斯潘发言说：投资者已进入"非理性繁荣"状态。亚洲和欧洲市场随之跳水。

我身上突然一阵痛苦的抽搐。美联储主席就好比市场的父亲。如果市场留意到了他的发言，如果投资者开始担心他会提高交易保证金比例，那么市场就有可能倒在他的巨足之下。

单独看他的话，并没有太多不祥之兆。这甚至都不是他在国会的正式发言，只是在美国企业研究所的晚宴后，有关货币政策历史的谈话。我在互联网上找到了他的原话：

哪些价格会影响我们的货币政策呢？当然是现在正在生产的商品和服务价格，它们是衡量通货膨胀的基本数据。但是未来商品和服务的价格呢？更重要的是，对未来股票、房产或其他收益性资产等商品和服务的报价呢？这些价格的稳定与否对经济的稳定与否，是不是也至关重要呢？

很明显，持续的低通胀意味着未来更低的不确定性，更低的风险溢价意味着价格更高的股票和其他收益性资产。在过去，我们可以看到股票市盈率和通货膨胀率之间存在反比关系。**但是当非理性繁荣过度推高资产价格时，当它们突然遭遇日本过去十年那样意外的持续紧缩时，我们怎么知道会出现什么情况？那样的话，我们又该如何权衡这些资产价格对货币政策的影响呢？**

评估资产负债表中的变化，特别是资产价格的变化，必须成为研究制定货币政策的一个重要组成部分。

在当天闭市的时候，一切看起来都在回归正常。道指盘中大跌144点之后反弹，最终收于6382点，跌了55点，不到1个百分点。但是为什么我们这么快就变得胆小如鼠了呢？好奇怪，只是有一种不舒服的感觉而已，或许是某个神经受到刺激了，或许是我们某些微妙心理受到了小小的干扰，却能让最逍遥的人变得忧郁，让最勇敢的人变成懦夫。

我走到我家附近的河边，看着拖船和游艇划过。在夕阳下走了一小会儿之后，我突然莫名其妙地感到焦虑和难受。我赶快回到家里，查看电脑屏幕上的股价。我为什么担心呢？难道是有什么记忆片段跑出来，扰乱了我的神经，让我心情低落吗？难道是CNBC的主持人在播报分析师们降低评级时的皱眉，抑或是她新剪的短发打搅了我的心神？我们周围的每一种事物，我们有所耳闻的每一件事，我们遇到却没有详加辨别的每一种想法，都会对我们和我们的身体产生一种快速、出乎意料而又难以描述的影响，并通过它们对我们的想法乃至人生产生影响。

1997年2月25日：比尔·克林顿总统居然请财大气粗的竞选赞助商进入白宫的林肯卧室！白宫发布了一份超过800人的名单，克林顿将邀请他们在林肯当年签署奴隶自由宣言的房间里过夜。根据CNN委托的一项研究，这些包括好莱坞明星大腕在内的贵客们，光在1995年和1996年，就给民主党全国委员会捐赠了至少540万美元。制片人史蒂文·斯皮尔伯格捐了336023美元，MCA公司总裁卢·瓦塞尔曼捐了225000美元。他们这种恶俗的做法让人心烦意乱。

1997年3月3日：一场危机正在远处渐渐展开。廉价的中国劳动力似乎抢走了泰国在电子产品出口市场中的份额。泰国经济的增长速度大幅下滑，银行深陷房地产投资的坏账之中，泰铢贬值的预期也愈加强烈。今天，泰国股市一度暂停银行股的交易。一种无边的不安笼罩了我，好像这些新闻中蕴含了恐怖的威胁似的。我在走廊里踱来踱去，心乱如麻，有一种难以抵抗的恐惧感。

1997年7月8日：美国国家航空航天局（NASA）使用互联网发布探险号飞船从火星发回的图片，创造了一个互联网点击流量纪录：一天被点击4600万次。这是对20世纪科学进步成果的伟大展示，让我的心里不由飘飘然。

1997年8月21日：我眼睁睁看着东南亚市场崩盘了。泰国政府今天承认，

他们为了避免泰铢贬值，借了230亿美元，救市却没有成功。泰国政府一共有890亿美元国外债务，其中有400亿美元将于明年到期。印度尼西亚、马来西亚、菲律宾也都陷入了困境。这些国家的股市一落千丈，利率飙升，境外资金飞速逃离。

我刚去看医生回来，因为我失眠了。他说我的心率偏快，神经过度紧张，但在其他方面没有任何不良症状。他建议我进行一个疗程的治疗。

这一天晚上，我挣扎了两三个小时才睡着，却又陷入了一场噩梦。我感觉到自己在床上睡觉……还能感觉到有人在靠近我，看着我，触碰我，爬上我的床，跪在我的胸口上，用他的双手掐住我的脖子，用尽全力想要把我掐死。我在梦里力不从心地挣扎。然后突然醒了，全身颤抖，大汗淋漓湿透了全身。

1997年10月15日：我完全康复了。我在格林斯潘的"非理性繁荣"讲话之后买入的微软股票，已经涨了73%。

1997年10月20日：我打开电视，看到司法部对微软发起了反垄断诉讼。太奇怪了。为了把电脑革命普及到消费者身边，微软比其他任何公司做得都多。难道成功也是一种罪吗？

当晚大约10点钟，我回到了卧室。一进屋，我就迅速锁上门，插上了门闩。我在害怕什么呢？

1997年10月27日：香港股市的动荡恐慌席卷了全世界。在美国，道指跳水550点之后市场暂停了交易。价值投资者大卫·德雷曼说："投资者终于意识到市场估值过高了。"

1997年10月28日：在纽约彭博新闻社的办公室里，我坐在椅子上仰着头。纽约分社主任肯·科恩坐在我对面大声开玩笑说："维克多·尼德霍夫破产了！"

1998年4月30日：艰难时刻终于熬过去了。沃顿商学院的金融学教授杰

里米·西格尔刚刚介绍了他的新书《股史风云话投资》，书中指出，在过去两百年里，去除通胀因素之后，股市的年均收益率为7%，是债券投资的两倍。在去年10月份的黑色星期一之后，道指上涨了28%，微软的股价上涨了40%。我的心又踏实下来了。

*1998年4月31日：*一个月之间，世界陷入了混乱。在肯尼亚和坦桑尼亚，恐怖分子同时在美国大使馆引爆炸弹，死亡人数超过250人。恐怖分子奥萨马·本·拉登宣称，他们将在"任何地点"继续对美国的打击。第二天，克林顿总统下令对藏身阿富汗的本·拉登展开以牙还牙的报复行动，还攻击了位于苏丹的一座神经毒气工厂。但是本·拉登却侥幸逃脱，苏丹政府也提出抗议，坚称该工厂只是一家制药厂，并不生产神经毒气。就在三天前，克林顿在电视上承认自己与白宫实习生莫妮卡·莱温斯基有"不正当关系"。一个高级陪审团正在调查他是否在法庭上撒谎。在美国发动攻击前，一部好莱坞大片《摇尾狗》上映，剧中被性丑闻缠身的美国总统为了转移注意力，悍然发动了一场战争。

除此之外最重要的事情，俄罗斯上周贬值了本国货币，债务出现了违约。为了清醒一下头脑，我到中央公园散步，拐入了一个人迹罕至的绿荫小路。我身上突然传过一阵痛苦的战栗，我感到一股莫名其妙的恐慌，不由加速了脚步。我感觉好像有人在跟踪我，他似乎就在我的身后，离我越来越近，近得几乎能摸到我。我猛然回头，路上只有我自己一个人。我回到家查看股市行情，道指下跌了512点。四天之内，累计下跌12%。这一年，所有股指都在下跌。

*1998年9月28日：*在八九月份，一些规模很大的对冲基金损失了数十亿美元。资本曾达48亿美元的美国长期资本管理公司，净资产跌得只剩4亿美元，被迫从14家银行紧急求援36亿美元。如果长期资本管理公司出现违约，金融系统就可能出现崩溃，一时间，整个市场风声鹤唳。量子基金、欧米茄基金、

老虎基金都损失惨重。恐慌的公众开始抛售银行股票。号称华尔街之王的高盛公司，不得不取消了原本计划在今天进行的新股发行。国会里一片喧哗，叫着要管制对冲基金。噩梦里的那些恐怖幽灵，现在几乎每晚都在我的窗外飘荡，我似乎能听到它们阴森森的冷笑。

今晚我去纽约大学参加晚宴，听了美国证券交易委员会（SEC）主席亚瑟·李维特的一场演讲。李维特说，基金经理们与他们的审计员串通一气，在财务公告上造假，从而诱骗市场资金，抬高他们手中股票的价格。他警告公司主管们要管理好公司的内部秩序。不要再勾销重组费用、未来运营开支和"正在进行的研发费用"，好让今后的收益更光鲜；不要再隐藏盈利，好在以后效益不佳时做弥补；不要再有发货之前的订购数量；不要再潜心琢磨在普遍会计原则之下，可以撒多少谎。

听演讲的律师和会计们放下刀叉，开始记笔记。

我突然觉得不寒而栗。一个可怕的神秘声音似乎在大笑，我总觉得它是在嘲笑李维特。

1999年5月5日：这真是《摇尾狗》中的剧情吗？美国8月份轰炸的苏丹制药厂老板提起了赔偿诉讼，美国政府表示不会受理该诉讼。

1999年8月2日：大规模的财务欺骗每周都在曝光。美国信孚银行因为挪用休眠客户资金弥补开支，被罚款6300万美元。胜腾集团、利文特公司、麦克森公司、来德爱公司和尚彬公司等大公司都陷入了丑闻。针对美国证券交易委员会开出的罚单，卡罗尔·J.卢米斯在《财富》杂志撰文说，这种案件的连续发生表示"存在大规模的会计腐败，黑幕即将被揭开"。她指出，1994年《华尔街日报》以头版新闻的形式，揭露杰克·韦尔奇在通用电气公司"创造性使用重组费用和存款"，以此使盈利好看，之后报社就接到其他公司的电话说："这也能上头版？正常公司都这么干。"

她在文章中写道，"最终可能得有人进牢房。"我发抖了。噩梦幽灵似乎在笑，它变得更大了，好像从这些丑闻中得到了营养，就像细菌会在污泥和黑暗中滋长一样。

1999年11月22日：我订阅的《财富》杂志今天寄到了。无聊之下，我读了其中一篇文章，这是沃伦·巴菲特在7月、9月的两次演讲稿，演讲是在小规模但极具影响力的科技企业家和风投资本家聚会上发表的。一股阴影似乎笼罩了整个房间，而我开始颤抖。这位伟大的投资家说，如果他活在1903年，一定会为资本家提供一项击毙奥维尔·莱特（译者注：飞机发明者）的服务。巴菲特说："从1919年到1939年间，美国大约有300家飞机制造商。其中存活到现在的却屈指可数。"他疯了吗？还是我疯了？空中交通难道不是极大促进了旅行和商业吗？航空工业难道不是美国出口额最大的工业行业吗？然而就是这位全世界最受敬仰的投资家，却告诉人们投资创新产业是得不偿失的。

巴菲特没有说他有没有考虑分红、合并、收购、更名等因素的影响，没有说那些早期飞机制造商是否破产了，他也没有提供投资收益率的具体变化数据，来支撑他不看好投资航空工业的断言。他提到的这个行业，确实投资收益率很低。但在1903年，其他很多行业看上去都朝气蓬勃，比如制药、制表机、包装食品等等，正因为这样，从那时起到现在，一个世纪来的股市平均投资收益率高达1500000%。

我很惊讶，巴菲特这种观点居然得到了大量的赞扬与崇拜。亚马逊网站创始人杰夫·贝佐斯让他手下的所有高管都学习这篇演讲。

玛丽·巴菲特写的《巴菲特法则》一书说，巴菲特把股票看作杂货铺里的商品，或许是过分地追求投资安全，只有打折的时候才会买。他拒绝投资科技题材的成长股，因为他不懂它们。他不会去花时间学习，辨别哪些新科技值得投资，而是直接拒绝它们。

解救这种消极主义的解药，就是对个体创造力的信仰，坚信人们能通过互惠互利的交换改善他们的处境。这种信仰与相信科技创新不断进步的信念相结合，就能让人把股票看作一种绝佳的投资。

人们到处都在准备庆祝新千年的到来，而我却始终想着将巴菲特的特立独行以及他对企业活力的怀疑。

我上床就睡着了，两个小时后被惊醒了。想想看吧，一个正在睡觉的人醒来发现自己胸前插了一把刀，他意识到自己即将死去，却不知道这一切是如何发生的。啊！谁能理解我这恐怖的噩梦呢？我必须摆脱这种困扰。

1999年12月31日：又到了华尔街发奖金的时候，丰厚的奖金堪比国王的财富。据彭博社报道，摩根士丹利的互联网分析师玛丽·米克得到了1500万美元奖金。所罗门·史密斯·邦尼的一位电信业分析师杰克·格鲁布曼也许会拿到1000万美元。至少有5000位银行家、分析师和交易员能拿到100万美元以上。

彭博社还报道说，比尔·盖茨的微软公司在这一年市值突破了1000亿美元，超过了希腊全国的GDP。如果微软股价继续保持过去十年的增长速度，每年增长59%，到2010年，比尔·盖茨的财富将会超过美国的GDP。

在这一年，每一个与股市相关的行业都红红火火。富达投资的共同基金财产达到了创纪录的1万亿美元，投资银行为互联网公司募集了2400亿美元资金。纳斯达克指数从10月19日到现在上涨了51%。

所有都很好，非常好。不过我还在思考阿尔伯特·杰伊·诺克在《多余人的回忆录》中对19世纪末的描述。诺克引用了屠格涅夫在《克拉拉·米利奇》中的一段来描述那个时代：

> 阿拉托夫曾梦想自己住在一个大庄园的宅邸里，自己则是庄园的主人。后来，他果真买了这样一座庄园宅邸。他继续想，"这很好，非常好。但是罪恶也正在滋生！"他旁边是一位小个子，他的管家；

这位管家一直在笑，哈着腰，想要给阿拉托夫展示新房子和庄园里是多么的井井有条。"这边请，这边请，"管家不断重复着，说每一个字都带着微笑，"请看看吧，每一件属于您的东西都是如此兴旺！看看那些马，多么好的马！"阿拉托夫看到一排好马，它们都站在马厩里，背朝着他，它们的鬃毛和尾巴都很漂亮。但当阿拉托夫靠近时，这些马就把头转过来了，敌意地露出牙齿。"这很好，"阿拉托夫暗想，"但是罪恶也正在滋生！""这边请，这边请，"管家又在啰唆，"请您来花园看一看，看您那些苹果多好。"那些苹果确实长得很好，又红又圆，但是当阿拉托夫扭头看的时候，它们就枯萎掉了下来。"罪恶正在滋生！"他想。"这里是小湖，"管家轻声说，"您看它的水面碧蓝光滑，里面还有一条金色的小船，您要不要到船上去？它自己漂过来了。""我可不想到船上去，"阿拉托夫想，"罪恶正在滋生！"但他还是上了船。在船底缩着一只类似猴子的小动物，它把爪子伸进了一个装满深色液体的玻璃瓶里。"请不要拘束，"管家在岸边喊道，"这条船没有终点，这是死亡之船。祝你好运！"

"对于大多数人来说，这个世纪的最后十年似乎为每个人提供了满足希望的鼓励，"诺克写道，"社会制度的所有声音混合起来，形成了阿拉托夫的管家嘴里的阿谀奉承。"

2000年1月5日：我当天在读进化论者理查德·道金斯的理论。他认为地球上最近出现了一种新的可以自我复制的实体，这种实体还处在新生期，但是其进化速度已经远远超过了传统的生物基因。他称这种实体为"模仿的文化基因"（后文统一为文化基因）：

文化基因的例子包括曲调、创意、名言警句、服装潮流、制造工艺、建筑结构等。就像基因库里的基因通过精子和卵子进行跨个体传播一样，**文化基因也以类似的方式在不同人的大脑之间传播，宽泛地说，也可以称之为效仿。**如果科学家听到或者读到一个好创意，他就会把它传给同事和学生。如果该创意因此流行起来了，那就可以说它实现了自我传播。

一种强大的文化基因，就像是大脑中的寄生虫，它会像病毒控制宿主细胞的遗传机制一样，把大脑变成传播文化基因的载体。尽管道金斯说文化基因类似于"梦想"，但它不仅仅是虚无缥缈的概念。文化基因有确凿的生理证据，它改变了千百万人的神经系统。

三十多亿年以来，DNA是唯一的自我复制体。现在，文化基因成了新的自我复制体，并开始了它们自己的进化。就像基因的进化一样，优胜劣汰有利于那些能够利用环境壮大自己的文化基因。

我不敢相信，单纯一个想法就能有这么大的力量。文化基因的概念扰得我心神不宁。

为了摆脱这些烦人的思绪，我开始浏览莫泊桑的短篇小说《奥尔拉》，却看到了主人公与修道士的一段对话：

> 我们能看到大千世界的千百分之一吗？看这里，风是自然界最强大的力量。它能把人吹倒，把房子吹垮，把树木连根拔起，它能在海里掀起山一般的巨浪，摧毁海边的悬崖峭壁，打碎大轮船；它在杀戮，在呼啸，在叹息，在咆哮。但是你可曾见过它，你能否看见它？尽管看不见，但它依然存在。

2000年1月6日：我没有疯。我看到了，我看到了，我看到它了！ 纳斯达克100指数在创出世纪新高之后，在过去三天里跌了12%。让很多人赚钱

的光纤股捷迪讯公司跌了20%。有传言说，乔治·索罗斯的对冲基金因为持有纳斯达克股票，损失惨重。

2000年2月17日：这种文化基因从四面八方向我涌来。到处都能听见它的声音，到处都能看到它的影子。当我观看格林斯潘在众议院银行委员会发表经济状况演讲时，它就从格林斯潘的嘴里冒了出来。他首先说，当前的经济形势是半个世纪以来最好的。但是随后，他又抛出一个惊人的理论，颠覆了经济学的一条基本原理，而这条原理在经济学中的重要性，就好比物理学中的重力原理。他声称，市场财富创造的需求，可能会超过商品的供给速度，因为股市太高了：

> 无疑，芯片、激光、光纤和卫星技术的协同作用，为人们利用信息带来了重大突破。这些进步又极大减少了商业运营的不确定性和额外风险费用，从而减少了费用开支，提高了生产力。未来的光明大道似乎就在眼前。
>
> ……
>
> **问题在于，生产力的提高会创造出更加强劲的需求，可能会超出潜在的供给能力。**这种情况的发生，主要是因为结构性的生产力增长，会相应提高人们对未来长期收入的预期。这不仅刺激了商业投资，也推高了股票价格和家庭资产的市场价值，从而创造了额外的购买力，然而与此同时，并没有额外的商品或服务被生产出来……既然消费和投资水平对资产价值敏感，股价增长的速度比收入快，其他条件不变，就会导致整体需求的增长，超过潜在的供给能力。但是这种情况不可能无限制地持续，因为供给量这个安全阀是有限制的。
>
> ……
>
> 进行必要的调节，让总需求的增长与潜在总供给的增长相符合，

或许要借助于抑制国内需求。股市价值的增长，其效应就是持续支撑需求。

听了这段演讲，我大受震动，为了征询其他人的观点，我给哈佛大学约翰·肯尼迪学院的政治经济学教授理查德·泽克豪泽发了一封邮件。泽克豪泽的工作主要是研究以公民为优先、民主与分散式配置资源的可能性。他给我回信说：

> 供给和需求都不会长时间扭曲。只要政府不干涉价格，短缺就总是个短期现象。理由很简单，就是价格会调节供给与需求之间的关系。
>
> 我想，格林斯潘之所以会担心供给短缺，是因为他不喜欢短期短缺的结果，或者说，他不喜欢价格上涨带来的均衡。但是，这当然是一种健康的反应，因为这是能够增加供给资源的唯一方式。不过，如果你最痛恨的是通货膨胀，就不会喜欢这种反应。
>
> 这有点类似于人们讨厌感染之后的红肿。但实际上，感染是我们体内的白细胞在与一些外来物作斗争。尽管这些白细胞也有副作用，但是它们给我们带来的好处远大于坏处。所以，我认为价格机制是解决供需问题的利器，虽然它可能会带来一点点价格混乱。

经济学中一个最基本、最没有争议的原理就是，如果供给稀缺，对应商品或服务的价格就会上升，直到需求得到满足了，价格才会下降。这种自然平衡的前提是人们是理性的，而且政府不能干涉。在18世纪，亚当·斯密将之称为"看不见的手"。如今，海恩在他的经典著作《经济学的思维方式》中写道："随着价格的下降或上升，人们会想要更多或更少的商品。"

现在我知道了，我可以预测到，理性的思考已经终结了。我们的灾难已经来了。我已经听到它来临的声音了，那种可怕的文化基因，它就在这里！

2000年3月1日：现在，那种文化基因正在复制，正在变异。我今天在伯克希尔·哈撒韦公司的年报里看到了它。又是巴菲特！他说："现在，股票投资者对未来回报的预期似乎有点盲目乐观。"

又是格林斯潘！今天，美联储公开了他们1994年会议的详细记录。在此之前，他们从未向公众公开过会议记录。1994年，他们决定在每次会议五年之后公开记录。

记录显示，格林斯潘及其支持者为能阻止一次可能出现的股市泡沫彼此鼓励赞扬。在1994年2月的一次电话会议上，格林斯潘对美联储制定政策的联邦公开市场委员会成员说："我想，我们在一定程度上粉碎了一次正在萌芽的股市投机行为。我们戳破了那个泡沫。"

太可怕了！股市什么时候成美联储的事了？根据联邦公开市场委员会在1994年3月22日的会议记录，格林斯潘在第二个月又重复了他的说法。格林斯潘对委员们说："1994年2月4日开会时，我们当时的想法是要戳破泡沫。"（在之前一年，道琼斯指数上涨了18%，达到了3967点）

呃，我能想象出当时的场景。美联储官员们围着油光铮亮的会议桌，坐在豪华的大椅子上，小口慢啜恭顺的侍者奉上的热茶，听美联储主席开玩笑，一个个为他们对市场的胜利开怀大笑。

过去八个月联邦资金利率在不断上调，没有任何通货膨胀的迹象。现在一切都清晰了！美联储的老人们不想看到普通人在股市中赚钱，不想看到年轻企业家通过新科技冒险赚钱。他们特别不喜欢短线交易者，这些人被说成一天能赚成千上万，却连所买卖股票的公司业务都不清楚。那些老人们希望投资者都和他们一样是科班出身，最好各方面都和他们一样。在这个国家，每一个人都应该拥有同样的投资盈利机会，但这个国家被一种精英人群的文化基因笼罩着。

我上床睡觉，做了一个噩梦。我感到有人在盗取我的生命，就像蚂蟥吸血一样从我的脖子里吸走我的生命。然后他吸饱了，站了起来，我醒了，感到精疲力竭、全身无力、彻底崩溃，一点也动弹不得。我丧失了自己的理性吗？发生什么事情了？在我思考的时候，思绪却漂移不定，好奇怪！

2000年3月14日：现在，这种文化基因的传播速度更快了，它已经到达了白宫和伦敦。比尔·克林顿总统和托尼·布莱尔首相呼吁私营公司立即公开他们采集的原始基因数据。"我们的基因组属于人类的每一个成员，"克林顿说，"我们必须保证，人类基因研究的效益不是以美元来衡量，而是以人类生命的优化来衡量。"在绘制人体基因图的竞赛中，塞莱拉公司差点击败政府团队，该公司老板克雷格·温特评论说："这年头，商业化好像是件可怕的事情。"当天，美国股市生物科技指数暴跌了13%。

2000年3月21日：我只能麻痹无力地等待。我感到这种文化基因越来越近，对我虎视眈眈，居高临下地盯着我。美联储今天把利率从5.75%提高到了6%，称它"依然关心需求增长将继续超过潜在供给增长的问题，认为这将加剧价格增涨引起的不平衡，影响经济发展"。

2000年4月4日：托马斯·彭菲尔德法官昨晚裁定微软公司违法，代表科技股的纳斯达克指数在该结果发布之前跌了349点，今天早上开盘又大跌575点，然后盘中剧烈震荡，最终奇迹般地收于4148点，只跌了75点。

一本重磅书上市了：《非理性繁荣》。其作者罗伯特·希勒是耶鲁大学的教授，他创造了"非理性繁荣"这一极具传染性的短语，并在1996年将之传播给了美联储主席。

2000年4月28日：人们都认为纳斯达克已经没有任何泡沫了。斯坦利·德鲁肯米勒今天从索罗斯的公司辞职，他说他在科技股上损失了数十亿美元。他说："我从未想到纳斯达克指数能在15天内跌35%。然而，在4月15日纳税截止期之前三周，确实发生了这种情况。"

2000年5月16日：美联储今天又把利率提高到了6.5%。这种文化基因是

要摧毁一切吗？

2000年8月31日：我们欢天喜地迎接新世纪，第一年还没有过完，一切就变成了邪恶和恐惧。利率的增长阻碍了企业投资，千百万企业家和工人失业了。

从公司会议室里的规划会议，到普通投资者的桌边讨论，到处都是一片死气沉沉。

现在，这种文化基因已是无处不在。记者们翻开通讯录，寻找那些在20世纪90年代长期不受待见的悲观主义者。这一类人的领袖是阿兰·阿贝尔森，美国最有影响力的财经杂志《巴伦周刊》的明星专栏作者。还有两位新明星成了英雄：审慎熊市基金的卖空者戴维·泰斯和罗伯特·希勒，后者凭借鼓吹"非理性繁荣"和熊市思维、抨击高市盈率在电视节目中大受欢迎。

2000年12月6日：这种文化基因像病毒性传染病一样蔓延。越来越多的人被感染。在美联储主席的巨大打击之下，纳斯达克指数已经从2000年的最高点跌了50%。唯一比纳斯达克指数还低的，是纽约尼克斯队的得分，该队的中锋帕特里克·尤因在没有抢到球的时候与队友打架。艾伦·格林斯潘和帕特里克·尤因都太傲慢了。他们要是互换一下位置，或许对大家都有好处。

2000年12月7日：我们送了格林斯潘一双12码的篮球鞋，建议他和尼克斯队的大中锋换位置。我们还送他一本《投机教父尼德霍夫回忆录》，表示友好。

2001年1月2日：我们收到一封邮件："我在网上读了你的股市专栏，你说你将融资买入大量互联网股票，我很喜欢。我用手机给经纪人打了电话。我想说：'给我买入某某、某某股票。'嘴里却在喊着，不是正常音量，而是用能吓到路人的大声喊着：'给我全部卖掉！'"

2001年1月3日：纳斯达克指数上涨了324点。那位清仓的读者输了。这种文化基因就像瘟疫一样，残酷追逐着所有遇到它和逃避它的人。没有谁是

安全的。

2001年2月7日：美联储给我寄了一个盒子和一封信。信里说："感谢您送给格林斯潘主席的运动鞋。不过，接受礼物有悖于我们的职业道德，因此我们将鞋和书都还给您。"

我们很想知道，格林斯潘在收到罗伯特·席勒教授的《非理性繁荣》时，有没有想过拒收，教授曾告诉过我们，他也送给了格林斯潘一本书。

2001年4月4日：当瘟疫席卷一座城市时，惊慌四窜的人们只会把疾病传播到其他地方。同样，市场也会出现类似的雪崩场景。从2000年3月24日见顶到现在，不过一年时间，美国股市已经跌了31%，蒸发了5万亿美元财富。这让我们感到自己如此脆弱，如此愚昧，如此渺小。但是，这正是这种文化基因想要达到的目的！

2001年8月31日：昨晚，我从焦躁不安的睡眠中醒来，听到一个恐怖的声音在房间角落里低吟："你不能相信你自己，不能相信华尔街，不能相信那些职业经理人，不能相信你的股票经纪人，不能相信市场。"我打开灯，房间里空无一人。那声音消失了，角落里一个人影也没有。

2001年9月15日：磬竹难书的恐怖。9月11日，一群恐怖分子摧毁了世贸大厦和美国军事中枢五角大楼的一角。所有人都被震惊了，在恐惧面前不知所措。袭击破坏了下曼哈顿的通信线路，位于那里的纽约证券交易所无限期暂停了市场交易。所有航班和农用飞机都停在地面上。没有人想出门。在曼哈顿，仅有的几家继续营业的酒店、餐馆和剧院也门可罗雀。看来，在我们的大使馆遇袭之后，克林顿总统并没有收拾掉那些恐怖分子。

然后出现了一些可怕的走势图。洛斯保险公司报告称，他们在20世纪90年代后期因为赌市场会下跌，损失了数亿美元。洛斯保险公司的董事长劳伦斯·蒂什经常研究1929年的道指走势图和日本日经指数从40000点跌到10000的走势图。如今，道指和纳斯达克指数终于也出现了类似的走势。

*2001年9月21日，早上：*昨晚，小布什总统发表了一场演讲，被很多人赞誉为美国史上最好的总统演讲之一。他说，我们的悲痛已化为愤怒，我们的愤怒已化为决心；我们要把敌人带上审判法庭，或者把法律制裁带给敌人。在他的演讲刺激下，市场一度蹿高。但是，当天法国一家化工厂发生爆炸事件。此时市场人心还是惊弓之鸟，这场爆炸一下就引发了有史以来最严重的股市下跌。

我当时是做空看跌期权的，这几乎要置我于死地。而我的经纪人此时像是这种文化基因的帮凶，催我补充保证金。

*2001年9月21日，晚上：*啊！这种文化基因像人们奴役牛马一样奴役我们，我们成了它的牲畜、它的奴隶、它的美餐。太可怕了！然而，动物有时候也会反抗那些驾驭它们的人啊……

道指今天跌到了8235点，我预测市场将会大幅反弹。

*2002年1月8日：*道指现在是10150点，形势一片大好。在此反弹过程中做空的人亏得一文不名，就像在1997年持有泰国银行股票的我一样。但是这一次，我是多头，不是空头，盈利的是我，输家是那种文化基因。它把自己摧毁了。它已经死了。

*2002年3月9日：*在我看早报的时候，一行新闻标题吸引了我的眼球：《巴菲特："当今市场非盛宴"》。我继续读下去："'我们对这些股票保持谨慎，因为我们对这些股票未来十年的总体前景持保留态度。'巴菲特在他写给股东的年报里写道：'芒格和我都相信美国的经济会越来越好，但是当今的股价预示着投资者的未来收益不会太高。'"

不，不，不！毫无疑问，那种文化基因没有死！它什么时候才会死？只有到人们意识到他们必须独立思考、必须为自己负责的时候，只有到人们相信自己的创造能力的时候，只有到人们相信自己能够活得更久、更好的时候，只有人们愿意借钱给那些有好创意的人的时候，它才会死。

2002年3月31日：从去年世贸大厦遇袭到现在，股市已经从最低点上涨了20%。或许那种文化基因和它所带来的黑暗终于结束了。

2002年7月23日：我太伤心了，完全不想起床。我通过睡觉来躲避那种文化基因，现在只要我醒着，它似乎就要主宰我。我在去年9月份的大恐慌之后买入了股票，在出国之前忘了卖。等我几个月之后回来时，却发现它们已经大幅缩水。我感到恐惧，深深的恐惧。

2002年9月10日：明天是9·11事件一周年纪念日，每个人都在担心可能会有更恐怖的事情发生。或许是一颗有辐射性的炸弹？标普指数上涨了10点，收盘点位尾数是911。纽约今天的彩票中奖号码是911。所有理性的人都会说这是巧合。但是也许我们过分理性了。或许这只是那种文化基因留下的签名。

2002年9月17日：在20世纪90年代繁荣的灯红酒绿下，隐藏了无数可怕的罪恶故事，如今它们正在渐渐浮出水面，被检举人和媒体曝光。美国企业界的年轻明星、泰科公司的CEO丹尼斯·科兹洛夫斯基被裁定与其财务主管合伙诈骗了公司6亿美元。根据该公司自己的文件，科兹洛夫斯基光是在意大利撒丁岛为他妻子举办生日晚会，就花了公司100万美元。在生日晚会上，有一排持剑斗士列队迎宾，一位侍者把苏红伏特加倒入一座小男孩冰雕的嘴里，再从小男孩身下流出。科兹洛夫斯基邀请了几位泰科公司的主管，就把这场晚会列入了公司开支。

那种文化基因喜欢这种事情。我能听见它在刻薄地冷笑。

2002年10月2日：今年以来，难得有一周时间没有爆出新的内幕交易、虚假盈利信息或者在公司高管眼皮底下光明正大发生的诈骗案。从2000年初到现在，美国司法部已经针对公司诈骗公开了400多起调查，以公司犯罪的名义起诉了500多人。安然公司的首席财务官和泰科公司的CEO、首席财务官一样，戴着手铐出现在了法庭上。世通公司的前控制人当庭认罪曾经造

假账，伪造了50亿美元的利润，他将面临五年的刑期。如今被调查的分析师比写报告的还多，再也没人相信那些报告了。

环球电讯、世通公司、安然公司，这些都曾是1990年代的金股，如今却纷纷破产。这些新闻滋养了那种文化基因。我感到它在长大，越来越强壮，越来越大胆。它把股市当作自己的食粮。看着那些数字，我就头疼。纳斯达克指数：从2000年上半年的高点到2002年10月4日跌了3908点。道琼斯指数：从11700点跌到了7528点。

表1.1　文化基因的时间表

时间	动作
1996年12月5日	美联储主席艾伦·格林斯潘的"非理性繁荣"打开了潘多拉盒子，让市场的"财富效应"成了众矢之的。
1997年10月20日	美国司法部起诉微软公司捆绑销售IE浏览器和Windows95操作系统。
1998年5月18日	美国20个州对微软发起了反垄断诉讼。
1998年8月7日	美国驻肯尼亚首都内罗毕、坦桑尼亚达累斯萨拉姆大使馆遭遇炸弹袭击。
1998年8月20日	美国总统下令对本·拉登在阿富汗的基地进行报复性轰炸；本·拉登在轰炸前一小时离开了该地。
1999年7—9月	《财富》杂志11月报道，沃伦·巴菲特在私人演讲中说，如果他活在1903年，一定会为资本家提供一项击毙奥维尔·莱特的服务。同时预言美国股市未来几年收益不会太好。
1999年11月5日	托马斯·彭菲尔德·杰克逊法官裁定微软公司利用垄断地位阻碍创新。
2000年2月17日	格林斯潘释放进一步加息信号，声称股市收益创造的需求可能会超过商品供应量。
2000年2月18日	一部讲述卑鄙经纪人欺骗天真投资者的电影《开水房》上映了。评论家约翰·毕彻姆评论说："这部非常好看的电影完美展现了金钱的诱惑是如何腐蚀我们的。"

时间	动作
2000年3月1日	沃伦·巴菲特在致伯克希尔·哈撒韦公司股东的信中写道："现在，股票投资者对未来回报的预期似乎有点盲目乐观。"
2000年3月8日	阿尔·格尔赢得了民主党的总统提名，他强烈抨击那些大公司。
2000年3月10日	纳斯达克指数达到5048点的顶峰。
2000年3月14日	美国总统克林顿和英国首相布莱尔敦促私营公司立即公开它们采集的人类基因原始数据。"我们的基因组属于人类的每一个成员，"克林顿说，"我们必须保证，人类基因研究的效益不是以美元来衡量，而是以人类生命的优化来衡量。"纳斯达克指数暴跌200点至4706点。基因公司塞莱拉公司创始人兼总裁克雷格·温特对此评论说："这年头，商业化好像是件可怕的事情。""他们不是在庆祝有一家公益公司在做这件事，并免费公开研究结果。他们是在抱怨，只因为有一家公司比他们做得更快，花的钱更少。"
2000年4月	在格林斯潘发表"非理性繁荣"讲话的前两天，经济学家罗伯特·席勒向他提出了这个说法。席勒现在出版了同名专著，结果一炮走红。
2000年4月3日	托马斯·彭菲尔德·杰克逊法官裁定微软公司违反了反垄断法。纳斯达克指数跌了349点。第二天，纳斯达克最多跌了575点至3649点，最后反弹收于4148点。
2000年8月12日	人体炸弹袭击了停泊在也门亚丁湾的美国军舰科尔号。
2000年11月7日—12月13日	由于佛罗里达州反复计票，美国大选一波三折。12月13日，戈尔终于向小布什认输。在这期间5周时间里，纳斯达克指数下跌了17%，标普指数跌了5%。
2001年9月11日	恐怖分子炸毁了位于下曼哈顿的全球金融中心——世贸大厦，五角大楼也遭到了袭击。
2001年9月21日	美国股市经历了70年来最黑暗的一周。
2001年12月	安然公司申请破产保护。
2002年1月	环球电讯公司申请破产保护。
2002年6月	阿特尔斐亚通讯公司申请破产保护。公司CEO因为诈骗罪被逮捕。

时间	动作
2002年6月	亚瑟·安德森被裁定在安然诈骗案中干扰司法，被取消了审计上市公司的资格。
2002年7月	世通公司申请破产保护，公司的首席财务官和控制人都受到诈骗指控被捕。
2002年9月	泰科公司的前CEO和首席财务官被指控贪污了公司6亿美元。

啊，我现在终于彻底明白了。那种文化基因自始至终都知道，在经历了20世纪90年代的持续乐观之后，没人能受得了一场衰退。在市场终于下行时，它不希望有任何卖空者还能保留偿付能力。现在，证券市场及其交易成了过街老鼠。

20世纪90年代蒸蒸日上的势头一去不返，留下了一个真空。维克多·弗兰克曾说："人类不像动物，没有外在驱动和内在直觉告诉他必须怎样做。和之前时代的人相比，人们也不再依靠传统和价值观来决定应该做什么。结果，人们既不知道自己必须做什么，也不知道自己应该做什么，有时候甚至都不知道自己想做什么。相反，他想做别人做的事情，而这不过是盲目模仿；或者做别人希望他做的事情，这又是极权主义。"我深深地担心这样下去不会有好结果。

第二章 / CHAPTER 2
股价真的由上市公司盈利决定吗

这个可怜的家伙甚至都不知道，10%的净利润就是10%的零。

——马里奥·普佐，《末代教父》

让我们回到问题的原点。从最无知的外行到最渊博的教授，每一个人都知道，在股市中盈利决定回报。每一本金融学教科书的第一章，每一种投资课的第一课，以及所有媒体所传达的信息都是：

- 上市公司盈利的变化和市场的上下波动是一致的。
- 上市公司盈利增加得越多，市场投资的回报就越高。
- 当上市公司盈利增加时，适合买股票，当其盈利下降时，适合卖股票。
- 当市场的市盈率（P/E）较高时，适合卖股票。

这些说法统统都是错误的！你将会在本书中看到，它们与实际经验中的关系是完全相反的。不论是在商学院，还是报纸的股市板块，它们教给投资者的有关盈利与市场回报关系的知识，几乎每一条都是错误的。

那为什么人们还会乐意接受这些谬论呢？和所有舆论宣传一样，它们能吸引人，表面看又似乎很有道理。那些炮制这些舆论的人的利益，总是与这些宣传受众的利益截然对立的。这些舆论鼓励投资者以某种方式买卖股票，不断把财富转移到操纵舆论的人手中，还有什么比这更能维护他们的权力和利益呢？

没错，给股票进行估值时，需要以盈利流、现金流和股息折现为基础。但这只是众多准则之一，就像"永远不要挑战权威"的说法一样，其中蕴含的错误信息足以给盲目偏信的投资者带来严重伤害。

股票日复一日地波动，主要与一些暂时性因素和随机的变化有关。在短期时间内，市场在经过几天过度乐观之后，容易出现回落；在极度悲观之后，也容易出现回升。把这些波动归咎于盈利预期的悲观或乐观是错误的。这种波动是紊乱的，因为不论新闻报道盈利变化会令股价上涨，还是说盈利变化会令股价下跌，这些说法都只是在诱惑投资者进行交易，而且是错误方向的交易。然而，如果公众能意识到这一点，他们就会发现，降低交易频率对他们才更有利，因为这意味着削弱那些更成功、更有权力的玩家手中的权力，迫使他们放下傲慢的架子来。

这种"盈利—收益"的谬论不仅有利于华尔街，也为一些学者提供有利条件，这些学者不跟美国企业打交道，也不参与市场。差劲的盈利报告总是会令人悲观，让人们误以为这家公司不行了，股价也会跌。它还会让人们产生一种古怪的念头，以为美国经济在过去、现在乃至将来都比表面情况更糟糕。一群迂腐的金融学者思想僵化，他们把自己的钱放进安全的国债里，随时准备发表研究报告，述说只要市盈率超过20世纪30年代的水平，市场就极有可能崩盘。如果市盈率走高，随后因为机缘巧合股市下跌，这些学者就会骄傲膨胀。

这些研究催生了那些信奉价值投资的人，他们崇拜本杰明·格雷厄姆，尽管格雷厄姆本人曾经至少两次破产，还让他的追随者避开了20世纪80年代到90年代的大牛市，在此期间，道指上涨了14倍。纯格雷厄姆共同基金从1976年开始实践格雷厄姆的投资方法。然而，如果投资者在当时投资该基金，所得回报将比投资标普500指数基金（分红再投资）少三分之二。

如果因为股市在过去、现在和将来市盈率过高，股价就会下跌，这些谬论的倡导拥护者们自然可以欣喜若狂。然而不幸的是，事情从来都不是这样发展的。

盈利的虚幻

事实上，在盈利方面，无论是盈利水平、时间还是变化情况，都有很大的不确定范围和模糊性，所以一味相信这些数据并不可靠。不妨看看马里奥·普佐《末代教父》中的这个场景：电影公司老板对天真的畅销书作者欧内斯特·威尔说："我闻到了一笔大生意的味道。记住，你可以得到净利润的10%。你很有才华。这部电影会让你发财的，如果能得奥斯卡奖，那就发大财了。"（老板之前曾告诉女主角克劳迪娅，剧本是"一个未知数"）

克劳迪娅就像某些精英投资者，比如本书的读者一样，知道的更多。她"能看出威尔咬住了鱼钩。这个可怜的家伙甚至都不知道，10%的净利润就是10%的零。"

1989年的文章《洛杉矶律师》突出讲述了这种追求一定比例净利润的行为。作者史蒂文·西尔斯和伊万·亚历克斯罗德写道，只有在不到5%的电影里，这种行为能够给相关人员带来利润。1994年的电影《阿甘正传》是一个罕有的成功案例，总共收获了6.5亿美元票房。根据合同，该电影的编剧温斯顿·格鲁姆可以分得3%的净利润。但是像欧内斯特·威尔和很多投资者一样，格鲁姆惊讶地发现，派拉蒙影业公司最终报告该电影亏损了6000万美元，自己那一份收益竟然随着公司盈利一起消失了。该公司从这部电影中提取了32%的佣金，作为准备应付以后可能失败的电影。（主演该电影的汤姆·汉克斯更熟悉好莱坞的套路，也许是听从了更好的律师建议，他签约按照总票房的比例提成。至于格鲁姆，他把派拉蒙影业公司告上法庭，要求按照《阿甘正传》电影的总票房提成，但是并未实现。）

威尔和格鲁姆都从挫折中得到教训，认识到了所谓盈利的虚幻。

检验盈利与股价的关系

大部分投资者都在盈利与收益之间的关系上被欺骗了。为了保证不让我们的读者成为这种欺骗的牺牲品，我们在此要逐个检验前文列举的常见教条。

首先，有必要检验公司盈利与股价之间的实际关系。最好的方法是用散点图来揭示这些关系，我们会在第8章详细介绍散点图。如果这些数据都很靠近某一条最优拟合线，它们就是强相关的。如果所有数据杂乱无章地分布在最优拟合线周围，它们就是不相关，或者不太相关的。每张图使用的是2001年标普证券价格指数记录的盈利数据，以及伦敦商学院全球市场综合数据库的收益数据。

我们先来检验两者在同一年内的关系。那些教条认为，公司盈利下跌，股价也下跌；公司盈利上涨，股价也上涨。但是并非如此。事实上，情况恰好相反：

1. 如果标普500成分股某一年报告盈利上涨，标普500指数的表现一般会比当年平均水平更差。

2. 如果报告盈利下降，标普500指数的表现一般会比当年平均水平更好。

图2.1展示了这种反比关系。注意图中的最优拟合线，是从左上方向右下方逐渐倾斜的。在统计学中，这是负相关的特征。在上市公司总体盈利较低时，股票比在盈利较高时有更多的机会上涨。（若无特殊标注，本书图中所有的自变量x和因变量y的单位都是变化百分比。）

在我们研究的65个年份里，有22年出现了盈利下降。然而这些盈利下降的年，标普500指数平均涨幅高达14.2%。而在总体盈利上涨的那43年里，平均涨幅只有4.9%。

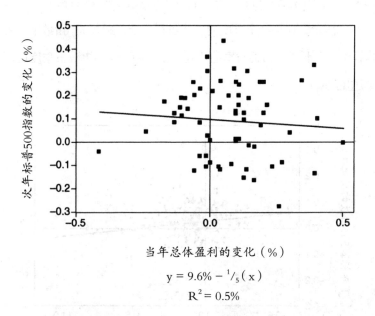

$$y = 9.6\% - \tfrac{1}{5}(x)$$
$$R^2 = 0.5\%$$

图2.1　当年总体盈利变化与次年标普500指数变化之间的关系，1937—2001年

数据来源：标普证券价格指数记录

我们使用回归分析法计算出一个方程式，来表示这种盈利与次年指数变化之间的轻微反比关系：标普500指数预期涨幅 = 9.6%减去标普500成分股年度盈利变化百分比的五分之一。即：

$$9.6\% - 1/5 \times (S\&P\ 500\Delta)$$

例如，假设某一年标普500成分股的总体盈利额上涨了22%。把这个数值代入上述公式，可以得到结果，标普500指数次年将会上涨5.2%。（请注意，市场平均每年上涨9.6%，所以5.2%的收益是比较低的。）如果标普500成分股的总体盈利下降了22%，我们则可以预测明年标普500指数的涨幅为14%。

既然一年的总体盈利与标普500指数之间是反比关系，那么，基于每个季度的数据会不会是正比关系呢？不是。它们依然是反比关系。季度总体盈利变化与下季度标普500指数涨幅关系的散点图表明了这一点。这一次，点群还是集中在图的左上方与右下方，表现出的依然是一种负相关。

如图2.2所示，如果某个季度的总体盈利上升，标普500指数下季度的表现多半不及平均水平。如果当季的盈利下滑，标普500指数下季度反而很可能会有突出表现。

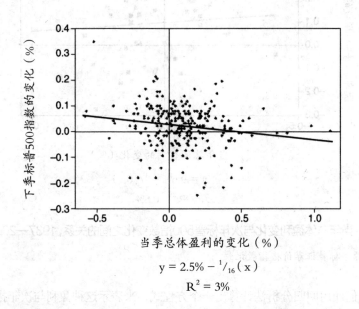

$$y = 2.5\% - {}^{1}/_{16}(x)$$
$$R^2 = 3\%$$

图2.2　当季总体盈利变化与下季标普500指数变化之间的关系，1937—2001年

数据来源：标普证券价格指数记录

我们使用了65年的数据，期间标普500指数的平均季度涨幅为2.5%，我们计算出了一个回归公式，根据季度总体盈利变化大致预测标普500指数的涨幅。预测标普500指数下季度涨幅的最佳公式为：

下季度标普500指数预期涨幅 ＝ 2.5% - 1/16×标普500成分股季度总体盈利同比变化百分比

在检验盈利和股价数据的起起伏伏时，我们还有一个意外发现（参见图

2.3）。我们分析了盈利和股市收益之间所有可能的关系之后，发现标普指数的季度涨幅也可以预测下季度的盈利变化。两者之间的关系为：

下季度盈利变化 = 2% + 1/3 × 上季度指数涨幅

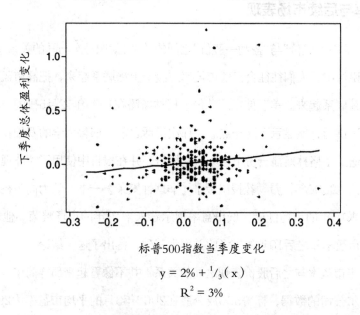

$$y = 2\% + {}^1/_3(x)$$
$$R^2 = 3\%$$

图2.3　标普500成分股总体盈利预测：标普500指数当季度变化与下季度总体盈利变化之间的关系

数据来源：尼德霍夫投资

我们的一位读者帮忙验证了我们的结论。他便是比尔·伊甘博士，他的研究方向很特别：分析化学与应用统计学。不仅如此，他还娶了一位心理测量医生，所以统计学的智慧在这个家庭格外闪耀。伊甘夫妇基于独立数据库，通过计算验证了我们的结论。伊甘夫妇使用1962年到1994年的每周数据，发现标普500指数的变化能很好预测未来的总体盈利变化，但是盈利变化与标普500指数的未来变化是成反比关系的。

这些回归方程并不能完全解释股价的历史变化，它们只能解释部分现象。虽然拥有这些知识并不太够，却总比任由那些财经媒体风吹雨打强，当然，更好过把自己的财富与"净利"绑定的欧内斯特·威尔,那个赚不到钱的可怜编剧。

市盈率与后续市场表现

"市盈率—股价"与"盈利—股价"之间的关系,就像马车与马的关系一样。在流行说法中,人们往往会把低市盈率与股价上涨联系起来,把高市盈率与股价下跌联系起来。美联储主席艾伦·格林斯潘在1996年12月5日的"非理性繁荣"讲话,就显示了这一点。在那次讲话之前,耶鲁大学的罗伯特·希勒教授送给了格林斯潘一份市盈率研究报告,并在报告中使用了"非理性繁荣"一词。2000年,希勒教授出版了《非理性繁荣》一书,认为高市盈率预示着未来10年的市场低迷,低市盈率预示着未来10年的市场繁荣。他以10年平均市盈率和之后10年的市场收益率为基础,得出了这一结论。

找出市盈率与之后股价表现之间的关系,并不像看起来那样简单。根据标准普尔公司的数据,标普500成分股在2002年3月的平均市盈率为29倍;但是根据《巴伦周刊》的数据,当时平均市盈率为40倍;根据彭博社的数据,则是62倍。三种说法随你选。而过去50年的平均市盈率可以是16.1倍,也可以是其他不同数据。你或许会怀疑,依靠这么不确定的金融数据,怎能总结出有意义的结论呢?

对于市盈率数据的这些差异,并没有简单的解决办法。很多公司直到第二年4月中旬才发布前一年的财务报告。结果就很难判断某个市盈率数值反映的是发布报告之前12个月的情况,还是上一个自然年的情况。更严重的是,在计算市场总体市盈率的时候,有的机构会把亏损公司的市盈率(为负值)计算入内,有的则不计入。还有一个问题就是,一些公司还会在事后修正财报数据,所以最初报告的数据和多年以后的总结、数据库或价格记录也会有很大差异。

回顾历史，"市盈率—股价"之间的联系一直都是朦朦胧胧的。人们常常引用1929年30倍的市盈率和之后几年的股市萧条，作为两者之间存在预测关系的证据。但在1970年年初，标普500的平均市盈率是16倍，随后五年的年化收益率却只有6%。而在1994年初，平均市盈率是21.3倍，随后五年的年化收益率却高达21%。

我们怎样才能以科学、系统的方式分析市盈率与股价波动之间的关系，而不是依赖传闻和空洞的印象呢？挖掘两者之间是否相关、有何关系的第一步，是在进行买卖决策时，使用那些投资者可以得到的信息。为此我们使用了标普证券价格指数记录1974—2001年的数据。

其次，查看散点图也是有必要的。图2.4、图2.5、图2.6分别展示了年初总体市盈率水平与随后一年、五年、九年标普500指数涨幅之间的对比关系。

从这些图来看，市盈率与股市之间的关系并不固定，而是随时间变化的。图2.4和图2.6中描绘了一年和九年的指数涨幅，最佳拟合线从左到右是呈缓缓下降趋势的，表现出了轻微的反比关系。换言之，高市盈率对之后一年和九年时间段里股市涨幅的影响，是略微负面的，但是从统计学来看，该影响并不显著，几乎可以认为是没有影响的。

图2.5中是五年间的指数涨幅，图中的最佳拟合线几乎是水平的，说明市盈率与未来五年的股市波动几乎毫无关联。在这个时间段上，市盈率也没有任何预测价值。

在2000年出版的《非理性繁荣》中，罗伯特·希勒没有展示五年时期的图表，也没有展示显示正比关系的任何时间段的图。这些图是看不出非理性繁荣的。他的研究还有另外一个问题，就是一个世纪里只有10个不重叠的10年时间段，因此，哪怕使用100年的数据，他也只能得到10个数据点。可是任何一个统计学家都会告诉你，少于30个点是无法确定两个变量之间的关系的。

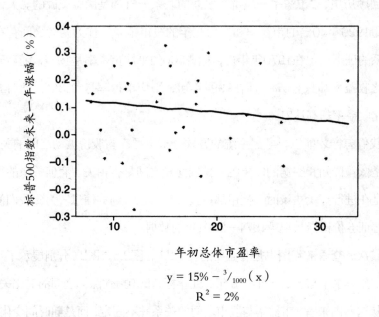

$$y = 15\% - {}^{3}/_{1000}(x)$$
$$R^2 = 2\%$$

图2.4 用年初总体市盈率预测标普500指数未来一年涨幅

数据来源：标普证券价格指数记录

总体来说，根据我们的研究，1950年到2001年之间市盈率与股市波动之间的关系完全是随机的。不止是我们得出了这个结论。在肯尼斯·L.费舍尔和迈尔·斯塔特曼对1872年到1999年数据进行的权威研究中，也总结出了利用市盈率预测未来股市波动不可靠的结论。他们总结说："年初总体市盈率和未来一年或两年的股市波动，两者之间并没有明显的统计学联系。"

在写给我们的一封邮件中，费舍尔提到希勒的结论，认为那是"奇怪的假设"。他说："不管你怎样定义市盈率的高低，都关系不大。市盈率没有预测五年以上市场变化的功能。"

还有一个细节很关键，那就是上市公司不会在年底准时发布当年的财报，而是推迟1到3个月发布。这导致了一种偏差，如果公司在3月份宣布上一年盈利增加，股价可能就会应声而涨。于是人们就会看到，盈利增加，市盈率

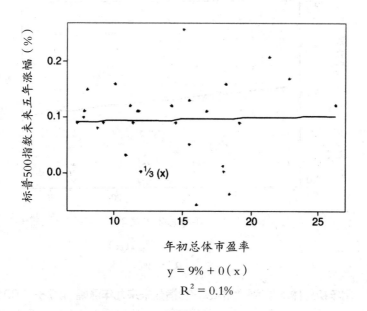

$$y = 9\% + 0(x)$$
$$R^2 = 0.1\%$$

图2.5 用年初总体市盈率预测标普500指数未来五年涨幅，1974—2001年

数据来源：标普证券价格指数记录

降低，股价升高，这样一来就支持了希勒的说法。

例如，假定市场的市盈率为10。如果在每一年的12月31日，其股价为100美元，那么它对应的每股预期盈利就为10美元。如果该公司在3月份发布财报，报告上一年盈利为每股12美元。那么一旦消息发布，股价就要上涨到120美元，才能保持10倍市盈率。但是市盈率是根据上一年的情况统计而来的，当时的股价还是100美元，按照100/12计算，市盈率就是8.5。在盈利报告发布的时候，该股票当年"涨幅"就已达到20%。这样来看的话，低市盈率与高涨幅直接相关。类似的，高市盈率也会被认为与低涨幅相关。

我们与很多研究这些关系的专家讨论了这种偏差，包括希勒教授。希勒教授回应说，他们通过尽可能使用发布财报时的股价数据，对这种偏差进行了调整。但是这种调整只在近几年才可能。此外，他们研究的数据只包括

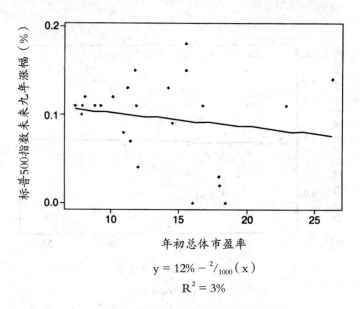

$$y = 12\% - {}^2/_{1000}\,(\,x\,)$$
$$R^2 = 3\%$$

图2.6　用年初总体市盈率预测标普500指数未来九年涨幅，1978—2001年

数据来源：标普证券价格指数记录

那些盈利为正值的公司，给这种本已含混不清的相关效应又添加了一些干扰因素。

　　使用类似这样的数据有太多错误，结果就是我们这样的怀疑者完全无法与那些专家达成共识。如前文所述，在实际情况中还有其他一些偏差，比如回顾偏差，这使得根据历史文件做出的结论更加无关紧要。也难怪在实践中，践行这种"低市盈率=股价上涨"法则的基金几乎都是收益惨淡。即使所有的偏差错误地支持希勒的市盈率—股价观点，实际数据显示二者相关性几乎为零。

　　既然市盈率和股价波动之间的关系不大，为什么还有那么多人相信它呢？费舍尔和斯塔特曼认为，原因在于一种所谓的"有效幻象"心理现象。相比于事实依据，人们更倾向于相信、依靠自己作出判断的精确度。费舍尔还推测，人们之所以会痴迷这种市盈率预测，是因为我们的祖先发现"恐高"

有很强的生存价值，并把这种基因传递给了我们。"任何处于高位的事物都会带来恐惧。"费舍尔写道。哪怕高市盈率也是如此。

解析公司盈利宣传手段

对于经济学家来说，盈利额意味着在不减少公司价值的前提下，可以分发给股东的现金流。但是公司给股东看的盈利报告只是会计盈利，受众多因素的影响，有很大的浮动范围。更甚者，会计方法一直在演进。而且不幸的是，那些最杰出的会计、顾问、经理都有一种强烈的本能冲动，想要利用他们的知识和天赋设计更加动态、更加复杂、更加不透明的会计技巧。

为了维持高股价，上市公司必须不断努力，不断满足分析师的预期。会计人员所扮演的角色，更像是在促成预期的盈利情况，而不是监督者或者独立检验员。为了透过盈利报告的现象看本质，优秀的分析师会使用一些检查清单，甄别其中所述情况的好坏。我们自己汇编了一个清单，列举了如今常用的一些会计技巧，它们会遮掩公司的实际财务情况。

1. **提前计算收入**。尽管一项工作的完成尚需时日，却立即将其收入纳入报告。

2. **借债**。举债经营来获得表面的增长。

3. **把开支资产化**。有些公司把开支资产化为资产，然后慢慢分期折旧。例如，美国在线公司把分发给潜在客户的软件的开支列为资产，而不是作为一次性开支。有些公司的开支资产化有很大的自由度，比如软件开发费用、启动金，等等。如果它们的资产化开支突然增加，投资者就得多加留意了。

4. 调节开支节奏。制造业公司会调节广告、研发等费用的支出时间，来平滑盈利额。

5. 调整销售节奏。加速或减速销售活动，从而平滑盈利额。

6. 会计调整方法1：勾销研发费用。当一家公司收购另一家公司时，收购价若是高于被收购公司的资产值，则可以把多支付的钱视为特定的无形资产或者商誉价值。有些公司会把多支出的费用的一部分计为研发费用。在收购结束之后，他们会勾销这笔费用，作为一次性损失。这样，以后由该研发所产生的收益就不必再抵消研发费用了。为了把公司的整体情况看得更清楚，优秀的分析师会忽视这种勾销，把研发费用看作资产负债表里的资产，然后摊销。

7. 会计调整方法2：模糊化。把大笔收入模糊地搅在一起，使之难以与前期的盈利相比较。

8. 会计调整方法3：商誉。把公司的商誉损失分摊到更长的时间里，比短期分摊对盈利的影响更小。因此公司可以在更长的时间里逐渐分摊商誉的损失。

9. 重组费用。公司重组的费用一般都是一次性开支。在"大换血"的过程中，公司可以"意外"高估重组的开支，然后再逐渐纠偏，这样就能在将来产生漂亮的非现金收入。

10. 巩固成果。把子公司的收入作为自身收入的一部分，而不把子公司的资产或债务写进财报。

11. 财产损失开支。根据美国财务会计标准委员会（FASB）的第121条规则，无论何时，只要一部分资产的生产价值小于其账面价值，就应当在资产负债表中予以减记。这留出了巨大的操作空间，因为可以用它来控制未来的现金流。有时候，反正盈利也很糟糕了，经理们索性就再减记一些资产，指望投资者们把这当成一次偶然事件。这样一来，以后的折旧费用就会减少，将来的盈利就会更加鲜亮。

12. 计算股票期权行权开支。上市公司有很大的自由度来决定在何时、以何种方式报告管理层和员工的期权行权，并将其列为开支。美国财务会计标准委员会给出了三种报告行权开支的方法，公司可以任选其一。

13. 库存和应收账款。制造业公司在报告盈利状况时，还可以通过应收账款和库存货物等资产来腾挪，因为前者可以收回，后者可以销售。

14. 动用积蓄。依靠储蓄、股市一次性收益、出售资产等方法来平滑盈利情况。

15. 择机改变会计方式。为了维持盈利趋势，提前或者推迟采用新的会计标准。

16. 变更审计机构。这可能意味着公司管理层想用会计技巧来维持盈利趋势。市场通常会惩罚变更审计机构的公司，因为这会给人一种不正当的印象。然而，在安然/安德森丑闻之后，很多公司趁机把审计机构由安德森变更为其他审计公司，还得到了市场的鼓励。

标普新标准

标普证券评级公司推出了一种计算盈利的新方法，可以减少失真。这个新标准叫作"核心盈利"，其中包括以下项目：

- 股票期权行权开支。
- 正常运营中的重组变化。
- 运营资产的折旧或分期付款。
- 津贴开支。
- 并购中产生的研发费用。

不包括以下项目：

- 出售资产的收益或损失。

- 补贴所得。

- 投资对冲基金的未兑现收益或损失。

在某些情况下，这些变化非常重要。例如，根据通用电气2001年的财报，当年平均每股盈利为1.42美元。然而，如果排除公司得到的投资补贴，每股盈利只有1.11美元。思科公司2001财年的每股净收益为14美分，但是如果把股票期权的开支算进去，其收益为每股亏损35美分。

对比以上各种操纵技巧和标普的核心盈利标准，读者应该会小心以前那些嫌疑手法了。此外，还有一些出色的书籍可以补充这方面的内容，比如桑顿·格鲁夫的《盈利质量》、霍华德·施利特的《财务诡计》以及亚斯沃斯·达摩达兰的《估值的黑暗面》。

我们的朋友布雷特·斯蒂恩博格，是纽约州立大学上州医学院精神病学及行为科学教授，他的主要研究方向为股市中的多元化行为模型。2002年5月，他在一封邮件中告诉我们，股市中可能还有第二种错觉：

伦敦商学院的一个研究团队最近完成了一项研究。该研究表明，那些表现出高度"控制幻象"的交易者，其盈利水平低于平均水平。

测量交易者"控制幻象"程度的方法，是让他们玩一个猜数字的电脑游戏，然后评估他们对自己猜测成功率的自信心。这些交易者们不知道，那些数字序列其实是随机产生的。所以那些高度自信的交易者，有点类似于猜硬币正反面高度自信的人。

我认为，交易者和投资者关注盈利数字，类似于垂死之人关注来生。因为同样的原因，在9·11事件发生之后，网上最热门的搜索关键词是"诺查丹玛斯"（又名诺斯特拉达穆斯，1503—1566，法国占星学家）。面对不确定的事物，人们需要熟悉感，需要控制感。人们宁可抓住任何可能的希望，也不愿意两手空空、坐以待毙。有一种自己能够控制情况的幻象，总好过没有一点控制感。

所以，慢性疼痛病患者会对自己的病情虚构出种种幻想。如果在商场发病，他们就会避免去商场；如果在思考某个问题的时候发病，他们就会试图躲避这个问题。我知道有一位患者，她第一次发病是在州际高速公路的坡道上，结果，她从此拒绝在坡道上开车，哪怕是车库里的坡道也不开。

这样的逃避行为给这位患者的生活带来了一些麻烦，但是也强化了她的幻象，认为自己能够控制病痛的烦恼。

从这个角度来看，人们热衷于媒体宣扬的上市公司盈利与未来股价相关的理论，也可以看作面对威胁和不确定性而做出的反应。这种现象提供了有关市场参与者的心理状态的信息。

不妨留意一下在牛市和市场下跌时，财经新闻阅读人数的急剧增长。这些时候，正是他们最希望知道怎么管理资金的时候。他们要么是错过了机会，要么是蒙受了损失。技术分析或者基本面分析，便是他们寻找答案、获取控制感的途径。

也许人们可以将阅读人数作为精准的股市预测工具！

希勒学生的质疑

在举办与希勒博士的午宴时，我们希望能碰撞出思想的火花。但奇怪的是，希勒对自己的研究结果的稳健性和适应性犹豫不决。他告诉我们，他的一个学生，比约恩·图伊本斯曾写了一篇论文对老师的结论提出质疑。

图伊本斯的论文《股市的可预测性：揭开神秘的面纱》，为我们的结论提供了进一步支持：

> 在预测长期的股票收益率时，使用重叠的数据，加上股息收益的不稳定，导致产生了一种虚假的回归，使人误以为当年股息与未来一两年股价波动之间存在相关关系……这种回归关系提供了更多的证据，说明坎贝尔—希勒回归分析理论强大的长期预测能力不过是个神话，因为他们使用的数据集太小，重叠数据太多。

另外，希勒告诉我们，他仍然确信，市场正处于反常的低市场收益的阶段。他还信心满满地说："计量经济学研究将会证实他和同事们的研究成果，市盈率与股价之间存在负相关关系。"他在此使用了伊藤过程，一种非常复杂、几乎无法验证的关系，涉及所谓的"随机计算"。这些研究结果的本质就是说明，当前的市盈率对多年以后股价波动的影响比对当年的影响还大，在我们看来，这种关系简直是难以置信的。而且，我们在实际生活中可以看到千百种可以用数学验证的类似关系，但这种时间越久远影响越大的关系十分罕见。

举个例子，我们可以直观地感受到，2002年市盈率对2003年股价的影响，肯定比1993年市盈率的影响大。只有某些专家才会辩驳这一点。

不过，希勒对我们强调说，他现在的研究兴趣在其他领域。

市盈率/股价的错误关系是如何被广泛传播的

投资者和专家习以为常的关系却与现实经验截然相反，这必然会让人们心中产生大大的问号。

我们通过对舆论宣传的研究，来解答这些问题。市场中的那些宣传人员，与广告界和政界的宣传人员一样，深谙恐惧与贪婪之道，懂得如何利用这些似是而非的关系。2002年，我们首次在CNBC"财富"的专栏中提出，市盈率与股价波动之间的关系几乎是完全随机的，与大众平常所学到的恰恰相反，我们的这种观点招来了大量质疑。不肯轻信的读者检查了我们的履历，然后给劳蕾尔写信，建议她这个艺术专业毕业的人应该回去弹钢琴，而维克多则应该专注于打壁球，因为他的经济分析能力和他管理对冲基金的能力一样烂。有人说，我们完全误解了专家对盈利的解释：重要的是预期，而不是实际情况。最善意的评论，说我们的理论只是重新发现了一个道理——在市场上血流成河的时候买入，在冲锋号吹响的时候撤离——只不过把它说得更抽象难懂了。

其他一些读者认为，股价是由盈利预期而不是实际盈利决定的。实际盈利关于未来预期提供的信息很少，对股价影响也就不大。

我们不接受这种评价。对预期的修正，必然与实际盈利的情况高度相关。更进一步，学术界有大量对标普500成分股盈利修正的研究，他们都没有发现盈利修正与未来股价波动有何关联。（只有一项研究结果认为，对盈利预期的修正变化，对几年之后的股价波动有轻微的正面影响。）

我们的那篇文章还招来了看空阵营的猛烈抨击。下面是一封典型来信：

> 我想你们两个家伙要么是在撒谎，要么就是烂记者。如果是在撒谎，你们就是烂记者。所以你们一定又是烂记者，又在撒谎。说实话，你们听起来像是做多的……像你们这样极端不理性、极端有偏见的人，如果做多，那就只能套牢，只能赔钱，最后抱着股票到死，人财两空。

讽刺的是，在我们收到这封信的当天，4月1日，我们对市场表达了强烈的看空观点，有当天的CNBC"财富"的专栏为证。

这种乱扣帽子的手段，是一种典型的宣传技巧。宣传机构引诱人们做出的行动，有利于信息的发布者而非听信者。舆论分析学会在1939年出版的《宣传的艺术》是这方面的经典之作，书中概括了散布错误信息的七种基本技巧。为了能让中小学生看懂，该书给每种技巧都起了一个好记的名字，它们分别是"乱扣帽子""粉饰法""移花接木""夸赞反方""平民百姓""洗牌法""挟众宣传"。

> **乱扣帽子**："只有被牛市蒙蔽的人才会在这个点位盲目买股。"
>
> **粉饰法**："这个市盈率达到历史顶峰的市场没有任何价值。"
>
> **移花接木**："（提出一个名字或符号）：只有市盈率降到格雷姆&多德线以下了，我们才会看好道指100。"
>
> **夸赞反方**："我认识的最资深、最精明的投资者都在等待市盈率再降50%，才会考虑出手买股。"
>
> **平民百姓**："我知道的不多，但是上次市盈率这么高、股息这么低的时候，是在1928年年底。"
>
> **洗牌法**："1929年年初的市盈率高于20倍，随后两年股市跌了40%。"（但他没说1950年年初的市盈率也有那么高，之后两年还涨了40%。）
>
> **挟众宣传**："任何一位参加巴港大会的基金经理，都不会去碰这么高市盈率的市场。"

市盈率与股价波动之间这种错误关系被广泛传播，达到了什么地步呢？有数以百万计的文章都包含这种误导信息，认为上市公司的盈利越好，股价涨幅就越高。我们使用谷歌搜索引擎，可以搜到270万篇包含"美国股市"关键词的文章，其中有130万篇同时包含"盈利"或者"利润"的关键词。其中，又有323000篇文章包含"乐观"或者类似的同义词。大约75000篇文章同时包含"盈利"或"利润"和"乐观"及其同义词。无疑，其中有些词语组合和我们的主题不相干。但是我们可以大概估计，在涉及股市和盈利的文章中，大约有一半文章中都出现了这种谎言。

错误观念为何绵延不绝

一般来说，不论宣传手段多么巧妙，理性的人通常都有一个办法，推倒错误的观念，能够明辨是非。但在投资这个特殊领域，区分是非很艰难，因为人们最容易看到的，就是股票的市盈率和价格波动。他们知道，当他们持股的公司盈利变差时，他们就会蒙受损失，反过来，当盈利变好时，他们就会得到收益。这没错。问题在于，他们试图把这种联系推广到整个市场。

这样的推广存在一些逻辑问题：合成谬误、聚合谬误以及生态学谬误。

以下是合成谬误的例子：

- "因为我站在椅子上就能更好地看音乐会，所以如果每个人都站在椅子上，我们就能都享受更好的体验。"

- "菲尔和玛丽都是优秀的歌手。他们组合起来一定是优秀的合唱。"

- "得到金牌的人是快乐的。如人人都得到金牌，所有人都会快乐。"

投资者思维的错误就在于，混淆了个股与大盘之间的关系："如果对于我的个股来说，盈利好股票就好，盈利差股票就差，那么如果构成市场的公司整体盈利好，就会出现牛市，整体盈利差，就会出现熊市。"

聚合谬误，是小范围内正确的事情推广到大范围依然正确。举一个例子，一个身高六英尺的人不会被一英尺的池塘淹死，就犯了聚合谬误。再举一个例子，如果一个矿工在一座山上捡矿，寻找黄金，他捡的矿越多，山的体积就越小。然而，即使不考虑土壤侵蚀、气候变化、山崩、塌陷等因素，如果有几百个矿工同时捡矿，我们也无法判断其中某一个矿工的活动对山体的影响。

类似的，每一个人都知道，个股的价格与其盈利情况有一些直接关系。但若想由此推广到整个股市和经济总体利润中，就忽略了很多类似之于山体的影响，比如银行利率的升降、税收政策的变化、美联储的行为，等等。

　　与之相关的是生态学谬误，即认为大范围内正确的事情在小范围内也正确。在大多数对膳食对人体健康的影响研究中，常常可以看到这种错误。例如，一项研究总结认为，多吃纤维素有助于长寿。然而，并不能根据这项研究，就去建议某个地区的某个人应该吃更多纤维素，来达到长寿的目的。

　　因为生态学谬误，我们这项盈利变化和股价变化成反比关系的研究成果，遭到了人们的怀疑。那些人听到我们的研究，就把它的范围缩小化。他们说，如果我们是对的，这种反比关系就意味着单个股票的价格也和盈利变化成反比，这和在健康饮食研究中不区分个人与集体如出一辙。犯了缩小范围错误的人，没有考虑行业差异和时间差异对股市的影响。因为他们无法接受我们的反比关系，最终拒绝了它，转头相信了与之相反的理论。

　　这些错误观念长期存在的另一个原因，无疑是因为盈利的定义模糊不清，以至于想要详细观察它与股价波动的各种关系都很难。投资者是应该看

逃脱时刻（画家：苏珊·斯莱曼，2001）

盈利年度同比情况呢，还是看财报盈利相比预期盈利的情况？是与现在的市场预期作对比，还是与原来的市场预期作对比呢？是与官方预期对比，还是与传闻的预期对比呢？是比较不同商业周期的盈利情况，还是与同行业其他公司对比？哪种盈利数据最重要呢？运营利润？毛利润？美国通用会计准则（GAAP）？周期性调整？净利润？

我们的朋友拉里·利兹对这个问题的复杂性颇有心得。拉里曾运营过一个专注于零售业股票的对冲基金，截止到2002年年底，他取得了连续七年年化益率42%的好成绩。他喜欢买入第一季度财报难看的股票。因为这些公司往往都是在圣诞节销售太旺，导致第一季度存货不足，业绩才下降的。那些第一季度财报光鲜的零售公司，往往是因为积压了大量的冬季商品要甩卖，因为它们的圣诞节销售不好。

进一步说，上市公司们早就开发出了各种粉饰财报的方法。CEO会指导分析师把盈利预期调低，这样他们的公司就能在将来超过预期，这是一种很好的洗牌法。

猫抓老鼠的升级

长期以来，公司对盈利的宣传都是华尔街游戏规则的一部分，记者们也喜欢和公司们玩猫抓老鼠的游戏。作为一名通讯社编辑，劳蕾尔能够得到第一手信息，观察公司们宣布盈利时选择时间的艺术。如果GAAP盈利上升了，公司就会在刚开市或者闭市后发布信息，并在一小时后安排一场电话会议，这样高管们就能向记者和分析师发布下个季度的"投资指南"。但是如果连毛利润也很低，他们就会选择在深夜发布信息，这时候大部分新闻机构已经下班了，或者只有一个值班记者。发布坏消息的最佳时机是在周五晚上，这时候报社编辑已经排好周末新闻的版下班了。

任何初级记者都应该要从公司的盈利报告中发现那些为分散注意力而提

出的不相干事实。在入职的第一周，记者要了解，第一段红红火火的销售数据之后，可能就是不冷不热地叙说利润或盈余的下滑。任何一个细心的新记者都不应忽视，报告第七段宣布审计员辞职了，没有在财报的最终版本上签字，或者49岁的CEO史密斯闪电辞职，去追求其他事业或者照顾家庭了。

但道高一尺魔高一丈。记者们越是眼光毒辣明察秋毫，公司们用来愚弄他们的武器就越精良。公司们培养了一种惊人的能力，能把本季度的盈利说得比前几年同时期情况都好。例如，通用电气称其自1993年第三季度起，盈利增长持续了38个季度。从1995年第一季度到2000年第三季度，除了2000年的前三个季度盈利增长分别为18%、21%、20%以外，其余每个季度的盈利增长都在11%到16%之间。通用电气的做法，是适时隐藏利润，并在需要的时候提取出来。不过，通用电气这种做法只能算是入门级的。到20世纪即将结束之时，公司财务人员开发出了各种预计报表、资产负债表外负债、损益表外损失。

安然公司是公认的新式会计方面的领头。2000年9月18日，管理顾问加里·哈梅尔在《华尔街日报》上评论称：安然公司已被《财富》杂志连续五年评为美国最创新企业，并取代通用电气，被评为"管理最佳企业"，通用电气下一位总裁应该去安然公司学一两招。在2001年4月17日的盈利新闻发布会上，时任安然公司总裁杰夫·斯吉林公然辱骂波士顿一位名叫理查德·格鲁布曼的基金经理，因为他竟敢要资产负债表。（2002年，我们想要采访通用电气一位高管时，也得到了这样的待遇。他们不但告诉我们所有高管都很忙，没空接见我们，还让我们以后再也不要给通用电气打电话了。）

2001年11月短短几周里，安然公司从股市明星陷入破产，一时间所有的盈利报告都受到了怀疑，甚至连通用电气之类多年没有受到指责的公司也不例外。多疑的投资者打击了一家又一家公司，几乎要把它们逼得关门。作为当时全球市值最高的公司，通用电气的股价在2002年的前9个月跌了39%。

由于社会各界对通用电气的财报指责太多，该公司不得不发明了一句新口号："我们只运作公司，不运作利润。"2002年2月15日，《纽约时报》揭露IBM公司第四季度盈利增加的原因，是因为出售了一条辅助生产线，公司却没有及时披露，结果IBM的股价应声下跌了6%。

事实上，很多公司都试图通过各种方法来粉饰业绩。在前文中，我们列举了一些在评估公司财报时需要考虑的问题。

乐观的华尔街分析师

投资者一度指望分析师们能对公司情况提供客观的评估。但是在20世纪90年代后期，分析师却为了自家公司承销部门的利益，尽量不发布悲观的报告，以免减少承销收入。我们统计了1997—2002年间的分析报告，其中各年买入、持有和卖出评级的比例如表2.1所示。

表2.1　1997年1月—2002年3月期间分析师评级统计

年度	评级数量	买入（%）	持有（%）	卖出（%）
1997	425087	74.0	23.7	2.3
1998	748450	67.8	30.4	1.8
1999	1010235	67.1	30.9	2.0
2000	1373107	73.3	25.0	1.7
2001	1482100	65.3	32.0	2.7
2002（1-3月）	359881	62.6	34.2	3.2

数据来源：彭博社

在2000—2002年股市泡沫破裂之前，分析师是社会名流，是新闻媒体的宝贵资产。顶着重重压力的记者们为了打败同行，抢着去采访亨利·布洛吉特和艾比·约瑟夫·科恩那样看涨的人，热门新闻媒体都有一位性感的记者在纽约证券交易所大厅直接与一名分析师对话，这名分析师则刚刚上调了由自己公司保荐上市的股票评级。公众对这样的新闻喜闻乐见。

　　华尔街的经纪人们总是把分析报告当小礼品到处赠送，好从散户和理财公司那里收取更多的费用。在1999年美国证券交易委员会采取措施禁止之前，分析师们经常把与上市公司高管私下谈话的信息透露给关系好的客户。

　　这些分析师最终见证了互联网泡沫的破裂。2002年5月21日，美林证券因为其互联网部门对本公司担保的上市公司维持误导性评级，支付了1亿美元解决纠纷。在此之前，纽约首席检察官艾略特·斯皮策公布的电子邮件显示，那些分析师们在私下里并不看好自己推荐的股票。

　　当时，美林证券的评级系统有五个等级：

1. 买入　　　　　　2. 增持　　　　　　3. 中性

4. 减持　　　　　　5. 卖出

　　这五个分级还可以再细分，比如1-1的评级要高于1-3。斯皮策把分析师们在邮件里对这些股票的评价与该公司的公开评级进行了对比，如表2.2所示。

表2.2　邮件中的评论与公开评级对比

被评价的上市公司	评论时间	分析师在邮件中的评论	公开评级
以太系统	2001.3.15	烂到根子上了	3-1
Excite@home	1999.12.27	我们对此股票持中立态度。六个月前景展望"缺乏想象"，没有任何"实质性催化剂"来改善	2-1
Excite@home	2000.6.03	屎一样的股票	2-1
GoTo.com	2001.1.11	除了银行费用之外毫无看点	3-1
信息空间	2000.7.13	鉴于我们今年早些时候对它的评级太激进，现在又有很多机构不看好它，现在这就是个火药桶	1-1
信息空间	2000.10.20	垃圾	1-1
生命思维	2000.12.04	一坨屎	2-1
24/7传媒	2000.10.10	一坨屎	2-2

数据来源：纽约州首席检察官艾略特·斯皮策2002年4月8日在纽约州高级法院记录的书面陈述

根据斯皮策记录的一份书面陈述，在法庭作证时，美林证券的高级互联网分析师亨利·布洛吉特和他的下属柯尔斯顿·坎贝尔都承认，该公司从未给任何一只股票4或5的评级。"对于他们不再看好的股票，他们不是下调评级为减持或卖出，而是悄悄地不再为这些股票评级，不对公众做任何公告或者有意义的解释。"斯皮策说，尽管资深投资者知道美林证券的3就意味着"卖出"，但公众并不知道。

在另外一个著名案例中，互联网资本集团是美林证券客户，美林证券的互联网分析师在1999年8月30日给它评级为2-1。该公司在1999年12月22日的股价为212美元。到2000年10月5日，其股价已经跌到了12.38美元，布洛吉特在给另一位高级分析师的邮件里预测该公司股票"会跌到5美元"。第二天，他又写道："这只股票的价格实际已经没有底部可言了。"尽管如此，他们给该公司的公开评级依然为2-1。斯皮策的记录显示，尽管布洛吉特这么不看好该公司的前景，直到2002年9月12日，它依然名列美林证券推荐的十大科技股票榜。

劳蕾尔曾在1999年8月6日的专栏中质疑布洛吉特的评级，结果这成了她为彭博社所写的最后一次专栏。不过，她的老板是从做新闻的立场停办了这个专栏，虽然美林公司持有彭博社20%的股份，但和这次解雇并没什么关系。

结　语

可能有人会反对我的说法，一些资深读者甚至委婉地暗示，我们没有全面参阅成千上万篇试图解决该问题的学术论文。

说实话，就算是让最强大的电脑来读完这些文献，也不是件轻松活。要让我们两个来读，两辈子都未必能读完。不过，我们也读过几百篇文章。但是很多论文在研究时，都在使用过去的旧数据，最终得到一个描述性的公式，却不能预测未来。一种能够经得起检验的理论，必然是有预测性的。然而，至今也没有论文深入研究不断变化的市场周期对股市的影响。

说这么多，我们也累了，恐怕等我们一百岁时，类似这样的提问也还是源源不断。我们还要忙自己的事业，在准备介绍传奇般的价值投资者本杰明·格雷厄姆之前，我们只好先休息几个小时，重新读一读我们最喜欢的希腊神话，赫拉克勒斯的故事。

维克多在打壁球时，首先会击败对手的反手发球，再击败对手的正手发球。然后，他会发一些近球，令对手够不着接球。最后，当对手被迫把身体保持前倾时，他又打远球，令对手招架不及。他就是这样，在比赛中总是把对手诱导到错误的方向，从而取得胜利。

如果投资者能明白，公司盈利和股票收益之间似是而非的关联不过是种假象，市场利用这种假象来击打投资者，那么流入市场的收益将减少95%，投资者也不会总是买在高点、卖在低点，总是在错误的时间买入或赎回基金。当然，他们可能被套牢太久了，或者太着急卖股票了，这样或许会有一些蝇头小利，但是如果他们不过度交易的话，收益肯定会更好。然而，他们还是会在公司盈利预期悲观的时候，打电话给经纪人抛出股票。

但是猜猜看，之后会发生什么？第二天就会有好消息，他们又会以更高的价格把股票买回来。

第三章 / CHAPTER 3

趋势真的是朋友吗

九头蛇在深不可测的勒耳那沼泽出没，很多不小心的行人葬身于此。

——罗伯特·格拉夫，《希腊神话》

在希腊神话中，迈锡尼王给赫拉克勒斯的第二项任务，是杀死九头蛇。这个怪兽呼出的毒气会杀死所有接近它的生物。赫拉克勒斯带着棍子跟踪怪兽，但是只要砍掉它一个头，就会长出来两个新头。

赫拉克勒斯轻松解决了这个问题。当我们偶然回想起彭博机上的技术指标菜单时，我们会看到不止9个，而是几十个不同颜色的图形。但是，我们认为这些技术指标对投资者是有害的，它们包括可调整移动均线图、回归线、资金流、抛物线拐点、布林线、各种共振、枢轴、相对强度、交易轨道线、预测图（包括棒形图和蜡烛图）、点数图、指数光滑线、涨跌线、TICK指数、TRIN指数、斐波那契后视线，还有那种软件，可以让你在几个高点之间或者自己喜欢的区间连线。技术指标最开始并没有这么多。有一个所谓的美国技术分析师官方发言机构"市场技术分析师协会"，根据其主席拉尔夫·阿卡姆波拉的意见，在其网站上列出了177种技术指标。

在45年的交易生涯中，维克多和同事们检验了每一种宣称有效的技术指标。然而迄今为止，却没有一项指标通过检验。不过，任何重要的问题都可以通过统计学来解决。传言、断言、权威，都解决不了问题，我们要做的是对任何规则进行量化分析和检验。

技术分析的问题在于，无论是实践者还是鼓吹者，在阐述和评估其技术时，都没能遵循标准的科学程序。这里所说的科学程序，包括对某个事件的精准定义，对基于该事件进行预测的准确性和不确定性的检验，基于该事件进入或退出交易的方法，以及重复实验的方法，因为只有重复实验，才能验证并改进这项技术。对此，使用技术分析的人经常反对说，这是一门艺术，而不是科学，所以是不可能被驳倒的。我们同意这一点。技术分析的论题无法验证，就好像需要直观领悟的事物难以精确定义一样。但是既然技术分析是如此依赖领悟，那么与其说它是一种技术，不如说它是一种宗教，投资界的牧师用它来愚弄无知的人们，诱导他们在高价买入股票。因为主观的领悟无法构建精确的模型，也无法提出经得起检验的预测，所以知识就无法得到提高。

例如，名气颇大的马丁·舒华兹这样解释市场的秘密："看看大写字母T，它顶上的横线左右两边是一样长的，这就是神奇的T准则。"他建议投资者要"彻底拥抱"T准则，"绘制趋势线和图形，反复计算均值，寻找拐点，确定买入价和卖出价。"舒华兹把这种方法称为自己成功的原因："我和T准则合二为一。市场数据以最基本的方式潮起潮落，我就像金融大潮中的软体动物，本能地随之起伏。"如果真是这么容易的话，我们就都能像大海里的贝壳一样快乐了。虽然舒华兹看起来是真心想要帮助投资者，但是我们还需要更理智的方法来辨别市场的潮起潮落。

或者，再看看约瑟夫·格兰维尔的宏伟宣言："市场遵循一切物理法则，很容易用动量、重力、引力、加速、和声、时间、空间、能量、磁力，甚至是组合出无限美丽的光谱颜色来解释。"听起来很美。虽然在1987年大跌之前他"带领投资者精准逃离"，但我们还是怀疑他能否继续用实际行动验证自己的理论。

杰克·茨威格把自己与技术分析同人的交谈记录汇编成册，足足有775页厚。这本书可以强化茨威格的观点：图形反映了重复变化的市场行为，一些有充分经验的交易商能够借助天赋，成功使用图形方法预测股价变动。

茨威格在他的第4条交易规则中总结说："要寻找一种判断交易时机的图形模式。在找到这种模式之前不要进行交易。"（偶尔他也会说，如果市场波动有限，支撑位和压力位在一定的价格区间内，同时定义好止损/盈点，那么即使没有这样的模式，交易风险也不大。）

这已经足够搅得人晚上辗转难眠，想要寻找这样的模式，思索怎样衡量市场变动，琢磨把止损/盈点定义在哪里。

但是不论何时，只要我们用量化方式来检验某种技术模式，然后讨论检验结果，都会引发巨大的骚动，那些崇拜技术分析的人就会指责我们，说我们没有合理评估出他们心仪的技术指标的优点。九头蛇总有其他脑袋备用，这些人也总有新人、新技术、新市场、新数据来取代已经不可靠的技术指标。

赫拉克勒斯最后发现，只要熄灭了火源，就能阻止九头蛇的脑袋重生。这就是我们要做的工作。我们将要把一个关键主题与几百种技术分析技巧综合考虑，用火来检验它们。这个关键主题就是："趋势是你的朋友。"

趋势真的是朋友吗

"趋势是你的朋友"有很多种说法，我们拿菲利普·詹克斯和斯蒂芬·埃科特编著的《全球投资者手册：来自150位投资大师的宝贵建议》作为样本。我们发现，交易者提出的"趋势是你的朋友"的种种变形，至少也有二三十种。例如以下这些说法：

- 在最后一小时，趋势是你的朋友。（艾伦·法利）
- 永远不要在大盘上涨时做空。（西蒙·考克威尔）
- 绘制趋势线。（约翰·墨菲）
- 大多数情况下，低点之后有更低，高点之后有更高。（马克·法伯）

还有我们最喜欢的：

- 除非快要结束，趋势一直是你的朋友。（托马斯·德马克）

然而可惜的是，提出这些趋势法则的人，都没有用哪怕一个简单的测验来支持他们的说法。事实上，人们不可能对"趋势是你的朋友"进行精确检验，因为根据这条规则，提不出任何可以检验的假设。对这条规则的理解和执行，总是有些含糊、主观，甚至有几分神秘色彩。

在近代科学出现之前，人们需要通过神话和仪式寻求解释和指导，才能感受到对暴风雨、自然灾害、野兽、食物来源和生活中其他难料之事的控制感。他们把最好的食物献祭给神灵，不惜代价去圣地朝拜，赠予祭司大量礼物，这一切都是为了取悦支配他们命运的神灵。随着科学的进步，这些做法逐渐消亡。但是在现代社会中，神话依然存在。在市场中，即使是最老练的交易商使用最复杂的数学策略进行最冷静的计算，神话也同样兴盛。

但是这也许并不奇怪。毕竟，现代投资者也像原始的穴居人一样，经常感到一股神秘力量的支配。市场是复杂多变的，看起来深不可测。行情飙升会创造大量的财富和权力，暴跌也会带来灾难和死亡。市场有时候像母亲一样无私给予，有时候又像愤怒的大海一样充满敌意。所以也难怪投资者总是不知所措，希望有个简单的指标能在市场的神秘海洋中指引方向。

用我们最爱的谷歌搜索"跟随趋势"，能得到37.8万条结果，其中很多网站上都有满意用户的感谢之词，还有趋势跟随者赢得巨额财富的故事。《卡伯特市场快讯》2002年春季刊宣称趋势分析"几乎不可能错过一次重大的市场变动"，谁能受得了这样的诱惑呢？所以，在市场技术分析师协会2002年4月26日于佛罗里达州朱庇特海滩举行的年度资格考试中，参考人数达到了创纪录的830人，也就不足为奇了。

就算某些趋势跟随者取得了成功。无疑，他们的才智和眼光比我们好。但是我们还是有必要冷静一下，考虑两个基本问题：

1. 他们能赚钱，是因为"趋势是你的朋友"的核心规则在发挥作用吗？

2. 他们所报告的结果，不论好坏，能否用碰巧的偶然性来解释？

我们的初步结论是，跟随趋势是有悖于常识的。在价格图上任意取两个点，在两点之间连一条直线并进行延伸。如果后点高于前点，这条线的方向就是向上的。如果后点低于前点，这条线就是向下的。除了说明这只股票在那段时间的涨跌之外，这还能说明什么呢？

然而，仅靠常识还不足以解决这个问题。我们尽己所能，设计了许多测验方法来检验跟随趋势的主张。我们还总结了大量有关技术分析的学术文献，更新并检验他人的成果。我们将在本章向读者汇报检验结果。

检验趋势理论

首先，我们查看每年的市场走向趋势。我们使用了由《投资收益百年史》作者提供的数据，我们认为那是有史以来的最佳投资类书籍，我们发现，在过去的102年里，市场年度收益并不存在明显的趋势。连续两年之间的收益相关系数仅为-0.02（某一年与两年之后的收益相关系数为-0.25）。近年来，这种相关程度还在进一步减弱；标普500指数最近一次连续3年下降还是在1939—1941年。（2002年底我们写作本书的时候，市场看似又要完成一次连续3年下跌，让那些趋势跟随者在饱受煎熬之后雪上加霜。）

就像埃尔罗伊·迪姆森、保罗·马什和迈克·斯汤腾在《投资收益百年史》中指出的一样，在过去102年里，市场只有6次连续下跌两年；这么少的数值，不足以得出可靠的统计结论。但是在连续两年下跌之后，第三年的平均涨幅却高达16%（参见表3.1）。我们计算了在两年不同的市场趋势之后，在每种情况下第三年的平均涨幅。

表3.1　前两年市场趋势与第三年平均涨幅对比

第一年	第二年	第三年（%）
跌	跌	16%
跌	涨	16%
涨	跌	13%
涨	涨	9%

此外，在任何时间段里，过去与未来的市场收益相关系数都是负值，如表3.2所示。

表3.2　年度市场收益相关系数

之前年数	与当年的相关性（%）
1	−2
2	−25
3	−4
4	−2
5	−17
6	−5

那么，短期平均趋势支持趋势跟踪的观点吗？同样不支持。交易最频繁的股票在少于一年的两个不重合连续时间段内，收益相关系数都是负数，表现出了一种"均值回归"的状态。说白了就是，上涨之后易下跌，下跌之后易上涨。

图3.1中的散点图，是1994年7月到2001年5月之间标普500指数连续20天区间变化的情况，其前后20天的变化相关指数是−0.053。图中大量的数

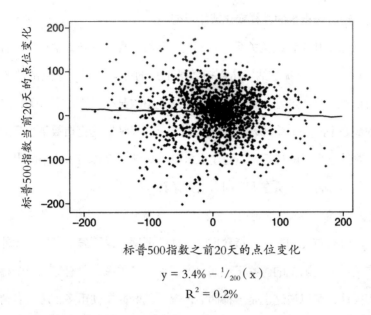

$$y = 3.4\% - \frac{1}{200}(x)$$
$$R^2 = 0.2\%$$

图3.1 标普500指数连续20天区间价格变化的相关情况，1994年7月—2001年5月

据点聚集在水平轴附近，几乎毫无规律可言，其拟合线则从左上方略向右下方倾斜。更长时间段之间的相关系数负值更大。市场之前20天若是下跌，标普500指数在之后20天平均会涨0.3%。之前20天若是上涨，之后20天的总体变化则是微跌。

总体估计，不同时间段的短期相关系数大约为−0.15。

然后，我们再来看看纳斯达克指数的每月变化趋势是会延续还是逆转，它们是否会导致标普500指数的变化。为了分析清楚，我们计算了之前标普500指数涨跌与之后纳指涨跌的相关性，比如之前两个月标普500指数与当月纳指的相关性、之前一个月标普500指数与当月纳指的相关性，等等。同样，我们也计算了之前纳指对之后标普500指数之间的相关性。

我们对照散点图，计算了统计表格，汇总了两大指数同步变化与反向变化的情况。所有这些检验，都是为了回答同一个问题：某个指数的大幅变化是否会带动另一指数的同样变化或相反变化？

在计算了几百种相关关系之后，我们总结发现，从统计学角度来看，只发现一点相关性，就是纳斯达克指数某个月的涨幅会对下个月的涨幅产生10%的正面影响。这意味着，如果纳斯达克指数某个月下跌了15%，对其下个月的最好预测是下跌15%×10% = 1.5%；如果纳斯达克指数某个月上涨了20%，对其下个月的最好预测是上涨20%×10% = 2%。图3.2中画出了它们之间的最佳拟合线，从左下方向右上方倾斜。

这并没有减少多少不确定性。事实上，这样预测只能将平方误差减少1%。因此，尽管有点儿纳斯达克指数惯性运动的证据，也不怎么有用。此外，其他所有关系都是随机的。鉴于我们研究了那么多关系，只有这么一个存在显著的相关性，可以说这也是一种偶然情况，就好像抛硬币多了总会有猜对的时候一样。

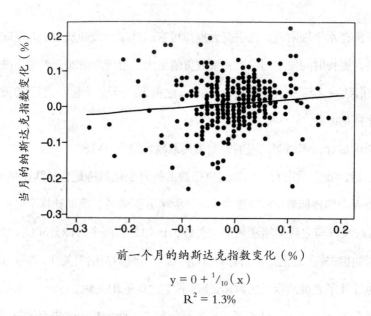

$$y = 0 + \frac{1}{10}(x)$$
$$R^2 = 1.3\%$$

图3.2 当月纳斯达克指数对下个月的影响

数据范围：从1971年底纳斯达克市场成立到2002年4月，共370个月

运动场上的连胜/连败

放开指数,稍事休息,我们来看看一个完全不同的领域,运动场上的惯性。

在运动场、赌场、股市上,都没有明显的获胜规律,连续获胜最能刺激玩家和观众了。人们经常用"手气好""状态好"等词汇来传达这种兴奋。在小说《笨蛋没活路》中,马里奥·普佐讲述了一个赌徒一夜大赢40万美元的幸运之夜:

> 他冒了200次险,重复下注同样的数字,每次赌500美元,差不多掷了一个小时骰子。到第15分钟时,他的好手气就给整个赌场笼罩了几分紧张气息,筹码堆满了他面前的赌桌……当他把骰子交给下一位玩家时,在场的赌徒们齐声为他喝彩。赌场老板给了他一个大架子,好装下一大堆筹码。

我们能想起很多运动场上连胜的例子,特别是篮球比赛。哈林篮球队从20世纪60年代到90年代打了8829场比赛。从1962年开始直到2000年11月输给密歇根州立大学队,他们一场校园比赛都没输过。洛杉矶湖人队曾在1971年11月5日到1972年1月7日之间连赢33场比赛。

北卡罗来纳的女子足球队曾在1986年9月30日到1990年9月17日之间连赢103比赛。从1987年到1997年,古巴男篮国家队连赢了150场比赛。

有时候,在一场比赛中也会有某个球员"手气好"。在2002年5月22日NBA网队与凯尔特人队决赛第三场的比赛中,到第三节结束时,比分是74比53,网队还领先21分。这时候,或许是在队友安东尼·沃克的鼓励下,凯尔特队的保罗·皮尔斯"进入了状态"。在此之前三节比赛中,他只得到了9分,但是在最后一节比赛中,他一人砍下19分,最终凯尔特人以94∶90赢得了比赛。

关键问题是，这种连续胜利是不是随机发生的。如果运动员和球队都很强，他们的胜率显然要高于50%。那么，他们在连赢几场比赛之后的胜率，是不是比输球之后的胜率高呢？对于那些"手气好"的球员来说，他们真的是得益于某种神奇的记忆吗？

大多数研究人员都认为，"手气"这个概念不过是种神话。康奈尔大学心理学教授托马斯·吉洛维奇是该领域的专家。在一系列研究中，他观察了76人队的近投、凯尔特人队的罚球、全明星赛的三分球，还有康奈尔大学篮球队的投篮实验。他总结说，在每一种情况下，"详细分析都没有发现任何证据，说明投篮的准确性存在连续性。"

一位球员在连续投进几次之后，或许会认为自己进入了状态。但是数据显示，这种球员下一次投篮的命中率大约比平均水平还要低50%。

有一种批评意见认为，篮球是一项团体运动，忽略球员互动研究某个球员的"手气"是不科学的。吉姆·阿尔伯特和杰伊·本奈特在《曲线球：棒球、统计学以及概率在比赛中的影响》一书中研究了1998年到2001年棒球比赛中击球员和球队的连胜情况，发现30个球队里，只有6支球队出现过连胜情况，恰好符合随机概率。

还有一些人研究了其他运动中的连胜情况。一项针对保龄球协会职业巡回赛的研究发现，某些球员出现了短暂的连胜现象。在一项值得注意的"手气"研究中，波莫纳大学经济学教授加里·史密斯发现，在投掷马蹄铁运动中，那些投出双环套的情况有很强的连续性。在世锦赛中，在连续投出两个双环套之后，选手投出连续第三个双环套的概率高达60%。而在连续两次没有投出双环套之后，第三次投出双环套的概率只有47%。因此，史密斯教授并不认同康奈尔大学吉洛维奇的篮球研究，他认为马蹄铁投手确实存在好坏手气。

市场的动量

和赌场、运动场上一样，市场中也存在类似的惯性理论，只不过换成了"趋势"、"动量"之类的名字。就好像打牌的人连抓几把同花顺之后感觉自己"进入了状态"一样，在股票连续上涨3周之后，每个人都会对牛市充满信心，如果连续下跌3周，每个人的心态都会转熊。尽管玩家有记忆，但是大多数人都同意，扑克牌没有记忆。那么，股票有没有记忆呢？

个股的数据倾向于反对趋势理论。麻省理工学院讲师乔纳森·卢埃林在一系列开创性研究中总结认为，股票回归均值的证据更为有力。他使用了1932年到1998年间66年的数据，进行了数百万次详细计算，并对数据中的偏差进行了校正。他计算了单个股票在一年内的均价，发现在接下来六个季度里，这些股票平均会向均值方向回归41%。卢埃林发现，从1968年到2000年，历年股价之间的相关性为-24%。因此，如果一只股票的收益低于一年均值50%，那么对其之后6季度的最佳预测是比一年均值高50%×24% = 12%。

通常来说，如果所有证据都反对这种理论，我们就会一致同意"趋势并不是你的朋友"。然而，不要指望有什么固定规则可以永远适用。我们周围有太多聪明人在预测、改变这种效应。就像我们经常提醒自己的那样，市场周期总是在不断变化。

情况发生变化了吗

虽然在过去六七十年里，个股走向与趋势跟随理论相反，最近的市场情况依然如此。但我们还是会问自己，在新世纪开始之际，现在是应该跟随趋势，还是应该逆势投资呢？

对于投资者来说，学术研究成果出来的时刻往往是错误的。例如《金融经济周刊》在1981年发表了突破性研究成果，认为小公司股票整体收益要比大公司更好。然而随后18年，小公司股票一直落后于蓝筹股。遗憾的是，该研究刺激产生了大量投资小公司股票的新型理财产品，在一段蜜月期内吸引了大量资金，而市场却在1983年开始出现不利变化。1999年，迪姆森、马什和斯汤顿在一篇题为《墨菲法则和市场不规则性》的论文中，号召人们注意这种行情逆转。可讽刺的是，就在这篇文章发表的当年，小公司股票迎来了收益最好的一年。在2000年和2001年，小公司股票的走势依然好于标普500指数。

事实上，市场情况千变万化，在浩瀚的数据中，任何一种市场关系都可以找到一些支持证据。想知道市场周期是否会再次发生变化，你会去问谁？投机者。

根据2000年的表现，我们从标普500成分股中挑选了20只表现最好的股票、20只表现最差的股票。我们发现，2000年表现最好的20只股票在随后16个月内的平均涨幅为-11%。其中有几只跌得最严重，卡尔派恩公司股票下跌76%，珀金埃尔默公司股票下跌76%，爱力根公司股票下跌32%。（如果把安然公司这样的也计算入内，情况还会更糟糕。2000年安然公司还是标普成分股中的佼佼者，但到2001年11月就从成分股中被剔除了，所以我们没有把它计算在内，不然光它一家就能让最佳20公司的涨幅拉低5个百分点。）

2000年表现最差的20只股票，在随后16个月内平均保持持平。这其中也包括一些优秀的公司，比如美国礼品公司从2000年12月29日到2002年4月29日，上涨了91%；苹果公司上涨了55%；胜腾集团涨了91%；电器城涨了86%；戴尔公司涨了48%。而标普指数在这16个月里整体下跌了19%（参见表3.3）。

表3.3 2000年排名和之后股价涨幅对比

类别	之后16个月平均涨幅（％）
20只最好的股票	−11
20只最差的股票	0
标普500指数	−19

当然，挑最差的股票买并不一定能致富。雅虎公司在2000年跌了86%，之后16个月又跌了53%；诺维尔、朗讯、捷威等公司也都遭遇了类似命运。世通公司的股价更是先从13.15美元跌到2.35美元，到2002年7月1日又一路跌到6美分。

接下来，我们再来检验大公司的股票，看看它们是否跟随趋势。我们注意到，大型制药公司的股票经常连续3周上涨或下跌。例如，强生公司从2002年4月最后一周开始连续3周下跌。你若在当时，是会预测它下一周就会上涨，还是认为它会继续跌下去？认同前一种预测的，是一种使用小数定律的赌徒心态；持有后一种观点的，则是认为之前的情况具有代表性，表现出了一种对"手气"的偏好。（事实上，强生公司当时连续跌了10周。）但是这个看似是趋势跟随者证据的，不过是个意外插曲，说明不了什么问题。就像丹尼尔·卡尼曼、保罗·斯洛维奇和阿莫斯·特沃斯基在其经典著作《不确定状况下的判断：启发式和偏差》中所指出的那样，人们在预测一个事件的发生概率时，常常会以人们容易想到的事件为依据，结果导致了种种偏差。例如，通过回想周围熟人的心脏病发病率，来估计中年人心脏病发作的概率。在股市中，人们却一直在做类似的预测。

大型制药公司并不很多，所以没有足够的数据来验证这种说法。因此，我们分别在纳斯达克指数和标普500指数中选择了市值最高的10家公司作为代表。因为英特尔和微软公司同时是这两个指数的成分股，所以总共有18只股票。我们研究了它们从1997年5月到2002年5月的每周价格变化。为了简化检验流程，同时保证结果的一致性，我们对每只股票每个月前三周的股价变动情况进行统计，总共有8种情况。然后再观察它们在第四周的表现。我们统计出来的数据如表3.4所示。

表3.4　股价每月前三周变化与第四周变化对比，1997—2002年

第1周	第2周	第3周	出现次数	第4周平均涨幅（％）
涨	涨	涨	156	1.6
涨	涨	跌	165	0.6
涨	跌	涨	188	0.6
涨	跌	跌	125	1.3
跌	涨	涨	108	−1.3
跌	涨	跌	91	2.8
跌	跌	涨	114	−1.4
跌	跌	跌	100	−0.8

我们总结发现，那些前3周猛涨的股票在最后一周容易继续上涨，而前3周触底的股票在最后一周往往会继续下跌。当一只股票连续上涨3周以后，第四周平均还会涨1.6%；而前3周连续下跌的股票，第四周平均还会跌0.8%。如果股票前两周跌，第3周涨，第4周平均会跌1.4%。最令人震撼的是那些呈现钟摆运动的股票，如果它们在第1周下跌，第2周上涨，第3周下跌，那么在第4周平均会上涨2.8%。

根据这些股票在每月前3周的表现，我们可以将其分为8组。每组有1047个单个公司单周价格变化的数据，这些数据起伏不定，单个公司每月最后一周的平均价格变化区间为10%。显然，随机性对这些结果起了很大作用。

不过，在进行仿真和计算之后，我们认为前三周呈现"跌—涨—跌"的股票在第4周平均上涨2.8%并非偶然。因为出现这种情况的随机概率只有

二十分之一。

与之相对比，前3周连续上涨或下跌之后，第4周继续涨/跌的趋势，并非结论，只能算是一种提示。因为这种情况发生的概率有十分之一。

考虑种种因素，我们并没有找到任何证据，说明市场变化与趋势跟随理论相一致。反而有大量学术研究和实践结果表示，对于我们所能想到的所有时期、所有股票、所有均值、所有指标来说，回归均值的趋势都更加明显。

因此，我们总结认为，在美国股市中，钟摆运动比惯性运动更为准确。

模糊不清的经典指标

有些国家开创了非常符合他们国家文化特点的技术指标。在日本，模棱两可的语言是一种生活方式，交易者在几百年的时间里开发、完善了K线图（蜡烛图）分析技术。正如史蒂夫·尼森在其名著《日本蜡烛图技术》中指出的一样："和其他所有图形技术一样，K线图的模式依赖于用户的个人理解。"这应该不足为怪。所有与日本人打过交道的人都知道，他们会礼貌地拒绝回答简单的"是/否"。这样一个倡导委婉的国家，如果提出了一个定义精确、易于验证的方法，那才叫奇怪。

蜡烛图包括开盘、最高、最低、收盘。其"实体"是一个由开盘和收盘围成的矩形，在必要的情况下，从顶部和底部延伸出来的上下影线标记出最高价和最低价。如果收盘比开盘高，矩形就是空心的，反之则是实心的。一根K线的形状特征及其与相邻K线之间的关系，构成了K线图分析的基本素材。

我们丝毫没有冒犯日本人的意思，只是对K线图形态进行了有效性检验。首先，我们从尼森的书和K线图分析权威网站LitWick.com上选择了五种最常用的K线图形态。

检验的方法是使用1995—2001年的日K线数据，找出每种形态的发生情况。其中一种形态（弃婴形态）在此期间没有在标普500指数中出现过。另外四种形态，每一次出现时，我们都会在三个不同的时间间隔中进行预测，这三个间隔是到下一个收盘、下一个开盘以及出现该形态2日之后的收盘，每一个交易是在该K线图形态出现之后的开盘时发起的，并将其与出现指定K线形态次日的开盘价相比较。观察结果如表3.5所示。

表3.5 日本K线分析形态

形态	熊/牛	观察时间	观察次数	标普指数点数变化	上涨比例（%）	Z
三只乌鸦形态	熊	开盘到收盘	21	3.7	57	119
		开盘到次日开盘	21	4.9	67	156
		开盘到次日收盘	21	5.7	57	156
吞没形态	熊	开盘到收盘	22	2.3	36	−79
		开盘到次日开盘	22	3.2	41	−92
		开盘到次日收盘	22	2.2	50	−47
上涨中十字星形态	熊	开盘到收盘	10	−0.6	50	−21
		开盘到次日开盘	10	−3.0	50	−69
		开盘到次日收盘	10	−2.5	40	−69
弃婴形态	熊	开盘到收盘	0			
		开盘到次日开盘	0			
		开盘到次日收盘	0			
双顶形态	熊	开盘到收盘	57	0.9	51	
		开盘到次日开盘	57	0.8	56	
		开盘到次日收盘	57	−0.5	60	

在15次检验中，有4次检验结果符合传统K线图的解释。研究人员常常把1/20的出现率作为某种现象随机产生的证据，虽然这些形态的统计结果不符合这种随机定义，但显然也不能算准确。因此，我们的检验无法证明日本K线图技术分析是有效的。

也许是我们太苛刻了，也许超凡的K线图理解能力能带来更好的结果。我们经常听到技术分析师反复强调："技术分析是一门艺术，而不是科学。"毫无疑问，很多实践者更擅长以直观形象的方式做决策，而不是使用量化分析的方法。例如，象棋选手在解释自己如何找到一步好棋赢得比赛时，常常说是看到了棋局上某种难以量化的直观关系。类似的，建筑家、工程师和画家往往能对着某种场景，体会其中难以量化定义的种种关系。

这样做的一大问题在于，人们有一种"有效性偏见"的倾向，总是相信自己能得出非常准确的结论，但事实并不尽然。人类能在毫无关联的地方虚构出关系，这种幻象导致了市场和生活中的很多错误判断和决策。人们特别喜欢用符合某种模式的情况来进行预测，然而如卡尼曼、斯洛维奇、特沃斯基在《不确定状况下的判断》一书中所说："（人们在这样预测时）丝毫不考虑或者很少考虑那些影响预测准确性的因素。"而且即使人们明知自己的信息不够充分、不够可靠或已经过时，却依然坚持那种错误的看法。

即便在解读K线图时不存在心理偏见，告诉普通投资者某些人擅长形象观察却说不出自己的理由，恐怕对他们也没有太多的用处。从来没有捷径能让投资者学会这些技巧。如果只是跟随某位所谓大师的指导，谁也说不准哪位大师的预测能力在哪种情况下有效。

技术分析对某些关键问题从来不予回应，比如在寻找某一形态时，是要在什么样的时间框架下去寻找。我们的朋友光田修伊就职于一家日本券商，他同时也是一位伟大的市场哲学家，他说："改变图形中的时间或价格范围，常常会呈现出截然不同的形状。看一年时长的K线图，索尼公司的股票非常值得买进；但拉长到10年，结果令人感到恐慌；再看看一个月时长的K线图，又让我感觉不知所从。"

然而，使用K线图进行交易的最大问题，还是在于不断变化的市场周期，以及市场中的骗局。

令人难以理解的是西方人对日本K线图技术的疯狂痴迷。在《日本蜡烛图技术》一书中，尼森谈到K线技术的流行时说：

网上交易者、短线交易者、机构投资者和做市商都热衷于K线图技术。网站、实时交易系统和技术分析软件包都提供K线图。这表明在当今不稳定的市场中，K线图大受欢迎，非常流行。K线图技术比以前更火了。

尽管如此，尼森还是在阐释K线图形态上糅合了很多西方技术，包括趋势线、回撤水平、移动平均线、摆动指数、交易量和持仓量、艾略特波浪理论、市场剖面图等。

熟悉我们想法的熟人不会在我们面前讨论K线图技术。但是有时候我们还是能看到他们的想法，比如不小心把赞扬尼森著作的电子邮件发送给了我们。"K线图技术可以追溯到16世纪末、17世纪初的德川时代"，他们滔滔不绝地写道："该书深入分析了K线图形背后的心理学，比如日本水稻交易商所谓的'三佛头'，也就是头肩形。我喜欢'高波'，它让我迷恋不舍。"他说自己渴望探索"十字星""前进白色三兵形态""烛烬图"等图形的构成，随后总结说：

尽管我非常仰慕维克多和劳蕾尔，但是在我看来，想要颠覆400年来带来盈利的传统方法还是很难的。

还有其他一些给我们写信的朋友，告诉我们他们在K线分析的书中找到了一些创新的用途。明尼苏达州的约翰·兰姆伯格是最聪明的来信者之一，他是一名工程师、巨蟒剧团的狂热爱好者、居家好男人，同时也是技术分析的革新实践者——他把K线图的书用来垫桌子腿。

阿姆氏指标

下面，我们再来看九头蛇的另一个头，著名的TRIN指数，也就是纽约证券交易所短线交易指标的缩写。它的开发者理查德·阿姆斯更喜欢用自己的名字给它命名，叫作"阿姆氏指标"，找他咨询的人，每年要付8000美元咨询费。美国收视率最高的财经电视台CNBC就使用了"阿姆氏指标"的叫法，每二十分钟就向观众滚动播出一次该指数的当前数值。

阿姆氏指标反映了纽交所中涨跌力量的对比，其计算方法为（上涨股票成交量/上涨股票数量）/（下跌股票成交量/下跌股票数量）。有些交易者使用五天平均指数来进行短期预测。

2001年有一些介绍TRIN指数的书籍出版，当时便有一位名叫唐·海斯的专家告诉《巴伦周刊》，自称使用阿姆氏指标精准预测了道琼斯工业指数在3月22日的低点。（60天之后，道琼斯在5月21日到达高点，反弹了22%，随后又开始下跌。）

所以TRIN指数很好使，对不对？

听起来很诱人。我们决定来一探究竟。布莱特·斯蒂恩博格博士曾在交易中使用过TRIN指数，我们与他合作，对很多不同时期的滞后和超前指标进行了数百次的回归分析。我们研究了1天、2天、5天、10天的TRIN指数变化与之后1天、5天、10天标普指数变化的相关性。概括来说，我们发现在过去三年半时间里，两者之间的关系是完全随机的，相关性几乎为零。换言之，阿姆氏指标预测不了未来。

不光是我们发现了TRIN指数不灵。在《市场技术指标百科全书》引用的一项研究中，罗伯特·科尔比和托马斯·麦耶斯检验了1928年1月到1987年3月的TRIN指数。他们使用每日数据进行了多种测试，检验TRIN指数对1个月到12个月不同时间段的预测能力。他们的研究结果是："我们只能说，它预测未来股价的功能非常有限。"

可能有人觉得以上研究只用了59年的数据，下结论太过仓促。但是在《新技术交易者》一书中，图莎·钱德和斯坦利·克罗尔指出了使用TRIN指数的三点困难：

1. TRIN指数中使用的比例往往令市场波动更加模糊，而不是更加清晰。在市场波动方向不明显时，情况更加突出。

2. 使用移动平均线平滑TRIN指数的过程，扰乱了成交量的相对强度。

3. 行情上涨时TRIN指数有上限，但是在行情下跌时无下限。

我们在2001年5月与理查德·阿姆斯进行了交流，请教他对我们研究结论的看法，并了解他是怎样使用这个指标的。以下是我们的对话片段：

劳蕾尔：您自己经常买卖股票吗？

阿姆斯：我自己也投入了一些钱在股市，但是我的主要工作是为客户提供咨询。我为数十家机构担任顾问。我自己交易的次数并不多，因为有很多其他事情要忙。

劳蕾尔：您是百万富翁还是亿万富翁？

阿姆斯：介于两者之间吧。

劳蕾尔：是炒股赚的吗？

阿姆斯：有炒股赚的，也有客户的咨询费。

劳蕾尔：您建议人们应该怎样使用您发明的指标？

阿姆斯：如果你要炒股的话，看阿姆氏指标的五天均值就好。大概在0.75左右时，应该卖出；大约超过1.25时，应该买入。这涉及一个判断……我们当时就是观察TRIN指数的10日均值，预测了2001年3月22日的市场底部。

劳蕾尔：您能详细介绍一下怎样进行判断吗？

阿姆斯：用了它这么多年，都有点……有点成一种本能了。我不确定能不能解释清楚。我向机构客户解释过，我要观察很多东西，我并不只是盲目看指数，然后就说该买该卖，这有点一言难尽。

劳蕾尔：在过去5年时间里，你曾有多少次把阿姆氏指标当作买卖股票的主要依据？

阿姆斯：在过去5年，它只出现过两次重大信号，除了今年这次，1997年10月也出现过一次。再往前找类似的情况，就到1987年了。

无法找到阿姆氏指标有效的证据

问题就在于，阿姆氏指标10天均值达到"买入"水平的次数太少，导致我们无法对它进行科学的评估。如果一种情况5年才发生两次，你是无法进行评估的。

而且，阿姆氏指标发出信号的时候，都是市场极度低迷的时候，所以也可以说，是利用了在恐慌时买入的传统经验。

从统计学的角度来看，评估两种比例的比例有何意义是很困难的。用统计学术语来说，两个正态变量的比值，其均值和方差的分布区间都是无穷大。更多的样本也不能帮你减少这一指标的均值或方差的不确定性。

我们告诉阿姆斯，我们发现TRIN指数的移动均值和随后的标普500指数变化毫不相关，他说，听到我们这样说感到很遗憾。"整个华尔街都在用它，"他说，"因为它好用。"

关于成交量的不同意见

很多使用技术分析的人在看到有研究说他们最喜欢的技术没用时，反对说这是因为对方没有考虑成交量。我们在此要指出，这些技术分析师自己对成交量的作用也没有达成共识。我们在加拿大皇家银行工作的朋友哈里·萨德考过了三级分析师证书，然后才开始相信技术分析不好使。他在2002年6月给我们的一封电子邮件中指出：

　　每个技术分析师都会说解答谜题的一半来自于成交量。经典技术分析认为，单纯的价格波动并不可信，只有交易量也随之同向运动，才值得相信。例如，在牛市中，上涨日的成交量要大于调整日，这便是迈吉理论的核心。事实上，在汉密尔顿的《股市晴雨表》中、查理斯·道的信中都提到过这一点。

　　让事情变得有趣的是，你们最推崇的技术分析师理查德·阿姆斯开发了一个指标，叫做轻松移动指标。《技术分析指标大全》一书是这样描述这个指标的：

　　轻松移动指标揭示了成交量与价格变化之间的关系。和等量图一样，该指标指出了价格变化需要多少成交量。

　　当价格上升、成交量不大的时候，轻松移动指标的数值就会较高。当价格下降、成交量不大的时候，轻松移动指标的数值就会较低。如果价格不变，或者需要很大的交易量才能推动价格变化，这时该指标也接近于零。

　　当轻松移动指标大于零时，表示股价更容易上涨了，是买入信号；如果该指标小于零，表明股价更容易下跌了，是卖出信号。

　　所以，查理斯·道认为量价齐升是买入信号，而理查德·阿姆斯却正好相反，认为量跌价升才是买入信号。面对两种截然对立的说法，你该相信哪一种呢？哪种都不要信。以成交量为变量的研究发现，它对价格变化没有任何预测性。

　　最后，或许应该告诉你们，若不是因为维克多的提醒，我或许至今还在使用这些荒谬的技术指标。

头肩顶

在2002年7月的大崩盘中期，我们注意到一位向来在公众面前很低调的对冲基金经理，我们姑且称他为"E先生"，他发了一条评论说："从上周大盘股反弹以来，标普指数一直受一个巨大的头肩顶的压制，这个头顶肩可追溯至1998年1月。"

自从他7月10日发布消息以来，标普指数跌穿了1998年1月的低点，冲向1997年4月的低点。2002年7月23日，星期二，标普指数跌破了800点。根据传统的估计方法，标普指数的下一个止跌点将是540点。至于纳斯达克100指数，它看似要跌到2690点。

E先生的成功预测，是不是意味着头肩顶模式有效呢？

了解什么方法有效、什么方法无效总是有用的，在恐慌时期尤其如此。就像在19世纪作家、记者丹尼尔·笛福的记载中，1685年伦敦大瘟疫的时候，骗子把井水当作所谓的"秘方"卖给人们。保持头脑清醒、着眼长远是很重要的。至于头肩顶模式能否在股市中赚钱，答案是否定的，我们马上就将揭示这一点。

交易商至少从1930年代就开始使用头肩顶模式了。这种图形模式包括三个顶部，中间一个是最高的。还有一条所谓"颈线"的水平线，穿过头肩之间的槽部。跌破颈线，意味着价格将继续下跌，远离头部。

与之相反的模式则可以认为是牛市的信号。图3.3展示了一副头肩顶图形。

头肩顶图形

我们相信E先生按照这种图形交易，所产生的任何财富，都是归功于运气，而不能作为未来获得成功的确定指标。任何重要的问题都有必要进行检验，其检验结果也应该公之于众。偶发事件、充满自信的断言、宣称是专家

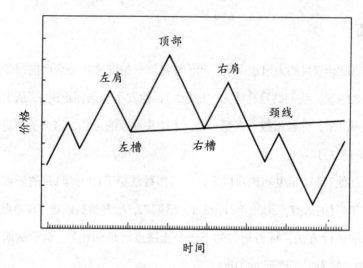

图3.3 头肩顶图形

的观点，或者宣称自己的观点权威，都是没有意义的。

我们看到了一项引人注目的研究，美联储的卡罗尔·奥斯勒主持的"找到散布谣言的交易商：美国股市中的头肩顶"。经过严格的检验，她总结认为，基于头肩顶模式进行个股交易是赚不了钱的。

奥斯勒根据八种技术分析手册的描述，编写了一个发现头肩顶的电脑程序。她从芝加哥大学证券价格研究中心的数据中随机选择了100家公司，股价数据从1962年7月2日到1993年12月31日。她将这一电脑程序应用到这些数据上。所有技术分析手册关于卖出的标准都模棱两可，但它们都同意头肩顶的出现意味着市场趋势的重大转变。因此，奥斯勒在程序中设置，一直持有，直到价格停止向预测的方向运行，止损位为1%。

令人惊讶的是，尽管头肩顶交易模式带来的盈利很少，但是在股价穿越颈线的时候，发出了进行交易的信号，成交量却比平均成交量多了1/4。

一种不能盈利的交易策略怎么会大肆流行呢？根据奥斯勒的研究，原因可能在于人性的弱点。人们总是倾向于在一堆事物中发现并不存在的关系，倾向于过于相信自己的判断。而且人们对愉悦、成功的经历记得很牢（比如说通过头肩顶模式赚钱了），对那些不愉快的经历却记不大清楚。

头肩顶模式的几次偶然成功，或许就能给使用这种模式的交易者带来巨大的名声和资金，鼓励更多人采用。

很多投资者说，他们并不相信头肩顶或者其他图形模式，但他们想要了解这类交易者的做法，好打败他们，赚他们的钱。奥斯勒说，这得撞大运才行。就是不算交易手续费，和头肩顶反着来交易个股，也不容易赚钱。还有一种反对理由认为，技术交易者只不过是在赚无知者的钱。但他们同样坚持认为，不管交易者是否熟悉图形，在头肩顶形成之后卖股票都是赚不了钱的。

在接受劳蕾尔采访的时候，奥斯勒刚刚接受了布兰德斯大学国际经济及金融系的教授职位，她计划在那里研究止损和止盈指令在货币市场中的作用。她感兴趣的一个领域，就是在整数价格关口的指令可能会比较多。她并没有打算研究标普指数中的头肩顶，"技术分析并不是热门的研究主题。"她解释说。

奥斯勒在波士顿郊区长大，从史瓦兹摩尔学院毕业后进入普林斯顿大学读研究生。她是一位壁球迷和芭蕾迷，她避开了交易所的风险，却喜欢在学术领域探险。自从在花旗银行的交易大厅看到委单对货币市场的影响之后，她的言论就一直激怒着学术界。她打破常规，和交易者对话。而学界普遍认为交易者常常是欺骗人的，和他们对话获取不到什么有价值的信息。她回忆说，自己曾给同事发送了一封电子邮件，在其中概述了她就某一主题搜集的实证证据，并征询对方对此的看法。那位同事回复说："首先我必须建立一个细致的模型，看看它在理论上是否可行。"

"我的主要目标是理解现实，"她说，"但这并没有得到所有人的认同。"

时刻准备违反常规的我们，用1996年开始的标普期货价格数据检验了头肩顶。维克多的一位员工张石，根据奥斯勒对其头肩顶算法的描述编写了一个电脑程序。

张石的程序定义了行情下跌的头肩顶的六个关键点：右肩、右槽、顶、左槽、左肩、穿越颈线，同时定义其中任意两点的间隔时间要在5天到180天之间。

在电脑不停运行了10个小时之后，张石发现一共出现了五次头肩顶，然后他计算了头肩顶结束之后1天、2天、3天、4天、5天、10天、20天、30天、60天的盈利。每次头肩顶的起止日期如表3.6所示。

表3.6 张石得到的5次头肩顶

左肩开始时间	穿越颈线时间
1997年11月21日	1997年12月18日
1998年6月9日	1998年8月27日
2000年10月23日	2000年11月20日
2001年5月4日	2001年6月13日
1997年12月5日	2002年1月11日

假设交易者在穿越颈线之后做空，则持有不同时间之后对应的涨幅如表3.7所示。

表3.7 持有不同时间之后的收益

	穿越颈线之后的时间（天）								
	1	2	3	4	5	10	20	30	60
平均利润/损失	0.5%	1.6%	1.3%	1.4%	1.4%	−0.5%	0.5%	−0.2%	−3.5%
标准差	0.01	0.03	0.01	0.02	0.02	0.03	0.03	0.05	0.11

由此我们总结认为，头肩顶既不能作为趋势变化的信号，也不是有效的盈利策略。

股票交易中的欺骗手段

推算趋势这样的简单技巧不能一直赚钱,这不足为怪。我们从小就知道,在比赛或者其他竞争性环境中取胜的一个关键就是欺骗。小孩最早玩的游戏躲猫猫,或许是我们学到的第一课,告诉我们有时候不要直接摊牌,间接方式更有效。动物们也会玩欺骗,从最低级的虫子到最高级的猿猴莫不如是。成年人的智慧起码不会比虫子少,更何况他们还能阅读从特洛伊木马至今几千年的历史。显然,精明的交易者应该不断提高自己的欺骗技巧水平,而不是一根筋走到底。

在战场上,最好的将军也是最伟大的欺骗大师。我们最喜欢的"石墙"杰克逊被认为是美国内战中南军最伟大的将领:

公元前1184年,围攻特洛伊(画家:米尔顿·邦德,2001年)

他最喜欢的策略，就是当众询问他不打算走的路线和河道，甚至会要求下属准备地图，铺设道路，仿佛马上就要使用，以至于产生各种流言，以及预测他的意图，而他却会冷静地向相反的方向行军。

维克多很幸运，他从3岁就开始学习棋类游戏。他父亲酷爱下棋。维克多至少跟随国际跳棋冠军汤姆·维斯威尔和象棋冠军阿特·比斯戈尔各学习了15年。所有棋类玩家都知道，欺骗即使不是取胜的唯一关键，也是关键之一。维斯威尔撰写了大约15000条有关跳棋的格言，维克多在他的第一本书中引用了其中一些，我们又重新挑选了10条有关欺骗的格言：

1. **雷区**。换言之，棋局中有很多花招、陷阱和欺骗，你必须敏锐察觉，不然就会被伏击，被打败。这里没有万全之策，策略只不过是游戏的另一个名字。不论是在跳棋还是象棋中，时刻保持警惕都是最好的生存技巧。

2. **黑色魔力**。最好的花招就是隐藏你的花招。

3. **信心游戏**。在你对自己的走棋最有信心的时候，往往也是走入陷阱的时候。从业余爱好者到世界冠军莫不如此。

4. **小心谨慎**。不要在出拳之前发出信号。有句老话说得好："小心使得万年船。"就算你不是在划船，小心谨慎也没错。

5. **强弱转换**。你在艰难的比赛中会全力以赴，但当对方开局较弱时你却有可能放松警惕，而你可能不知道，你那狡猾的对手就要赢了。

6. **动静有度**。有些情况下需要果断出击或者做出巨大的牺牲，有些情况下则需要静静等待，或者做出看似无意实为迷惑的行动，诱导你的对手出错。

7. **声东击西**。警惕那些看似专心研究左半边棋局的对手，他们的真正意图可能是在右边。你必须统揽全局。

8. **出人意料**。如果你不能做好准备迎接出人意料的情况，那就准备着迎接出人意料的失败吧。

9. **魔术师**。成功的象棋和跳棋选手一定都是魔术大师。他们必须要从看似绝望的处境中毫发无损地脱身。

10. **潜在陷阱**。有时候你看到了一招妙棋，走到最后却发现它有问题，结果功亏一篑。努力从正反两方面结合看待问题。

欺骗在市场中和棋局中一样永恒存在。2002年，当有人询问股票报价和交易规模数据的意义时，詹姆斯·拉基讲述了几种典型的欺骗：

如果比格先生点了一支烟，和平常一样下注，然后摸了摸自己的左耳，那意味着什么呢？如果高盛在午饭前每次将报价提高1美元，逐步推高英伟达的股价，那意味着什么呢？如3M公司的股价跌了50美分之后，专家将其股价预期目标提高了1美元，然后公司宣布增发50000股，那又意味着什么呢？

每只股票都有其个性特点。这种个性来自于买卖这只股票的交易者和做市商。看清股票在一天之内的波动，关键是要找到Ax。Ax是指在某个重要交易日大笔买卖某只股票的做市商或庄家。如果买家身份已经很明显，股票接着又涨了1美元甚至更多，那往往意味着上升行情即将结束。最好判断的是直来直往的庄家，他们会向一只股票发起猛烈攻击。最难以捉摸的是两面派的庄家，他们会通过很多不同的券商渠道下单。

投资者必须认识到交易者、专家和券商的不同动机。一个很好的例子就是高盛。不但你使用的GSCO指标是他们提供的，提供SILK指标的Spear Leeds公司也是他们的子公司。此外，他们还拥有REDI等证券公司，他们可能会通过专线渠道进行交易，以此来欺骗短线交易者。我们有一台机器，可以让我们看到谁在通过专线渠道买卖股票。所以，如果我以50美元的价格卖出100股，高盛把它们买走了，我就会知道。但这时候可能已经接近游戏尾声了，特别是当他们一次买入大量股票时，因为他们已经亮牌了。

他们成功的关键，是通过时间和买卖报单量来了解这只股票的交易者。在操控所谓的股票走势图时，他们会使用很多欺骗手段。他们还会操纵报单量和价格变化幅度，从而让交易者错误判断该股票的走势强弱。判断纽约证券交易所的指数更加困难，因为你看不到谁是庄家。事实上，庄家往往和专营经纪人是一伙的。因此，你必须关注专营经纪人的行动。一般来说，如果他们的言行有异常，往往就是在忙于某笔大交易了。这时候你便应该押上大赌注了。

对技术分析的宣传

在第2章，我们解释了为什么人们对上市公司盈利和股市收益之间的关系长期存在着错误认知，其中就提到了宣传和广告技巧。同样的这些技巧，也被用来诱导公众购买技术分析软件、书籍，付费参加技术分析讲座。宣传分析学院在《宣传的艺术》中列举的七种基本宣传手段，都用在了对技术分析的宣传上。

乱扣帽子：那些没有采用技术分析的人遭到了诋毁和嘲笑。维克多发现，他在2001年接受了《股票及商品技术分析》杂志的采访之后，就陷入了这种遭遇。趋势跟踪技术分析网站"海龟交易员网"，发布了一个公告，着重强调维克多在1997年逆势而行蒙受了巨大损失。公告说："就是这个家伙，他的投机风格让自己倾家荡产，现在却来反对趋势投资，这是什么道理？"

夸赞反方：海龟交易员网还说："要是认可了尼德霍夫的说法，就等于忽视了比尔·邓恩、杰里·帕克、理查德·丹尼斯、约翰·W. 亨利，就等于忽视了所有海龟投资者。"（海龟交易员网的创始人理查德·丹尼斯遭遇了巨大损失，清盘了自己的基金。）

粉饰法：按照他们的说法，技术分析的需求非常广泛，简直无法反驳。技术分析的先驱查理斯·道，也是道琼斯理论和道琼斯工业指数的创始人，曾提出过一个完美的技术分析例子："市场就是一个冷酷的裁判，裁决国内外所有影响金融的因素……因此，价格变化反映了所有的知识、希望、信念和交易情况。所以，没必要再对价格变化进行补充说明了。"按照这样难以验证的说法，在技术分析领域的知识面前，我们就像从一百年前穿越过来的人，完全无法理解，就是火星人来了也搞不懂。

查理斯·道或许是这世上最受尊敬的技术分析师，道琼斯指数出现在他的网站主页上，一点也不奇怪。他的资金流分析系统专门提供金融信息服务，劳蕾尔就曾在那里担任过编辑。老板每天都要询问他们服务的覆盖率。然而，1999年，在维克多的建议下，劳蕾尔向记者索要那些技术分析师的真实成果。几天之后真相大白，一位研究员回复说没有任何数据能证明他们技术分析的有效性或预测性。为了避免尴尬，这位研究员补充指出，总之在过去几年的牛市中，分析师们曾多次推荐牛股，这就足够了。

移花接木：在非金融领域，个人和团体经常使用十字架、国旗之类的宗教或爱国符号，让他们披戴道德的外袍。技术分析师也充分利用了这一手法。"技术分析"的名称就能营造出一股科学的氛围。或许是因为其解读过于主观，该领域还有一点点神秘色彩，有一本关于技术分析的著名书籍就叫《金融怪杰》。所有的财经网站、杂志、电视节目都喜欢安排一个技术分析师，营造出一种权威的气息。很多技术分析师都会提到乔治·索罗斯和沃伦·巴菲特，说他们的传奇成功与技术分析有关，是跟随趋势的成果，却闭口不提他们在美国经济普遍增长的长期牛市买入股票长期持有，还享受了减税优惠。

《证券混沌操作法——低风险获利指南》是我们看到运用本策略最好的案例之一。该书作者比尔·威廉斯在讨论他的市场促进指数时提到了爱因斯坦，他说："对比一下爱因斯坦的质能方程$E = mc^2$，我们可以根据质量m求出光速c，再代入我们的单位，即$c^2 = E/m = $波动范围/交易量。"

洗牌法：在技术分析中，分析师总是回溯历史，挑选可以证明自己观点的一些例子。市场很大，几乎任何图形模式都能找到正反两方面的例子来支持或反对。

挟众宣传：一家销售技术分析课程的网站，列出了许多使用类似技术的交易者名单，以此显示自己符合科学潮流。

平民百姓："嗨，我也不过是普通的张三李四，但是自从学会了怎样在关键点之间画趋势线，我就发财了。你也一样可以在这个市场发财。"

那些经不起宣传和伪科学诱惑的投资者，可能不愿意去寻找科学证据。于是，只要我们试图在专栏中对趋势跟踪理论进行公正的检验，就会招来尖酸刻薄的批评咒骂。当某种迷信的信徒发现有人威胁到了他们的信仰体系时，必然会发生这样的情况。我们经常在专栏中刊出这种充满敌意的邮件，以此指出人们对动摇自己信仰根基的行为的抵制。以下是几个例子：

> 我想，你们因为自己不知道怎样通过一个系统赚钱（或许是因为懒得花时间学习怎样用它），就告诉所有人不要使用它，这样是很讨厌的。
>
> 看到有你们这样没远见、没文化的人写这样没意义的文章，我真是太高兴了。继续这样干……有了你们这样的文章，我从那些赔钱"菜鸟"身上赚钱更容易了。请勿回信。

这就是你为什么破产的原因。你应该进监狱。

我们反对动量的观点虽然遭到了污蔑，但是起码还得到了一些朋友的认可。阿莫斯·图沃斯基是认知偏见研究的鼻祖，康奈尔大学教授吉洛维奇得出了篮球"连续得分"只不过是神话的结论，他们合作进行了很多研究。图沃斯基说，他因为这项研究，失去的朋友数不胜数。但是图沃斯基的合作伙伴卡尔曼足以弥补他失去的所有朋友。2002年，卡尔曼因为对这种连续现象随机性的研究获得了诺贝尔经济学奖。

神话为何没有破灭

除了心理偏好和舆论宣传，再看看从技术分析衍生出来的巨大产业，人们长期信奉它们也就不足为奇了。如果非要先通过检验，才肯采用技术分析，那么所有提供趋势跟踪系统的研讨会、讲座、交易会、软件、分析师、硬件、社团、新闻机构、支持服务、人员该何去何从呢？更不要说那些推销、评估这些系统的人了。技术分析实践者从来不担心被新技术抢走饭碗，哪怕他们自己的技术分析从来不准也不怕。

一种可以检验的技术方法

有人会问："你们除了批评别人，还能做点儿别的吗？你们有没有相信过某种指标呢？"如果某张图有一点预测价值，那么图中的数据就肯定包含这些信息。科学总是比较信赖数字计算而不是直观感受和传闻。我们确实相信，价格对于预测很重要。但是我们更喜欢看图表中的开盘价、收盘价、最高价、最低价。

我们使用的交易技巧，基于一位朋友亚当·罗宾逊提出的方法，他也是《普林斯顿评论》的联合创始人。在这种方法中，你要采取设计大学入学考试试卷的思维。在这种考试中，前边的题目比较简单，答案显而易见，后边的题目则越来越难，显而易见的答案往往是错误的（虽然很接近正确答案）。

若想答对这些迷惑人的难题，就要回避那些显而易见的答案。在证券市场中赚钱也是如此，要回避显而易见的、最接近赚钱的方法。（例如，如果股票止跌，连续回升三天，第四天很可能就要变盘了。如果某种系统第一天预测不准，第二天没准儿就准了。）

在股市赚钱，起码不比在SAT或者GMAT考试中拿高分简单。但是试卷会把难题放在最后，而市场却喜欢在你毫无防备的时候给你出难题，好让你犯错，从而给券商高管的保时捷跑车、分红方案和奢华晚宴做贡献。

长期来看，在市场到达最不景气之后，很容易反弹10%以上。事后回顾，这种反弹是显而易见的。

市场喜欢戏弄那些迷信图形的人，给他们抛出难题。例如，在2000年12月31日之前的6年时间里，标普500指数有80次上涨超过20点或者2%。

在大规模反弹之后，一些聪明的交易者看到市场有微弱的回踩迹象，就做好撤退的准备。在这些时候，市场最喜欢先给他们一些甜头，但到下一次他们再这样看空时，市场就会让他们付出代价。

我们在交易中使用的《普林斯顿评论》技术，对市场提出的问题的1700个相互独立的答案进行量化。在进行交易之前，我们喜欢衡量这1700个答案的预测准确性或者赢利性。我们考虑每种情况下的不确定性，计算当天的理想价位，然后再设定买入价和卖出价。

这种方法只使用标准技术数据。因此，可以说是从根本上摧毁了九头蛇。

无疑，还有很多技术分析实践者也在使用类似的方法。我们希望其他人能改变他们只看图形、不进行量化分析的习惯，步入科学的轨道。

测验恐慌指数

讲完了一种符合科学方法的技术分析手段，不妨用适用于各个领域的科学方法来检验一下我们最喜欢的一个指标，芝加哥期权交易所波动率指数，或者称之为恐慌指数，简称VIX指数。

人们常常会忘记，市场在下跌之后有反弹，上涨之后有回调，这种来回变化是市场中最明显的规律。景气指数、期权风险、持牛市观点的股评比例、上涨的股票比例、共同基金的仓位等都属于情绪指标，它们像钟摆一样在高低之间来回摆动。最大的问题在于，这些市场情绪变化能否预测未来的市场变动。

众所周知，黎明前是最黑暗的时刻。什么时候"最黑暗"难以衡量，但是我们发现VIX指数发出的信号是最好的，通过该指数可以看出市场的恐慌程度。

VIX指数的正常水平大约是25。当恐慌指数超过30时，表示投资者严重恐慌，是买入股票的好机会。当恐慌指数低于25时，表示投资者扬扬得意，是卖出股票的好机会。

我们对VIX指数进行了检验，在VIX指数首次达到30的时候买入标普500指数期货，并在之后VIX指数首次低于25的时候卖出，然后计算收益率。买入指数型共同基金，或者SPDR信托基金，也可以得到类似的结果。

从表3.8中可以看出，从1997年10月开始使用25-30VIX系统交易12次，平均收益率为3.4%。其中只有2次小亏。

在一项题为"标普指数期货收益率与对立情绪指标"的研究中，戴维·西蒙和罗伊·A.威金斯也独立得出了类似的结论。

这两位教授观察了VIX指数每变化一个百分点对标普500指数的影响。他们的结论认为，VIX指数每上升1点，标普500指数在接下来十个交易日的

表3.8 VIX交易系统

VIX交易系统					
时间	VIX值	买入时标普500点位	卖出时标普500点位	收益率	持有时间（天）
1997年10月27日	39.96	876.99			
1997年12月1日	24.88		974.77	11.10%	35
1997年12月24日	30.47	932.7			
1997年12月30日	24.93		970.84	4.10%	6
1998年1月9日	34.46	927.69			
1998年1月14日	24.21		927.94	0.00%	5
1998年8月4日	33.1	1072.12			
1998年11月5日	24.8		1133.85	5.80%	93
1998年12月14日	32.47	1141.20			
1998年12月18日	24.66		1188.03	4.10%	4
1999年1月13日	31.26	1234.40			
1999年5月8日	24.98		1282.73	3.90%	54
1999年9月23日	30.28	1280.41			
1999年10月6日	23.53		1325.40	3.50%	13
1999年10月15日	31.48	1247.41			
1999年10月21日	24.77		1283.61	2.90%	6
2000年4月5日	30.59	1487.37			
2000年6月1日	24.74		1448.81	−2.60%	57
2000年10月11日	30.95	1364.59			
2001年1月23日	23.86		1360.00	−0.30%	104
2001年2月28日	31	1239			
2001年5月18日	24.26		1291.96	4.3%	79
2001年9月6日	32.48	1103.50			
2001年11月23日	24.78		1153.00	4.5%	78
2002年6月20日	32.5	1007.10	N/A*	N/A*	N/A*

★在写作本书时，VIX指数依然高于25，所以最后一次尚未卖出。

VIX交易系统投资结果	
12次投资10次成功	
平均投资收益率	3.40%
标准差	3.40%
平均持有时间（天）	44.5

涨幅就会提高0.1%。因此，假设VIX指数的正常值为25，如果它上升10点到35，标普指数在未来十天的涨幅就会提高1%。相反，如果VIX指数降低到了15，标普指数的涨幅就会比平均值低1%。

西蒙和威金斯还揭示了VIX指数分别在高和低时的情况。其中最令人印象深刻的是一项"超样本实验"。他们展示了如何利用年初的信息，来进行有用的预测。例如，根据VIX指数，他们做出了39次标普指数将会在未来10天上涨的预测。实际上，其中有22次实现了上涨，39次的平均变化幅度也和他们的预测一样：上涨1%。当他们预测市场上涨3%时，结果同样准确。

西蒙和威金斯教授不像很多学者，用大量晦涩难懂的数学和统计公式来表达自己的研究成果。这或许是因为在马萨诸塞州沃尔瑟姆市本特利大学执教的西蒙教授背景特殊。他在进入学术界之前，曾在一家对冲基金工作，而不像其他很多人是从学术界转入商界。他喜欢为自己炒股，在个人股票期权市场上也很活跃。而且，本特利大学还有一个交易所，里边有数十台电脑，还有来自各大信息供应商的全面实时信息，学生们可用这些机器来回答老师布置的有关真实交易的作业。恐怕大多数投资者都会羡慕这样的环境。

像VIX这样的指数之所以有效，是因为市场信心和投资者的期望涨幅是密切相关的。当VIX指数显示人们极度恐慌、市场不确定性很高时，投资者很自然地会期望得到更高的收益率，因为他们冒了更大的风险。换言之，他们在价格足够低的时候才会买入股票。

在当代金融学理论中，这种预期风险与投资收益率之间的联系是确实存在的。预期风险越低，投资者需要的投资收益率就越低；预期风险越高，投资者需要的投资收益率就越高。所有的投资组合分析、所有诺贝尔经济学奖得主、所有商学院的学者、所有参加考试的分析师都学过这个理论，也认可这个理论。公司使用它来决策一项投资是否合适，监管者用它来决策向监管对象征收多少税费，承销商用它来给新股和二级市场定价。

因此，当大家都认为市场风险很高时，随之而来的收益率也会很高，也就不足为奇了。这也正是VIX指数较高时所预示的情况：接下来几个月里人们对股市非常恐慌。类似的，当VIX指数较低时，市场的预期风险比较低，这时候持有股票的收益率也会随之下降。

3.4%的平均收益率，看起来并不起眼，但是不要忘了，这可是美国一年期定期存款利率的好几倍。

结 论

我们并不幻想这样对技术分析方法进行科学改造，就能说服很多分析师改弦易辙。我们也不认为这样展示VIX指数在理论上和实践中的有效性，就能在分析界掀起急风暴雨。可这对我们并非坏事。因为这不但会让整个游戏更加有趣，还能延长我们喜欢的指标和方法的有效期。

不可否认，对某些技术指标进行一些模糊解释，在某些特定的时期还是有效的。事实上，这样的情况肯定会发生。但是总体而言，技术分析师们的成果并不丰硕。如果他们信任一个过去表现最好的交易系统，把大部分资金都投入其中，那么在随后的大多数时间里，这个系统可能都将是失败的。

营销手段是技术分析生命周期的不错的间接指标。一些技术分析工具和技巧会被吹得天花乱坠，说那些最伟大的技术交易者都是用它们的。一开始，这样的交易系统会被以数万美元的高价卖给一小撮很富裕的投资者。然后，它们就会出现在一些研讨会上，由开发者或信徒进行解释。到了其生命周期的最后阶段，这些交易系统才会在技术分析杂志的封底上打广告，以2美元到200美元不等的价格出售。也只有在美国，才有公司专门批发这些过时的交易系统。

所有这些都支持了那一大本《投资准则》中的另一条规则：

● 看看趋势跟踪者在做什么，反其道而行之。

需要我们补充一下，这条规则来自我们吗？

尾声：斩杀技术指标蛇怪

我们在第2章提到的行为经济学专家布雷特博士，在遇到我们之前，他是很多技术分析技巧的狂热信徒。然而在和维克多共同进行多次实验之后，他对技术分析的怀疑与日俱增。结合本章的话题，他讲述了这段转变历程和现在的想法：

英雄与蛇怪

投机者们走过来，我要给你们讲一个关于英雄与蛇怪的故事，那是世上最凶猛的蛇怪：技术指标蛇怪。传说她有九个头，个个剧毒，中间一个还是长生不死的。随便被她哪只头咬一口，都足以葬送一位英雄的性命。

我当时不过是个无知无畏的年轻人，充满了战斗的激情，想要去斩妖除魔。我设计了很多复杂的策略来对付冥府的守门狗、蛇发女妖，当然还有九头蛇。当然，我相信自己的策略足够高明，我相信自己一定能打败它们。

然后，在路上遇到了一位老师，他询问我准备了什么方法。他是一个睿智而奇怪的人，总是谈论音乐和运动比赛技巧。他警告我说，在那些凶猛的妖怪面前，我精心准备的策略可能会徒劳无功。他建议说："要直捣黄龙。拐弯抹角最容易失败。"

我不同意他的观点。"书上可不是这么写的，"我问他，"不是说不能直接靠近蛇发女妖吗？不然英雄就会变成石头。"

"是有这么一说，"他笑着说，"但是忒修斯不也是采取了直接方法吗？他不可能站在别的妖怪后面战胜蛇发女妖。他必须直入蛇发女妖的巢穴找到它。"

这位老师的话启发了我，我决定要与九头蛇当面决战。

它的长相令人毛骨悚然，让我恐惧胆战。它的头来回摆动，向身体周围吐出毒液，那片土地寸草不生。我发现自己身处废墟。在它的蛇身周围，堆满了之前英雄的白骨。他们没能完成使命。我祈祷自己不要重蹈他们的悲惨命运。

我下定决心，用棍子狠狠地挥向九头蛇。我这一下威力巨大，砍掉了九头蛇的第五个头，粉碎了一种技术指标。然而，我还没来得及高兴，它就长出来了另一个头，又有新的技术指标冒出来了。我带着满腔怒火又是一击，也驳倒了这种指数，然而又有一种新指数冒出来了。

刹那间，各种指数蜂拥而出，就像蛇怪的各个头都向我围过来，一个个咬牙切齿，毒液连连。我意识到，必须采取快速行动了，不然就会死掉。

我奋力一挥，一棍抡掉它两个头。然而，它马上又长出来两个新头。

剧毒的蛇头开始俯冲，咬住了我的衣角。我感受到了死神的降临。

在极度痛苦中，我想起了那位老师的话。令人惊讶的是，他的话语似乎突然回响在我的耳畔，好像他就在我身旁。"直捣黄龙，"他镇静地说，"简单方法最有效。"

"但是怎样才能打败九头蛇呢？"我绝望地喊道。

"记住，我的学生，"我听到他说，"交易量反映了市场波动。TRIN指数用价格变化和成交量衡量市场波动，但你完全可以直接根据价格涨跌来衡量，而不是某个比例。"

这时，我手中出现了一支明亮的火把。我的信心重新燃起，我的决心更加坚决，我用火把把蛇怪的八只头逼下去，在它们探出来之前就烧掉它们。中间的蛇头终于暴露出来了，我用宝剑把它连根斩断，永远埋在地下，它再也不能伤害英雄们了。

我经历过很多战斗，现在也已经老了。但是那位老师那天给我的启发依然无可比拟。我现在告诉你们，勇敢的投机者和英雄们："记住我老师所讲的话。在黑暗中，要勇往直前，照亮道路。智慧的火把比任何武士的刀棍都更强大。"

我们希望，这一章能帮助读者照亮头脑中被九头蛇占据的阴暗角落。此外，希望我们的方法能让读者反思，更加科学地看待市场动能，而不是盲目迷信。市场波动中蕴含着无数的诗篇与美丽，有无穷无尽的财富等着那些能看透未来市场变化的人们。

第四章 / **CHAPTER 4**

熊市迷信与认知失调

最终结局会很糟糕。这一点毋庸置疑，唯一的问题是那一天何时来到。也许不是明天，但我们终会迎来那一天。

——阿兰·阿贝尔森，《巴伦周刊》"华尔街沉浮录"专栏

1993年5月24日（当天道琼斯工业指数3492点）

若是在街上看到一个人，坚持在炎炎夏日穿着橡胶雨靴，戴着连指手套，套着厚厚的羊毛衫，头上戴着滑雪帽，我们就会知道这个人受到了某些误导。他一定误以为外边非常阴冷潮湿，然而他错了。如果我们是有经验的心理学家，或许还会把这种行为归咎于分不清现实与想法的行为失常。低龄幼儿也会弄混这两者。不过除了自闭症患者以外，一般儿童到了十来岁，就能分清幻想与现实了，就能根据现实环境行动了。

如果看到一个成年人不仅在工作中坚持错误理念，还一直嘲笑其他和自己不一致的朋友，我们一定会感到惊讶。然而，在一家自诩全球最权威，也得到全世界最富有的一群人以及最有影响力的决策者尊敬的杂志社的权力宝

座上，有这样一个人却依然稳坐泰山。

这个人就是阿兰·阿贝尔森，《巴伦周刊》"华尔街沉浮录"专栏过去36年里的作者。他对最强力的政治和经济指标也置若罔闻，他强大的写作能力、他的幽默风趣，为他赢来了华尔街最聪明作家的美称。在他冷嘲热讽的笔下，没有一位美联储主席或者美国总统是安全的。在他开始写专栏的第一年，杂志发行量就翻了一番，之后一直保持增长。如今，《巴伦周刊》的销量已达30万份，其读者的平均家庭财产高达120万美元。

从一开始，阿贝尔森就在扮演编辑和专栏作者的双重角色，使他比一般的专栏作者更有权力。1998年，他获得了勒布基金会的终身成就奖，该基金会是财经出版领域最重要的机构。尽管他已经不再当编辑了，但他的演讲出场费依然高达1万美元每场。

怀疑、科学和自尊：一个万亿美元的案例研究

尽管阿贝尔森是一位聪明的天才作家，但从任何客观标准来看，他都是世上最蹩脚的市场预测师之一。他在为《巴伦周刊》撰写专栏的整个职业生涯中，对股市的态度要么是彻底悲观，要么是保持怀疑。而在同一时期，按照复利计算法，道琼斯工业指数和标普500指数上涨了3600%，这或许是有史以来最伟大的财富积累。1966年1月21日，星期二，那是阿贝尔森开设专栏的前一天，当天的道琼斯收盘指数为988.14点。34年后，2000年1月14日，该指数已经涨到了11722.98点。

要让生活幸福、人生成功的关键，是要对自己的知识保持谦虚的态度，当自己的理念与事实发生冲突时，能够以开放的胸怀调整思维，进行改变。在市场中，这意味着要坚持跟踪那些影响投资者的新想法和学术界的新理论，在别人向我们灌输之前就先行检验、判断他们的工作。

我们都认识一些人，当无可辩驳的证据与他们的观点相冲突时，他们不

是依靠逻辑进行判断，而是坚持偏见、错误的思维。这种顽固坚持明显错误理念的倾向，贯穿心理学研究的始终。心理学家利昂·费斯汀格的最重要贡献之一，就是提出了"认知失调"理论。费斯汀格归纳发现人类在面临理念与现实的冲突时，会用很多合理化技巧来维护自尊。他在1956年的著作《当预言失效时》中详细描述了一项有关世界末日迷信的著名研究，并在该研究中提出了认知失调理论。

费斯汀格和两位同事打入了一伙信徒中间，这些人信奉的首领玛利亚·基奇是一位美国中西部的妇女，她自称能听到来自外太空的信息。基奇坚信洪水将会毁灭世界，但在灾难开始之前，飞碟将会把她和信徒们安全送往克莱瑞星球。

基奇的追随者辞掉了工作，抛弃了金钱、房子和家产，有的甚至还抛弃了自己的另一半，来等待这一天的到来。一天晚上，基奇宣称听到来自克莱瑞星球的信息，说飞碟将会在12月21日子夜来接他们。12月20日晚上，她的追随者们聚集在基奇的客厅里。在极度沉默中，时间一分一秒地流逝，谁也不知道该做些什么。最后，到凌晨4：45，基奇的脸上露出了笑容。她告诉大家，她刚刚听到了克莱瑞星球的声音，他们这些信徒的坚定信念拯救了地球。

在那之前，这群人一直在回避公众，并不刻意招纳新人。但是现在，他们在媒体上大声号召，在街角发放手册，讲述他们是如何通过自己纯洁、虔诚和坚定的信念，拯救了这个世界。

当现实和理念出现明显的矛盾时，理性的反应是调整理念。不论是信奉世界末日的教徒，还是公司董事会成员，还是证券交易大厅里的投资者，只要发生这样的情况，人们总会维护自己的自尊，但不一定会调整自己的理念。对于玛利亚·基奇和她的信徒来说，内心的冲突如此巨大，光靠自己的合理化解释很难解决，因此需要他人的肯定来缓解愚蠢行为的尴尬。

如今，暗中进行的研究招人讨厌，在费斯汀格的研究之后，人们对认知失调、群体思维和类似的非理性现象的研究主要针对以往类似事件中的组织者进行，或者在大学生中展开实验。阿贝尔森专栏的一个重要意义，就是提供了一个研究认知失调的真实案例，这案例涉及万亿美元的财富，涉及大型证券公司的声誉。

就像费斯汀格指出的一样，当你成为某一领域的权威，有很多人追随你时，用经济学家的话来说，就会产生巨大的"沉没成本"，使你很难承认自己之前是错的。正因为如此，人们才发明了科学方法：通过科学方法，不论是科学家、交易者、末日教信徒，还是财经专栏作家，都可以根据假设与证据的反馈，不断调整自己的理念。

科学方法包括实验和观察。其本质是对自身知识保持谦虚的态度。有多少科学家，就有多少种研究科学的方法，但是所有人都认同，科学方法应该包括以下四个要素：

归纳：形成一个假设，一个可以检验的命题陈述。

演绎：基于假设做出某种预测。

观察：收集数据。

验证：检验数据与预测是否相符。

在20世纪90年代，道琼斯指数和标普500指数涨了5倍，纳斯达克指数涨了9倍。阿贝尔森基于以下理由做出了股市即将崩溃的预测：股价太高、市盈率高、悲观主义减弱、熊市论调减弱、牛市论调高涨、高利率、低利率带来的通货膨胀、美元疲软、财政扩张、低分红、联邦政府的软弱、克林顿的财政扩张政策、有限的市场空间、股价低于一年高点的股票比例、股市市值占全国GDP的比例、金融分析师的不断增加、新股的大量供应、股票不能满足公共基金的需求、康涅狄格州格林尼治保姆工资的上涨、汉普顿家的室内溜冰场、过去股市崩盘前的类似情形、海外危机、迫在眉睫的衰退、亟须出现的恢复、债务减免、公司无力提价，还有阿贝尔森最喜欢的事情：过度投机。

由科学方法指导的理念调整一直没有出现。

到了新世纪，股市终于如阿贝尔森所说的一样开始大跌。但如果有投资者多年以来一直跟随这位专栏作家的理念，他们早就抛光了所有筹码，不但错过了这次大跌，更错过了多年大涨。

评论家阿尔贝森的故事

在2001年7月25日的采访中，阿贝尔森告诉劳蕾尔，他始终以怀疑的眼光看待市场。"我想这就是我给财经新闻界做出的贡献，"他说，"我们要为这个领域带来一些批判精神。"我们无意缩小怀疑精神在财经新闻界的重要性，也无意贬低阿贝尔森在这个领域做出的贡献。

劳蕾尔在下曼哈顿区世界金融中心大厦的《巴伦周刊》办公室采访了阿贝尔森。仅仅过了两个月，恐怖袭击就摧毁了隔壁的世界贸易中心大厦，迫使《巴伦周刊》及其母公司道琼斯公司离开了自由大道200号，搬家去了新泽西。但在采访当天，下曼哈顿看起来还真像是世界金融中心。海湾里泊满了私人游艇，一座座摩天大厦的镜面外墙反射着7月的耀眼阳光。

阿贝尔森站在电梯门口等候劳蕾尔，然后带劳蕾尔去了办公室。他是一个矮小、精干的人，穿着棕褐色的裤子、蓝白相间的衬衫，系着一条鲜艳的格子领带。他的办公室并不很大，不过是他专用的，窗外能看到河流的美景。劳蕾尔和阿贝尔森坐在一张小桌子旁边，环顾四周，一堵墙边靠着一个四层的书架，办公桌上有两台电脑，几盆仙人掌是仅有的绿色点缀。

阿贝尔森说，他最初的理想并不是想当一名财经记者。他于1925年10月12日出生于纽约市，毕业于唐森德·哈里斯高中，在纽约城市大学获得了英语和化学双学位，又在著名的爱荷华大学作家工作室攻读了创意写作硕士学位。

回到纽约以后，他先是在赫斯特公司的《美国纽约日报》打杂，那是纽约最著名的报纸之一。他在那里成长为一名商业板块记者。1956年，他加入了《巴伦周刊》。

他在《巴伦周刊》的第一份工作，是编辑投资故事，他说："这很有趣，因为当时我对投资一无所知。"为了学习，他逐字逐句地读完了一本市场手册。他的其余市场知识，则来自采访和阅读美国证券交易委员会的报告文件。

后来，他开始开发一种新的报道风格，模仿非金融领域的记者风格，文章语气坚决，大胆质疑。"直到20世纪60年代，还没有人写文章批评股市。"他回忆说。新闻发布和公司领导们演讲的报道，财经记者从不以质疑的方式撰写。最好的作品往往都不是专业的财经记者写的，著名记者艾达·塔贝尔对标准石油公司的揭露就是一个例子，他就不是财经记者。

"华尔街一派牛市气象，"他说，"券商炮制了成吨的材料，上市公司发布了各种新闻——所有这些都是鼓吹牛市的。我认为发布一些怀疑的观点并不会威胁公众的生活，我想这是记者应该做的。"

1966年，时任编辑罗伯特·布雷伯格请阿贝尔森写一个专栏。当时投机横行，市场上充斥了各种各样的角色。在阿贝尔森看来，那为他的写作创造了一个绝佳的时代背景。

但不管怎么说，他接下这份工作时还是心存顾虑的。"专栏不过是副业，"他说，"我当时可是主编助理，要管理好几个部门的工作，那才是更优先的工作。管理层的职位可是向来都不多的。"

劳蕾尔发现阿贝尔森的书架上有两本彼得·伯恩斯坦的《与天为敌：风险探索传奇》，那是有史以来最好的统计学历史书籍之一。于是她问阿贝尔森，他有没有学过统计学。他说没有。"统计学确实能毁掉一个记者，"他说，"它们太迷人了，就像字谜游戏一样吸引人。人们总是在进行统计学对比，到最后却没有任何意义。"他又补充说，他也没有读过金融方面的书籍。

为了避免受到利益关联的指控，他也没有持有任何股票，商业记者常常会遇到这种问题。幸运的是，道琼斯公司为他的劳动开出了丰厚的分红计划。

劳蕾尔问他，他是不是在牛市期间也一直坚持熊市观点。他回答说："有人认为我一辈子都在鼓吹熊市。"

他有没有怀疑过自己所写的文章呢？或者有没有因为自己的呼声与牛市相悖而感到尴尬呢？

"你怎么可能永远正确呢？"他说，"我永远不会怀疑自己，不然当初就不会写那些文章。我也从来没有因为任何事感到尴尬。"

阿贝尔森专栏的最不凡之处，在于它始终在一家权威财经报纸的重要版面占据了一席之地。这就好像美国医药协会或者《新英格兰医学》告诫我们空气污染会令人窒息所以不要出门一样。正如卡尔·霍夫兰和赫伯特·凯尔曼所说的一样，人们更相信那些可信度高的信息源，更可能按照它们的指导行事。在试图理解阿贝尔森的持久影响力时，我们对认知失调的研究使我们将目光转向了社会心理学，以及有关邪教的文献。

慰藉与恐惧

阿贝尔森从事的财经写作与邪教有一个相似点，它们都满足了人类渴望确定、控制、简化这个复杂世界的需求。多年以来，阿贝尔森和他的信息源以市盈率、时间长度和股价波动幅度来支持熊市观点，使没有经验的技术投资者也能得到一种虚幻的慰藉。与此相反，进行统计学测验需要相关的专业知识并付出大量工作，有时候还会推翻一些预定的假设，所以不讨人喜欢。

与之相辅的，是对恐惧的依赖。邪教依靠积极和消极手段来控制信徒，让他们处于一种消极的情绪状态中。大卫教派的领袖戴维·克莱什"总是把情况说成是消极，甚至是危机状态"，一位邪教信徒告诉《大崩溃》的作者弗洛·康维和吉姆·西格尔曼："他会描述地狱的情形，然后开始恐怖地惨叫，仿佛要让人们看到地狱里被烈火焚身的痛苦。"

阿贝尔森专栏中反复出现的一个主题就是呼唤恐惧。不论情势如何变化，他总能一次又一次地联想到1929年的大股灾，那时候有很多人破产跳楼，投机者受到了毁灭性打击。不过，在1973—1974年、1987年、1997年、1998年的衰退之后，股市都很快反弹，你或许会认为经历了这些情况之后，灾难预测或许可以告一段落了，然而并非如此。

心理学家发现，强调恐惧能给人带来强大的刺激，促使其做出改变。罗纳德·W.罗格和C.罗纳德·莫伯恩的著名研究发现，同样是驾驶安全教育，用血肉模糊的车祸录像就比用塑料模型做实验的录像效果好。我们不得不佩服，阿贝尔森能带来栩栩如生的股灾画面，令人不寒而栗。

维克多在很早以前发现，人们为消极预测付出的代价远远高于为积极预测付出的代价，也愿意更多地关注消极预测。这是为什么呢？大部分人都是乐观的，市场的实际情况也是如此。如果有人预测将有灾难发生，那便是不同寻常、值得关注的。一个更重要的问题是，这位预测者的逻辑是否正确。在阿贝尔森的案例中，我们必须问：还有什么事，比他这样在有史以来最伟大的牛市中日复一日、自始至终地宣扬熊市观点更没有意义？

阿贝尔森的文章还会对《巴伦周刊》的众多读者产生潜在的害处，他们也许会真的按照阿贝尔森的建议操作，结果错过了这场大牛市；他们也许会看惯了阿贝尔森的文章，即使真的崩盘的时候，依然以为是"狼来了"，紧紧握着手里的股票不放。

阿贝尔森作品汇总

在第2章和第3章，我们指出了有关盈利谬论和未经检验的交易模式的宣传是如何把投资者引入了歧途，以及这几种宣传的具体手段。表4.1和表4.2展示了宣传手段的特征和阿贝尔森专栏中伪科学的表现。

市场的一个美丽之处，就是那些观点错误的投资者会被正确的人所替代。犯错的人会亏钱，精准的人会赢得更多金钱和支持。在科学领域也有一个类似的反馈机制。那些报告正确结果的人会发现其他科学家会进一步拓展、夯实他们的研究，而报告错误结果的人会信誉扫地，失去学术和资金，他们的文章也不会被录用发表。

事实上，反馈是自然界的一条基本法则。标准的生物教科书中，有很多篇幅都在讲述维持人体系统平衡的反馈机制。

表4.1 宣传手段和阿贝尔森的诡辩

宣传工具	阿贝尔森的案例
乱扣帽子	说那些带来超额收益的股票证据是"瞎说"。
粉饰法	"你怎么可能永远正确？"
夸赞反方，挟众宣传	把他那永远不变的熊市特色言论描述为华尔街最伟大的观点，是"智能投资"。
夸赞反方	引用其他分析师的熊市预测。
平民百姓	没读任何财经书籍。
	对统计学毫无兴趣。
洗牌法	一会儿拿美元走势当指标，一会儿拿格林威治的保姆工资当指标，总能找到支持熊市预测的不同指标。

但是在写作中没有这样的自我矫正机制。一个作者在错了很长时间以后，可能依然能够保持他的声望和影响力。事实上，长期攻击传统观念的人比其他所有随大流的人更稀少，更有新闻价值。在阿贝尔森的案例中，他甚至成了英雄。他的观点与众不同，他的信息来源陈旧没落。然而他不但活了下来，还得到了支持，不断发展壮大，当然，这靠的是他的智慧、他的创造力、他除金融以外的广博知识、他的天赋、他的机智。在《巴伦周刊》编辑部开设专栏后，他在主流券商和新闻界建立了类似的熊市堡垒，他也因与众不同而获益。

简而言之，阿贝尔森并不像其他领域的专家一样受到正常反馈的效果。或许正因如此，那些无法盈利、不适合生存的理念才能在非自我矫正的领域泛滥横行。

刚开始合作写专栏时，我们决定挑战一个大问题。交易是一件复杂的事情。我们知道自己的强项不在于为某只个股提供咨询，而是擅长判断影响市场的原则和力量，根据科学的方法预测市场的整体方向。

为了克服自身的局限，我们决定根据我们自己的研究进行交易。我们不是提醒读者应该怎样做，而是深入实践，向读者汇报我们的研究结果、我们将要采取的交易方法。这种做法给我们提供了一个自我矫正的过程，如果我们交易得当，自然会蒸蒸日上，继续下去；如果我们交易糟糕，就会赔钱，最后不得不夹起尾巴来。

回头来看，我们也希望自己能在理论的象牙塔里过奢华生活。但是另一方面，如果我们不亲自实践自己的研究成果，传达给读者的信息在聚焦性、操作性、准确性上肯定会大打折扣。

表面看来，阿贝尔森的观点具有某些非科学、未经检验的想法的特点。其中原因，可能是因为他没有受到反馈过程的影响。另外，在过去几年里他的观点倒是很正确。特别是2000年以来，我们的交易情况时好时坏，如果读者按照阿贝尔森的建议进行操作，肯定比跟随我们收益高。因此，我们还是要向他表示敬意。

我们在迈克尔·舍默的《人们为什么相信一些稀奇古怪的东西》书中发现了一些见解，可以解释为什么阿贝尔森、他的公司、他的追随者能在这么长的时间里、在这么多矛盾证据面前坚持错误理念。

以该书的分类为指导，我们系统分析了《巴伦周刊》"华尔街沉浮录"专栏在20世纪90年代的525篇文章，并在表4.2中统计了它们使用非逻辑推理的情况。

表4.2 为什么人们会相信阿兰·阿贝尔森

原因	阿贝尔森用来辩解自己熊市观点的比例(%)
有缺陷的解决问题过程：只找能证实某个假设的例子，即使该假设明显错误时也不轻易改变；在偶然关系中寻找因果关系。	100
故作权威。	95
声称有代表性（忽略了在更大的背景环境下，看似不正常的事件也有机会发生）。	90
仓促下结论：用一小部分情况判断整体情况。	85
错误的因果关系。	85
使用科学的表述，却不用科学的方法。	80
未经证实的断言。	60
使用传言当证据。	55
情绪化的语言，错误的类比。	50
归纳错误：滑坡谬论（例如，吃冰淇淋会使人变胖，然后你很快就会长到350磅并死于心脏病，因此冰淇淋会导致死亡）。	35
大胆却没有证据的论述。	30
人身攻击：把关注焦点从某种观点转移到持有该观点的人身上。	30
把失败合理化。	25
循环推理。	5

表4.3列举了阿贝尔森专栏在20世纪90年代的一些精彩片段，并将他的预测与后来的事实进行对比。我们摘录的每一段话，其预测要么颇具八卦新闻的特点，要么来自不可靠的所谓权威，要么就是不停地重复一些简单的、未经验证的指标。还有一些摘录，只是为了展示阿贝尔森的一贯观点。

表4.3 阿贝尔森"华尔街沉浮录"专栏摘录（1990—1999年）

时间	摘录	事实对比
1990年12月31日	我们坚信，熊市将会从沉睡中醒来，带着獠牙利齿重返江湖。像这样严重的熊市永远不会消失，直到它们统治整个投资界（参见1973—1974年的情况）。	当时道指是2629点，之后一年涨了20%。
1992年1月6日	我们还会对1973年和1974年的两根大阴线感兴趣，在那痛苦的两年之前，股市刚刚经历了一轮大牛市，那时候翻倍的股票数不胜数，市场唯一的主题就是上涨。	当时道指是3201点，1992年全年上涨了3%。在1973—1974年，扣除通胀因素后，股市跌了三分之二。
1992年9月28日	市场会飞速下跌。美国总统大选结果不定、经济形势萎靡不振、美元疲软、基准利率无法再降、消费不景气、就业形势严峻，把所有这些与过度高估的股市相印证，你还能指望躲开熊市吗？	当时道指是3250点。在此之后，整个90年代的最低点是1992年10月19日的3136点。
1992年10月12日	"查理斯·道的真正信徒、威廉·彼得·汉密尔顿的当代化身、道氏理论的守护者、保护者和解释者"迪克·拉塞尔说："熊市于10月5日开始，那天的道指收盘指数在一个魔力数值之下，从而确认几个月以来的熊市传言。"他告诉阿贝尔森："这是一场真正的大熊市，它将终结1974年以来的大牛市。"	当时道指是3136点，第二年上涨了14%。
1993年5月24日	我们在思考进一步反弹的可能性，但这并不意味着我们已经度过了最黑暗的子夜。从各个角度来看，市场依然被极度高估。到处都是泡沫，他们已经把股价炒上了天。我们丝毫不怀疑，这一切都将迎来悲惨的结局，问题只在于悲剧发生的时间而已。或许不是明天，但也绝不会太遥远。	当时道指是3492点，6年以后的2000年1月14日到达11722点的峰值，这期间已经涨了8200多点。

时间	摘录	事实对比
1993年10月4日	大家都知道我们所说的"等等"是什么意思：那些激情澎湃的宣传手册把股票的收益率吹得美妙无比，像是诺亚方舟终于靠了岸，告诉大家洪水已经退去，号召大家赶快上岸一样，鼓动人们把每一个缝隙里的零钱都找出来，立即投入他们的共同基金，然后你就将得到超乎想象的高额回报。	如果在1993年9月底向标普500指数基金投资1美元，到2002年4月30日它将升值到1.72美元。如果把它存为年利率5%的定期存款，则只能变为1.43美元。
1994年6月27日	我们并不是生来就对股市持消极态度。我们只不过是认为1974年以来的牛市即将结束，就算这样这场牛市的时间也已经够长。	当时道指为3636点，之后牛市又持续了5年。
1995年11月20日	巴顿·比格斯在他为摩根士丹利撰写的"最有价值的每周评论之一"中认为，现在买科技股就像在泰坦尼克号上玩"击鼓传花"一样危险。	这场游戏非常漫长。当时的摩根士丹利高科技指数为171点，2000年3月27日才到达1162点的峰值。
1996年2月5日	一个聪明的瑞士人，我们的朋友菲利克斯·朱洛夫说："黄金是一辈子的投资。"	在此三天前，黄金价格高达415.5美元/盎司，此后六年再也没有超过。1999年8月25日的金价跌到了253美元/盎司。
1996年3月18日	洛斯公司的投资顾问乔·罗森伯格，几乎是一位投资典范，他展示了一张道指图，指出牛市已经进入见顶阶段。当人们问他见顶之后会下跌多少时，他略显谨慎地试着说："至少25%。"	五年之后，从2000年1月到2001年9月，道指下跌了28%。
1996年3月25日	巴顿·比格斯是"一个坚定的均值回归理论信徒，认为股市波动是围绕上市公司的金融资产进行上下波动的。例如，他预测未来几年到2000年的股市年均涨幅为4%左右，与1995年惊人的37.5%相比可谓骤降，与前五年16.7%的年均涨幅相比也是大幅滑坡。	在之后几年里，标普500指数的年均涨幅为24%。

时间	摘录	事实对比
1996年5月27日	"世界级投资专家"安德鲁·史密瑟斯从1993年底就看熊美国股市,他认为:"第一次出现这种情况,有明显的理由说明熊市即将到来。"史密瑟斯根据Q比率指标,把他自己的资产全部换成现金,存入了银行,并建议每一个人都这样做。	从1993年底到2002年底,尽管经历了美国历史上最严重的一次熊市,标普500指数依然整体上涨了88%,平均年化收益率高达7%。
1997年8月18日	(在道指大跌247点之后)我们对受害者深表同情。1987年以来,我们从未见过这么多悲恸的寡妇孤儿,简直是暗无天日。	在1987年和1997年的大跌之后,道指都在当年年底之前反弹了11%。
1997年11月3日	(在道指遭遇有史以来最大单日跌幅、市场一度关闭之后)有人问:你如何看待这次单日大跌550点?阿贝尔森回答:这只是个开始。问:那你又如何看待第二天成交量超过10亿,大涨337点呢?答:那只是个错误。	荒诞。

我们没有摘选他1998年和1999年的文章,因为那两年道指涨了50%,纳斯达克100指数涨了三倍,而那时候阿贝尔森依然在坚持他的熊市观点,那两年的文章会令他更尴尬。

不过,我们还是要努力来数一数他在一篇专栏文章中使用的各种指标,这简直是数不胜数。他在1996年9月30日的专栏中写道:

标普500指数2.1%的分红比例是本世纪的最低值。股市市值与GDP的比值是有史以来的最高值。托宾Q比率(金融资产/企业资产)创造了历史高点。标普500成分股的市净率也达到了历史最高点。同样,标普500成分股的市值与销售额比值也高达4.45。

股价与房价的比值达到了顶峰。一位工人必须工作53.75个小时才能购买一手标普500指数，这也创了历史纪录。

纽约证券交易所的交易量创下了历史新高。纳斯达克和纽交所交易量比也处于峰值。新股发行、公司并购、股票回购都达到了历史新高。共同基金的数量前所未有，流入这些基金的资金是去年最高值的两倍。投资者甚至开始抢购激进型基金，这种情况此前从未发生过。

股票和债券的新开户数量是创纪录的527000户，比1987年还多30%。报考注册金融分析师的人数也达到了破纪录的32000人。纽约证券交易所的席位费是有史以来最高的145万美元。投资俱乐部的数量也空前的多，达到了22000家。市场上出现了4700只对冲基金，纽交所上市公司股票数是3419。

法雷尔评论说，上次出现类似现象是在1968年，当时股市达到了一个顶峰。当股价没有最高、只有更高时，离灾难也就不远了。

"类似的，"鲍勃说，"我们在1996年打破了很多纪录，股价却没有什么反应。市场的这种无动于衷，创纪录的高估值，加上人们对牛市持续时间的质疑不断增加，其实是在提醒我们卖出股票。"

然而，三年多以后，到2000年1月道指才真正到达顶点，差不多已经翻倍。

阿贝尔森也有少数引用违背自己观点的文章。在1998年6月22日的"华尔街沉浮录"专栏文章中，对冲基金经理兼密歇根大学教授约翰·赫斯曼解释说，用市净率、股息率、市盈率等指标作为投资指导"还不如不用"。赫斯曼说，根本不能根据市盈率来判断市场估值是否过高，因为"市盈率有隐患，因为上市公司的利润并不稳定"，而且"在盈利最差的时候，市盈率是最高的"。他还指出，有时候即使股价被过度高估，其市场表现依然很好，"如果公司盈利好、通货膨胀不严重、银行利率低、科技发展趋势良好，股市就会向好。"这正是近几年的情况。

　　但就在随后一周，阿贝尔森又在1998年6月29日的专栏中引用法雷尔的统计数据：美国人投资到股市的钱占家庭总资产的比例再创新高，已经达到38.3%。上一次高峰出现在1968年，当时股票占了美国家庭资产的37.9%。"随之而来的，是1969年的疯狂大跌，提起来都让人伤心。"

　　阿贝尔森一次又一次地引用某些市场专家的论点，尽管他们的预测连续几年都和实际情况相差甚远。如果有人能拿出一张图表，说最近的股市上涨情况很像1929年、1973年、1987年大跌前的情况，或者很像1990年前日本股市的情况，阿贝尔森一定会在专栏中长篇累牍地引用。

　　在21世纪拉开帷幕之际，终于迎来了预言实现的时刻。道指工业指数在1月14日见顶之后开始漫长的下跌。紧接着，纳斯达克的科技股也随之一泻千里，这不由让人们回想起1973—1974年的股灾。我们还忍不住想起了1864年的股市恐慌，威廉·沃辛顿·福勒在1870年的著作《华尔街十年》中这样记载当时的情况：

　　　灾难即将到来的迹象和征兆越来越多……安东尼·W. 莫尔斯那天早上像往常一样走进交易厅时，他发现股市还没开盘，所有经纪人就已经在争着压低价格抛出股票，整个华尔街的氛围更加不妙。11点半的时候，一位经纪人从座位上站起来，宣布莫尔斯公司破产了。整个大厅一时间陷入了飓风来临前的平静，紧接着暴风雨席卷而来……强大而狡猾的魔术师给人们打造的充满希望、充满魅力的黄金宫殿，转眼间烟消云散……

　　　我们开始每天早早下班。在威廉街和交易所的岔路口，我们遇到了S先生。他是一个乌鸦嘴，预测的都是坏事，非常不招人喜欢。那时候，他已经连续六周宣传股灾预言了。一看见我们，他就抬手打招呼，露出一副假惺惺的笑容，让我们本已紧张的神经又是一抖。"我早就跟你们说过了，我早就跟你们说过了！哈哈哈！"我们想把他赶走，他却像蚂蟥一样缠着不走，像只夜猫子一样在我们身边晃来晃去，当他知道我们手里还有股票没卖出去时，又是咯咯的一顿笑。

阿贝尔森大胆抨击华尔街的宣传机器，这一点值得尊敬。而且，大家一致公认，他坚持恪守财经新闻界的职业道德，从未从自己写过的股票中谋取私利。我们的行为方式和他不一样，但我们也坚守了道德，甚至更加道德。那就是：我们事先告诉读者我们将要怎样操作。这样，我们就是在和读者们同台竞技。我们要么和他们一起赚钱，要么和他们一起赔钱。公开自己的筹码，既能吸引读者的注意力，也会让作者更加严肃认真。

华尔街流传这样一句话：什么时候阿贝尔森终于开始鼓吹牛市了，股市才会变熊。不过我们怀疑在有生之年能否看到这样的转变。我们也不指望他的追随者们会抛弃他们的英雄。在这一点上，他们投入了太多的信念、情感和金钱，使得他们难以理智地改变方向，尽管这会让他们损失很多钱。

以后回顾我们这个年代，心理学家可能会把这一长达36年的不理性信念当作学习案例。他们肯定会如此解释这种破坏性行为背后的原因：一旦承认自己在社会或经济领域的信念是错误的时候，其自尊将会遭遇到巨大打击。

不过我们喜欢一个更简单的原因。这位专栏作家坚持这种一边倒的思想，时间太久，错误太深，如果有人按照他的建议进行投资，在某一天洗手不干时，他便会永久性地蒙受巨大损失。所以不论是阿贝尔森还是他的读者们，都不会选择放弃。只要他还在继续预测，就有可能发生核爆炸之类的大灾难，把股市打回当年的原形，最终证明他们是对的。

如果像物理学家普朗克所说的一样，终有一天，这位财经专栏作家从他的城堡里被拖出来，任凭他如何挣扎喊叫都无济于事，届时我们也会和很多人一样感到悲伤。但是不论如何，本章中的故事应该让读者明白，不能根据经济形势的持续变化及时调整自己的思想，是一件多么可怕的事情。

第五章 / **CHAPTER 5**
如何判断一家公司是否在讲故事

骄傲在败坏以先；狂心在跌倒之前。

——《圣经·箴言》

我们可以成为一家改变世界的公司。或许将是全世界第一家这样的公司。思科现在就处于这样的位置。这就是互联网革命……我们可能会成为人类历史上最成功的公司。

——约翰·钱伯斯，思科公司CEO

大多数人都认同这一点，一个公司的领导层是否强大，是这家公司的股票是否值得买入的一个重要因素。一位明星CEO描绘的壮丽前景能吸引资金。但就像古希腊历史学家希罗多德在公元前5世纪所说的一样：权力会导致肆无忌惮的傲慢或狂妄，其典型特点就是无视道德、欺凌弱小。如今，类似的悲剧依然在重演，在那些有魅力也有缺陷的人的领导下，一家又一家公司倒下了，股东的财富也随之付诸东流。

对于互联网泡沫的崩溃，人们多有论述。但是对美国经济和老百姓钱包影响更大的是三家新经济蓝筹股的崩盘：安然公司、思科公司、朗讯公司。2000年8月17日，安然公司的股价还高达90美元一股，到2001年12月2日，就酿成了美国史上最大的破产案（不过很快就被世通公司的破产超过了）。思科公司的股价从2000年3月的80美元一股，跌到了2002年10月的8.6美元一股。与此同时，朗讯公司的股价从1999年12月的77.77美元一股，跌到了58美分一股。如果在这些股票的高位买入，十万美元会轻松缩水到不到5000美元。

然而，这三只股票都曾是20世纪90年代的白马股，即使在崩盘过程中，还有数不清的券商在推荐它们。甚至在安然公司破产以后，号称全美发行量最大的《现代文明》杂志1月刊还引用一位匿名专家的建议，在"后9·11时代"推荐投资朗讯和安然的股票。

我们并不是说这些公司没有卷土重来的机会，我们相信二次崛起。但是我们所有人都想提前把下一个安然公司揪出来。在安然的股价跌到几分钱的时候，一位读者给我们写了一封信，他的来信如下：

> 我已经退休了，把自己的全部积蓄都投到了安然公司，因为大家都说这是一家优秀的蓝筹股，还会分红。可是现在，你们觉得我该怎么办？你们觉得他们能够成功地重建公司吗？它的股价还能重返20美元以上吗？如果能收到你们的回信，我将不胜感激。我现在极度压抑，迫切想知道你们对安然公司未来走势的看法。谢谢。

为了研究如何找出下一家将从高峰跌入深渊的公司，我们研究了那些口出狂言的CEO们，也找到了一些懂得谦虚的管理者。我们研究了华尔街的一种迷信说法，说建立豪华总部大厦、登上杂志封面、冠名体育场、上头条的大手笔收购等行为会给公司带来厄运。我们通过测验发现，这些说法并非毫无道理，我们将在本章向大家汇报我们的研究结果。我们最初的顿悟来源于一个古希腊神话，说来也巧，这故事中便有科技的影子。

伊卡洛斯的故事

代达罗斯是一位天才工程师，他为克里特岛国王米诺斯建造一座辉煌的宫殿，其中还有一套活水系统，因而声名大振。代达罗斯还建造了一座迷宫来藏匿弥诺陶洛斯，那是王后与海神白牛私通生下的人身牛头怪。当国王米诺斯得知代达罗斯帮助王后私通时，他囚禁了代达罗斯。为了和儿子伊卡洛斯逃亡到西西里岛，代达罗斯偷偷用蜡和羽毛为自己和儿子制作了翅膀。在逃走时，代达罗斯告诫儿子说：

伊卡洛斯，我建议你要飞得不高不低。

飞得太低，海水会打湿你的翅膀；

飞得太高，太阳会融化你的翅膀。

在大海与太阳之间飞吧！

沿着我引领的路线飞。

但是伊卡洛斯经不起飞向蓝天的诱惑。太阳晒化了蜡，翅膀解体了，他最终掉到了海里。

狂妄是伟人和天才最容易犯的错误，这给希腊悲剧作家和历史学家提供了丰富的素材。通过惩罚那些垂涎天神的英雄，那些悲剧净化了观众的心灵，让他们心怀畏惧，免受这种想法的侵袭。有的作家则认为英雄们是清白的。例如埃斯库罗斯，他认为是天神们嫉妒人类的伟大，在那些英雄到达成功巅峰时，让他们变得狂妄。

两千五百多年过去了，狂妄仍然在我们的生活中暗流涌动，从蹒跚学步起，我们就曾尝试过用手触碰通红的火炉，用自己的战无不胜挑战天神。我们都曾有狂妄的经历。维克多最喜欢一个关于欧德曼·海明威的故事。在一起并购案中，维克多去休斯顿出差，听一家管道公司的老板讲了这个故事。海明威有一个习惯，在会见下级时，每当他要结束谈话时，就会拿起一张《纽约时报》遮住自己的脸。有一天人们发现他死在办公室，手里的报纸上有15个弹孔。很明显，某个员工被老板激怒了，他熟知这位老板的习惯，趁他用报纸遮脸的时候打死了他。

我们最喜欢的报纸《国民问询报》就擅长讲述有关狂妄的故事。詹妮弗·洛佩兹是一个经常被提及的例子。据报道，洛佩兹的经纪人会提醒你，永远不要直接看她的眼睛，永远不要直呼她的姓名。她这种习惯源于路易十四年代的法国王室。自号太阳王的路易十四要求廷臣不得直视自己，还要献出自己的妻子来表示对国王的敬爱。

在华尔街的很多悲剧中，狂妄都被认为是罪恶之源。最近去世的历史学家罗伯特·索贝尔在1999年出版的《当巨人跌倒时：经典商业失败以及如何避免它们》一书中，总结了上个世纪的商业失败案例，列出了15条毁灭奥斯伯恩电脑、LTV公司、施温自行车、帕卡德汽车等大公司的致命原因，其中着重提到了狂妄。（索贝尔的清单里还包括任人唯亲、无序扩张、投机取巧、闭门造车、过度依赖。）

狂妄的原因在于自以为能够凌驾于世界之上。英国著名谈判专家哈罗德·尼克尔森在1939年的经典著作《外交学》中一针见血地指出："在谈判代表身上，自负的危险会被无限放大……它可能会带来一系列严重后果，包括不严谨、情绪激动、缺少耐心、感情用事，甚至不切实际。"

狂妄最淋漓尽致的表现，或许是在2000年2月时，时任思科总裁约翰·钱伯斯谴责硅谷一些公司授予管理人员和员工三年后可以卖出的期权，是一种削弱公司价值的行为。然而根据网络新闻媒体《信息世界》报道，就在这席发言的17天之前，他自己刚刚行使了115万股思科公司的期权，几乎是在最高价套现了1.429亿美元。

思科和安然公司都使用了一些巧妙手段，使公司财务看上去毫无负债。2002年，《华尔街日报》的一则报道引起了轩然大波，安然公司在加州的销售人员通过一些虚假交易，拉高了加州的能源价格，迫使消费者买单。

公司故事会

除了权力的傲慢，在狂妄与衰落的公司故事中还有一个常见主题，高管们总是有意无意地讲述分析师想听的故事。生于巴西的弗莱瓦·赛木巴黎斯塔博士主要研究不确定性对人类行为的影响，她在给我们的邮件中说："分析师们喜欢公司里边的'超人'。"她说，有时候如果分析师特别喜欢某个故事，他们甚至会动员自己所在的公司为对方提供廉价资金支持，帮助对方实现这个故事。"但有些时候，这些故事是站不住脚的，迟早要露馅。"有些成功的交易者根据故事进行获利，他们听上市公司讲的故事和市场上听到的故事，然后判断这故事好不好、最终将如何收场，从而做出交易选择。"

有这么认真的听众，CEO们稍微吹点牛就行了。可有的管理者吹得天花乱坠，到最后自己都信以为真了，这时候麻烦就来了。

除了吹牛，朗讯、安然和思科的领导们身无长技。在朗讯，卡莉·菲奥莉娜发起了一项耗资9000万美元的品牌推广活动，《商业周刊》在1999年8月2日用封面故事报道说："（这项活动）要帮助公司从一家单一的电信设备制造商转型为一家互联网企业，为新经济提供动力。"他们的广告词是一个问句："谁将占据通信革命的中心？"在之后三年里，朗讯曾经飞涨的股价跌了97%，让投资者们后悔当初没有把钱投入更专注的公司。

1999年，安然总裁肯尼斯·莱还在大肆吹嘘公司在20世纪90年代市值增长9倍的神话。她向一群原油和天然气业务高管说："在接下来十年里，我们将再创佳绩。"两年以后，安然公司轰然崩塌，其领导也遭到了美国联邦政府发起的巨额腐败调查。2001年8月14日，就在安然破产前不久，莱还给员工们发了一封电子邮件，她说："我们出色的表现前所未有，我们的业务模型空前茁壮。我们有当今美国最好的商业组织架构。"五个月后，这封邮件出现在了国会听证会上。

1999年，思科总裁约翰·钱伯斯就曾大胆预测公司将持续30%—50%的年增长率，然而之后却连续四个季度盈利下降50%以上。思科是一起真正的现代悲剧，而钱伯斯则是讲故事的典范。

思科讲故事者

在童年时期，钱伯斯是一个诵读困难症患者。他曾获得法律和商务学位，但从来都不喜欢阅读。和很多成功的诵读困难症患者一样，他依靠惊人的记忆力克服了这个困难。比如，他经常脱稿演讲。

他的第一份工作是在IBM公司当销售员。2001年4月6日，《华盛顿邮报》记者马克·莱博维茨在报道中说，钱伯斯至今还记得招聘人员对他说的话："你推销的不是技术，而是梦想。"他在IBM成长为一个优秀的销售员，然后加入了思科。在思科，他不知疲倦地宣扬未来的网络新世界，而思科公司则处于这个新世界的中心。"在钱伯斯的营销言论中，充满了战无不胜的暗示，"莱博维茨写道。1996年8月，在出任CEO的第二年，钱伯斯接受《今日美国》采访时说："这个行业只有一家公司能掌控行业命脉，那就是思科公司。"钱伯斯与克林顿总统以及其他各国领导人谈笑风生，推广他的网络理想。1998年，《福布斯》杂志将思科评为美国最有活力的公司。1999年9月13日，《商业周刊》在封面故事中戏称钱伯斯是"互联网世界的头号推销员"。

1999年9月，股票期权在思科17000名员工中制造了2000位百万富翁。钱伯斯充分发挥了他的销售天赋，特别是通过发放奖金的方式，保持了员工的稳定性。然而，在钱伯斯的演讲和奖金背后，思科并没有在这个年产值2250亿美元的电信市场中占据足够的份额，来维持他的增长愿景。1999年，思科的电信设备市场占有率不足1%，虽然钱伯斯总是嘲笑竞争对手朗讯是一家"旧世界"的公司，但贝尔公司更喜欢从朗讯和加拿大的北电公司那里采购设备。

1999年8月26日，为了迎头赶上竞争对手，思科决定收购Cerent公司，这是一家刚刚成立两年的光纤网络设备制造商，只有285名员工，收购价却高达69亿美元。1999年9月15日，他对《60分钟》节目的主持人黛安·斯维尔说："我们将要彻底改变这个行业。"

2000年初，在大公司迎接新世纪采购电脑和网络设备大潮过去之后，人们对思科未来增长的怀疑再次浮出水面。不过钱伯斯并不认可这种怀疑。根据《洛杉矶时报》在2000年2月9日的报道，思科的高管们预测，在经济发展强劲的地区，公司销售额增长速度依然会保持在30%—50%。

2000年3月，互联网股票的高额收益开始松动。思科的股价在2000年3月27日达到了80.06美元的顶点。在随后18天里，股价跌了29%。钱伯斯依然充满乐观，他把思科比做战争时期的军火商。"我们擅长做每一件事，"钱伯斯在《商业周刊》2000年3月15日的封面故事中说，"我们要把武器卖给每一个人。"越来越多的公司开始下调增长预期，但钱伯斯没有这样做，他还在坚持30%—50%的长期增长率。到2000年底，需求开始直线下降。电信运营商和互联网公司开始大量倒闭，这些都是思科的主要客户。

钱伯斯还在顽强地推销他的故事。2001年1月17日，在新德里的印度工业大会上，钱伯斯对听众们说："互联网上的语音和数据传输将会实现免费……互联网教育将会彻底改变如今的教育方式……未来五年里，电子商务将会增长五倍。"钱伯斯还说，思科要向全世界的每一家公司学习，在未来四年里，要在涉足的每一个领域做到前两名。

2001年2月6日，思科没能实现华尔街做出的盈利估计。3月份，思科宣布裁员16%，涉及大约8000个工作岗位，钱伯斯也承认，思科的增长率从前一年12月的70%跌到了1、2月份的负值。他对《华盛顿邮报》的记者说："从未有哪一家公司业绩下滑得这么快。"在此之前，人们还把思科称为"世上盈利最多、增长最快的公司"。

随后是连续四个季度的业绩下滑，打破了思科40个季度的连续增长。思科的市值曾一度达到5320亿美元，使之成为美国最值钱的公司之一。到2002年10月，它的市值缩水到了620亿美元。

高管的吹嘘

我们的朋友埃德·格罗斯非常擅于在牌桌上算牌，拉斯维加斯的赌场因此禁止他入内。他说，不论是多么有经验的赌徒，任凭他们进赌场前一个个吹得天花乱坠，到出门的时候却都是两手空空。

上市公司的高管们在大肆吹嘘之后，其股价往往也会以类似的方式下跌。这种普遍现象或许可以称之为"登顶现象"。2000年2月《户外》杂志的一篇文章中写道，登山救援队发现，当登山员从山上下来的时候，旁观者常常跑过去问："你登顶了吗？"而不是问："你快乐吗？""你有什么收获吗？"这种不顾天气状况和登山员能力、一味执着于登顶的心态，往往会导致灾难。很多著名的登山员的牺牲，包括1924年马洛里挑战珠穆朗玛峰的失败，都可以追溯到这种原因。

一旦登顶，CEO们都希望自己能永葆第一，但是顶峰的竞争也是最激烈的。竞争对手会想方设法制造、推销产品，消费者的爱好又容易变化。当CEO们坚信自己最擅长某些事情时，就会营造出一种本公司不可战胜的气氛，这就打开了灾难的大门。那些不谦虚的CEO们大吹大擂，只能说明他们不愿意面对残酷的、不断变化的市场环境。或许他们觉得吹牛更简单，兢兢业业地追求利润太难。在最糟糕的情况下，吹嘘还会掩盖严重的问题。

1936年，爱因斯坦在纽约州奥尔巴尼市做了一场题为"物理学中的伟大灵感"的教育主题演讲，对此问题进行了精彩陈述，他说："希望得到赞成和赏识是一种合理动机，但如果总是希望给别人留下自己比同事、同行更好、更强大、更聪明的印象，就有可能导致一种极端自我的心理状态，这对个人和社会都是有害的。"

登顶不只是CEO们的梦想。基金经理们也会受其影响。我们为微软财经中心写了一篇关于狂妄的专栏，之后有读者写信说："骄傲是失败的信号，尼德霍夫是最好的例子。他在1996年成了排名第一的基金经理，出了书，在很多大会上发表演讲，然后就跌落到谷底，被世人所遗忘了。"

我们无法否认这位读者所说的事实，不过我们可以保证，维克多再也不会追求基金界的第一了。他已经懂得了"稳健制胜"。复利的魅力就在于，看似不多但稳定的10%年化收益率，就足以满足所有人的理财目标。想要得到更高的收益率，就要冒更大的风险。而这更大的风险可能是致命的，特别是当对手的资金量远大于你的时候。

我们希望能在高瞻远瞩与巨大错觉之间画出一条明显界限。自信是成功的前提，而狂妄是一种过度的自信，会使人脱离现实。哎，我们没有一个人是完美的。当患上狂妄症的人们试图维持登顶的感觉时，陷阱就已经悄然布好。

维克多的父亲阿蒂·尼德霍夫曾担任过警察、律师、学者，一贯保持着谦逊的作风。他在1970年冬天发表在《康涅狄格法律学报》上的一篇文章中，成功诠释了自信与狂妄之间的区别。那篇文章的主题，是芝加哥7号案中表现出来的权力的傲慢。美国律师协会对法官提出了"专注、和气、耐心、公正"的职业道德要求。然而，当原告博比·希尔的律师必须看病时，法官朱利叶斯·J. 霍夫曼却拒绝了延期审理的请求。他说两位律师蔑视法庭，要求监禁这两位律师，且不得保释，他还反复打断辩护律师的发言，几乎全部拒绝了对方的辩护请求。阿蒂写道：

一位联邦法官，怎么能如此粗暴地对待辩护律师呢？他甚至都懒得听律师发言，就做出了判决，结果酿成了一场司法灾难。我想，对这种极端行为的最佳解释，就是典型的狂妄。

在希腊哲学中，司法的概念是一种神圣的社会秩序，每个人都有其特定的位置和角色。狂妄这种致命缺陷，会让一个人违反最宝贵的道德。亚里士多德认为，严厉的天谴将会惩罚这些违法者，把他们"从幸福打入痛苦"。这是希腊悲剧中最强烈的主题，但在第三版《韦伯字典》中，这一点表现得却很不明显，该书非常平淡地将狂妄定义为"过分骄傲、自信或傲慢"。

说到做到不算吹

我们说安然、思科和朗讯是在吹嘘，长期资本管理公司、史古脱纸业、天文地理公司等企业就更是在吹牛。然而像基因科技公司这样成功的企业，也曾因为宣称它将利用生物科技来研发高利润新药而备受奚落。我们应该怎样区分这两种公司呢？基因科技实现了它的宣言，成为得到FDA（美国联邦食品及药物管理局）批准的第一家生物科技制药公司。后来，罗氏制药通过一系列股票交易收购了它，价格是1986年原始股价的7倍。哪怕是在2002年7月底高科技泡沫崩溃时，纳斯达克100指数中依然有23家公司，其股价是五年前的三倍以上。其中Q逻辑、艾克斯达、艾迪克制药、美国医学免疫、亚马逊等公司的股价更是五年前的六倍以上。

有什么办法可以事先辨别这两种公司吗？人们可以预知谁将实现雄心勃勃的伟大战略，谁会注定重蹈希腊悲剧中的悲惨命运吗？

我们要像科学家一样量化狂妄的作用。首先，我们用谷歌搜索各种吹嘘口号，"我们是最好的""最好的公司""我们是第一"等词条的出现次数都超过10万次。我们发现，有11家公司都使用了这样的标语口号。我们计算了这些公司从提出口号到2001年底的股价变化，并与标普500指数的同期变化进行对比。

13家公司的样本量太小，从统计学角度来说可信度并不高，但是其糟糕结果也的确令人震惊。这些公司股价的平均表现比标普500指数落后24个百分点。其中有五家公司：安然公司、捷威公司、人类基因科学公司、价值线网站、斯普林特公司更是落后50个百分点以上。表5.1中列出了各家公司提出这些口号的时间和之后的股价变化。

因为不想错过任何大吹大擂的口号，我们努力搜集了所有符合吹牛标准的公司，不论它们随后的表现是好是坏。

表5.1 13家吹牛的公司

公司	提出口号的时间	吹牛口号	到2002年1月14日的股价涨幅（％）	与同期标普500指数相比的偏离值（百分点）
大陆航空	2000年1月18日	我们将是最好的航空公司。	−27	−5
戴尔电脑	2000年9月28日	我们是英国、瑞典、爱尔兰和法国商务市场的第一名。	−16	6
达美航空	2001年6月14日	我们是本行业最佳。	−31	−25
安然	1999年12月31日	我们要从全球领先的能源公司，转型为全球领先的公司。（1999年下半年，这句标语就挂在安然公司的总部）	−98	−76
富达国民金融	2000年6月14日	从各种指标来看，我们都是本行业的第一名。	45	68
捷威	1999年3月26日	捷威的目标是成为互联网时代的第一名，不是最大，而是最好。	−80	−69

公司	提出口号的时间	吹牛口号	到2002年1月14日的股价涨幅（%）	与同期标普500指数相比的偏离值（百分点）
人类基因科学公司	2001年5月7日	我们是第一名，至少甩开了第二名一个数量级，甚至两个数量级。	-52	-42
毕马威咨询	2001年6月7日	我们是本行业最佳。	-6	5
拉萨尔酒店集团	2001年7月2日	我们是1999年的最佳房地产投资信托基金公司。	-33	-25
玛莎·斯图尔特公司	2001年8月21日	我们比钢还强。只要努力，我们比任何事物都强。	-15	-14
价值线网站	1999年8月17日	我们将要重塑全球商业环境基因，激发"完全不同的能量"。	-92	-77
瑞理软件	2000年4月20日	我们是华尔街保密工作做得最好的。	-38	-17
斯普林特	2000年7月21日	我们是最好的无线电话运营商。	-71	-48
		平均	-39	-24

　　追求卓越的雄心会让公司愈加强大，过度炫耀却让伊卡洛斯飞得太靠近太阳，这两者总是一对矛盾。最好的吹牛公司案例，或许莫过于大陆航空（该公司宣称："我们将是最好的航空公司。"），我们在2002年1月17日的专栏里写《天下第一＝好景不长》时，便引用了该公司的案例。文章刊发后，该公司的公关经理立即给我们写了一封信。他在信中写道："我们该怎么做呢？乘客投票公认我们是最准点、最舒适、管理最佳的航空公司。要是像你们说的一样，因为我们现在太好了，难道就是做空我们的理由吗？"事实上，我们也说过，说大话的公司不见得都值得做空。因为市场整体趋势是在上涨，我们很少推荐做空。但是不管怎么说，大陆航空的股价在随后六个月还是跌了61%。

寻找谦虚者

为了进行对比，我们还寻找了谦虚的高管。我们希望在企业界找到另一种高管，他们就像是网球场上的皮特·桑普拉斯、棒球场上的斯巴基·安德森、橄榄球场上的沃特·佩顿、篮球场上的迈克·沙舍夫斯基、曲棍球场上的韦恩·格雷茨基。这些高管会像安德森一样说："我父亲曾教导我：'儿子，要善待你遇到的每一个人，要像对待大人物一样对待每一个人。'"这种高管不会像某些球员一样，在进球之后像疯了一样手舞足蹈，而是像桑普拉斯一样，在打出一记绝妙好球之后谦虚地低着头。桑普拉斯的一位粉丝写道："他是如此专注于比赛，我几乎都看不到他的笑容。"

我们在过去三年里的几百万篇文章中搜索"CEO"与"低调""脚踏实地""谦虚""不摆架子"等词汇同时出现的情况，最终只找到了10家这样的公司。它们分别是全州保险公司、邦美集团、好市多超市、伊莱克斯电器、洛克希德·马丁公司、沃尔玛超市、惠好公司、白山保险集团。（本来，这份清单中还包括时代华纳公司和冠群国际，可这两家公司刚刚因为会计问题受到美国政府的调查。哎！这倒让我们想起了梅厄·果尔达的一句名言："不必谦虚，你没那么伟大。"）

我们将这些谦虚公司的股市表现与标普500指数进行了对比。结果发现，从这些公司出现谦虚的关键词的时候到2002年1月21日，它们的表现比大盘要好40个百分点。

2001年10月，吉姆·柯林斯出版《从优秀到卓越》一书时，谦虚的公司得到了一些关注。

柯林斯找到了11家脚踏实地、关注细节最终成就伟业的公司，它们是雅培、电器城、房利美、吉列、金佰利、克罗格、纽科钢铁、菲利普·莫里斯、必能宝、沃尔格林、富国银行。他发现，在这些公司走向卓越的15年后，其股票涨幅是市场平均水平的7倍。如果你在1965年向这些公司投入1美元，现在就会变为471美元，而按照大盘的平均水平，则只能变为56美元，前者几乎是后者的8倍。

名声不过如此

这些公司的CEO们都是埋头苦干的人。"默默无闻与成就卓越，两者之间有着直接关系。"2001年，柯林斯在接受《快公司》杂志的采访时说："为什么呢？首先，当你声名显赫时，公司就会变成'1个天才 + 1000个助手'的结构。这会让人们觉得，所有成绩都是CEO一个人做出来的。从更深层次来说，我们发现领导要想把工作做到卓越，他的雄心壮志一定是要成就公司的伟大，而不是自己的伟大。"

柯林斯团队使用科学、谨慎的方法进行了大量研究。21名研究人员花了5年时间才写成这本书，柯林斯戏称他们是"黑猩猩"。我们用了6个月时间，用计算机对这些公司的情况进行了验证。

《从优秀到卓越》的数据截止时间是2001年6月。我们将之更新到了2002年2月，计算结果见表5.2。

表5.2 "从优秀到卓越"的公司的股价表现
（2001年6月—2002年2月）

公司	股价变化（%）
雅培	−18.2
电器城	−2.8
房利美	−12.2
吉列	8.4
金佰利	3.9
克罗格	−23.9
纽科	12.4

公司	股价变化（%）
菲利普·莫里斯	-4.2
必能宝	-7.0
沃尔格林	3.3
富国银行	5.7
平均	-3.2
标普500指数	-27.3

在股市下滑最厉害的这八个月里，这10家公司的平均股价变动为-3.2%，比同期标普500指数高出了20多个百分点。

我们认为，柯林斯发现的卓越理由从长远看是站得住脚的。对于很多CEO来说，有一种很不好的趋势，就是拼命吹嘘公司的强大，而不是集中精力追求卓越。

什么是谦虚

寻找谦虚的指标比寻找傲慢的指标难得多。很多不同的话都能表示谦虚，而傲慢似乎只有几种特定的表现。所以，就像迪奇·迪安所说的一样："如果你能说到做到，那就不是吹嘘。"英国象棋大师奈杰尔·戴维斯告诉我们，乔斯·劳尔·卡帕布兰卡曾说过这样的话："随着我一次次击败对手，我的优秀也越来越明显。"他曾连续获得1921年到1927年的世界冠军，可能是有史以来最伟大的棋手。

戴维斯在2002年1月19日的电子邮件中对我们说："这算狂妄吗？他说的只不过是事实。相比这种看似狂妄的人，我更担心那些看似谦虚的人。那些假装谦虚的人，可能才是傲慢奸诈的。"

摩天大厦指标

在21世纪，就像在建造金字塔的古埃及胡夫时代一样，人们肯定还会建造越来越高的大楼，这些工程需要付出巨大代价，实际上却没有正当的经济理由，只是因为有钱有势的人们有时候还要通过这种传统方式来寻求满足感，展示自己的伟大。

——威廉·J.米切尔，《我们还需要摩天大楼吗？》

（《科学美国人》杂志）

一个公司、国家或民族越是频繁地建造高大、壮观的建筑，离灾难就越近。大约在公元前2800年前后，征服者宁录想要在巴比伦建造一座"通天塔"，好让自己名扬天下。但正如在《创世记》记载，上帝让建造者们陷入了混乱，永久终止了这项工程。

直到今天，这种在失败前大建高楼的灾难故事依然屡见不鲜。1997年东南亚金融危机之前的高楼潮便是明例。当时的全世界最高楼，位于吉隆坡的双子塔刚刚落成，就爆发了金融危机，马来西亚股市在当年跌了50%。1999年12月28日，纳斯达克交易所花费3700万美元在曼哈顿时代广场建设了交易大厦，安装了全球最大的显示屏，仅在3个月以后，纳斯达克指数便开始了长达18个月的漫漫熊途，累计跌幅达70%。2002年，安然公司由著名建筑师西萨·佩里设计的40层大楼几乎就要竣工之际，公司轰然破产。

约翰·牛比金运营了一个名为纽约摩天大楼的网站，他写信对我们说："我完全被漂亮的大楼欺骗了，没有看透安然公司的真实财务状况……从那大楼的外表来看，它比我见过的所有能源公司都更壮观。我当时想，这一定是家大公司，在美国各地拥有大量财产和设施。"

2002年10月10日，安然公司这座造价3亿美元、有八层楼高交易大厅的崭新大厦，以1亿美元的低价出售，用以偿还公司500亿美元的债务。

我们在2002年写作此书时，中国正在上海建造新的"世界最高楼"——上海国际金融中心。印度和纽约都在策划更高的大厦。投资者们要当心了。

一座崭新的大厦当然能够鼓舞士气。就像1953年，美国铝业一位匿名高管在建筑论坛上接受采访说：

> 我们以前总把自己当成古板、保守的公司。但是你现在可以再看看！我们现在都在全美国最新潮的办公楼里工作，这在突然间赋予了我们一种年轻无畏、大胆尝试的精神。我想我们大家都开始振奋起来了。

建筑师的观点

为了进一步研究这种现象，我们咨询了麻省理工学院建筑设计系主任威廉·米切尔，与他进行了一次采访和一系列电子邮件交流。他在1997年12月《科学美国人》杂志上发表了一篇题为《我们还需要摩天大厦吗？》的文章。他在文章中提出，随着电脑和电信产业的快速发展，人们已经不太需要将大量纸质文件和办公人员集中在寸土寸金的市中心。2001年9月11日，纽约的世贸大厦遭到了恐怖袭击，他的观点似乎很有先见之明。

我们发现，在米切尔的办公室里，书架像摩天大楼一样，足足有两人高。（在有限的办公空间里使用这种书架来节约成本，很像是城市经济学中的一个重要观点：土地价格越高，建造高楼、集中人力和资本就越经济。）我们还发现，这位教授不但有很多头衔，还提出了很多著名理论，他是系主任，同时为几个班级上课，还是麻省理工学院校长的建筑顾问，为建造一座耗资五亿美元的计算机、信息及智能科学中心大楼出谋划策。

米切尔说，世贸大厦遭袭事件凸显了摩天大楼的另一个争议：安全问题。人造大楼在自然灾害面前不堪一击，需要分散化建设。

维克多曾用艾茵·兰德小说中的人物为自己的四个女儿取名，他问米切尔对小说《源头》中的建筑师霍华德·洛克有何看法。米切尔引用了电影的最后一幕，洛克站在一座自己设计的摩天大厦的楼顶，高傲地俯瞰着下面的芸芸众生。米切尔说："我更倾向于认为伟大的建筑来自聆听，来自细心感受日常生活的精妙和复杂，认真解决每一个实际问题，要表现出一点谦虚的态度来。"然而洛克并非如此，他把建筑物看成个人英雄意志的表达。

我们请米切尔举例说明他的摩天大厦不实用理论。

米切尔回答说："摩天大楼的存在，从根本上来说是为了解决市中心基础设施和人口集中的问题。"繁华地段的地价昂贵，所以人们才有动力去尽量建高楼，从而获得最大收益。"但是，你盖的楼越高，每层楼用来支撑建筑结构、容纳管道电梯的比例就越大。不论地价有多贵，总有一个临界点，超过这个临界点之后继续增高楼层是没有经济效益的。从技术上来讲，超过这个临界点是可以做到的，但这样做只是为了荣耀、为了排场，或者是为了争'最高楼'的头衔。曼哈顿的世贸大厦和吉隆坡的双子塔，都是为了炫耀而非理性增加高度的典型案例。"

他继续说，投资者应该理性看待那些争夺"最高楼"头衔的机构。"我想，争夺这个头衔只能反映出这家机构与其CEO的狂妄。我不但会关注'世界最高'，还会关注更多的全国、全州、全城最高。我关心的另外一个方面是，各地人口密度和地价对楼高都是有影响的，比如说在香港盖高楼就比在奥马哈更有意义，我会关注那些高度明显不合理的大楼。"

最后他总结道："对于建筑物来说，大一点或许有好处，但是最大的一般并不是最好的。"

合理利用还是吹嘘

尽管米切尔教授的理论听起来很有道理，我们也很尊重他，但我们还是认为需要进行量化检验。毕竟还有很多公司盖高楼不是出于狂妄，而是正常的商业行为。问题在于，商业区的摩天大厦是否代表了一种会影响股市的狂妄，抑或只是一种理性的努力，试图给更多的银行家、律师、会计和交易者创造面对面的机会，从而创造更多的价值。

这样，我们又一次拿起了我们最喜爱的工具，笔和纸，来进行一些计算。我们强烈推荐读者也采用这种方式，它不仅能验证有关楼高的理论，也能用来验证其他任何有关市场的理论和传统观点。

在验证过程中，我们从美国高层建筑及城市环境委员会公布的全球最高的100座大楼中找出了属于上市公司的大楼。结果发现，在大楼落成1年、2年、3年之后，这些公司的股价平均变动分别为9%、19%、22%，都落后于道琼斯平均工业指数（参见表5.3）。

表5.3 "世界最高楼"竣工之后，母公司的股价变化

（1年、2年、3年后变化分别与道琼斯工业指数做对比）

公司	大楼竣工时间	股价变动（%）		
		1年后	2年后	3年后
德国商业银行	1997年	-21	-11	-29
同时期道指变化		16	44	36
国民银行（亚特兰大市）	1993年	-4	42	103
同时期道指变化		2	36	72
国民银行（夏洛特市）	1992年	-7	-10	33
同时期道指变化		13	15	54
太阳信托银行	1992年	3	9	57
同时期道指变化		13	15	54
美国合众银行	1992年	9	18	76
同时期道指变化		13	15	54
梅隆银行	1991年	52	52	32
同时期道指变化		5	18	21
AT&T	1989年	-35	-14	12
同时期道指变化		-4	15	21
IBM	1988年	-23	-7	-27
同时期道指变化		27	21	46
美国第一银行	1987年	-7	35	16

公司	大楼竣工时间	股价变动（%）		
		1年后	2年后	3年后
同时期道指变化		12	42	36
国民银行广场（达拉斯市）	1985年	−49	−61	−40
同时期道指变化		23	25	40
国民银行中心（休斯顿）	1984年	26	−35	−51
同时期道指变化		28	56	60
第一洲际银行	1983年	−3	26	24
同时期道指变化		−4	23	51
美国输电公司	1983年	35	42	11
同时期道指变化		−4	23	51
花旗银行	1977年	−12	−8	−18
同时期道指变化		−3	1	16
汉考克保险	1976年	−11	−18	−28
同时期道指变化		−17	−20	−17
西尔斯百货	1974年	−3	13	−3
同时期道指变化		38	63	35
第一洲际银行	1974年	0	7	33
同时期道指变化		38	63	35
阿莫科石油公司	1973年	0	−5	5
同时期道指变化		−28	0	18
美通保险	1972年	−35	−56	−55
同时期道指变化		−17	−40	−16
美钢联	1970年	−13	−11	−9
同时期道指变化		6	22	1
美洲银行	1969年	−17	−10	17
同时期道指变化		5	11	27
通用电气	1933年	0	18	40
同时期道指变化		4	44	80
克莱斯勒	1930年	−29	−43	1
同时期道指变化		−53	−64	−39
伍尔沃斯	1913年	1	−2	5
同时期道指变化		−31	26	21

公司	大楼竣工时间	股价变动（%）		
		1年后	2年后	3年后
	差值（百分点）			
以上公司1年后平均股价变化	−5.7			
道指1年后平均变化	3.3	9		
以上公司2年后平均股价变化	−1.2			
道指2年后平均变化	18.3	19.5		
以上公司3年后平均股价变化	8.2			
道指3年后平均变化	30.3	22.1		

过去十年间在亚洲兴起的超高层热潮进一步证实了米切尔的观点。1990年，全球最高的50座大楼都在美国；到2002年，在纽约的世贸大厦倒塌之后，全球最高的10座大楼有6座在亚洲。而亚洲股市在20世纪90年代遭遇了怎样的悲剧，我们就不再赘述了。

对于那些建造最高楼的公司来说，实际形势甚至比表面情况更糟糕。很多曾经的世界最高楼都已经倒塌或者被拆毁。在其中大部分案例中，这些高楼的毁灭与建造它们的公司的失败是同步发生的。例如，建于1908年的星格大厦，建于1930年的曼哈顿大厦、中央大厦，建于1890年的纽约世界大厦，如今都已经不复存在。

建筑学中有一个普遍问题，在高楼中尤为突出，那就是从设计到竣工，建筑物主人的财富和需求总会发生变化。比如建造一座大厦的初衷，可能是要为最好、最聪明的律师、工程师、金融家、会计提供一个面对面交流的场所，但等大厦落成之后，这些目标人群可能已经改变生活习惯，不再花两小时时间去市中心上班，而是选择在逍遥自在的乡村别墅工作，通过高速网络进行交流。因此，建筑物和市场一样会受到不断变化的情况影响。

综合来看，有关高楼的研究证实了这个假设：狂妄是股价恶化的预兆。

杂志封面指标

我们的朋友威廉·哈瑞尔是佛罗里达州的一位律师，他曾指出："狂妄总会不厌其烦地让你感受到它的存在，谦虚却不会。"一些媒体机构需要一些大嘴巴来促进销量，所以我们可以通过观察商业杂志的封面来考虑这个问题。2001年8月7日，《纽约时报》一篇关于安然公司肯尼斯·莱的文章写道："众神若想毁灭一个CEO，首先会把他推上《商业周刊》的封面。"

但事实上，很多CEO成为《商业周刊》的封面人物之后，都登上了人生巅峰。我们要想搞明白这个问题，就要历数所有在不同市场环境下登上杂志封面的公司，只有这样才能得出可靠的统计结论，将这些公司随后的市场表现与大盘作比较。

我们统计了1926年以来登上《时代》杂志封面的上市公司或者CEO，他们确实体现出了这种狂妄诅咒。第一位获此殊荣的是1928年的克莱斯勒公司，第二年，通用电气的总裁欧文·杨也登上了《时代》封面。在之后的两年时间里，这两家公司的股价都下跌了70%左右。最近登上《时代》封面的商界人士是亚马逊的创始人杰佛瑞·贝佐斯，他在1999年12月27日成为《时代》杂志的封面人物。之后一年时间里，这家公司的股价下跌了80%。

一般来说，只有在牛市的时候，上市公司和商务人士才能成为《时代》杂志的封面人物。除了上面两位之外，通用汽车的总裁哈洛·赫伯特·柯蒂斯在1955年、CNN的创始人特德·特纳在1991年、英特尔总裁兼CEO安迪·格鲁夫在1997年也都登上了《时代》杂志的封面。这六家公司在之后两年的平均股价变化为下跌10%，而同时期的标普500指数平均上涨了20%。

然而，不论是《商业周刊》还是《时代》杂志，其封面人物中的商界人士都不多，不足以进行有效的统计学分析，因此我们又对1997年至2001年的《福布斯》杂志封面人物进行了统计。结果显示，上市公司在登上《福布斯》

封面之后的一个月里，平均表现要比大盘落后5个百分点，在五个月之后才能赶上平均水平。这一个月的表现不佳不像是偶然现象，因为这只有1/20的随机发生概率。

体育场指标

提起公司乱花钱，人们立即就能想到冠名体育场的事。最近一个生动案例是在2002年2月27日，安然公司申请破产保护之后，被迫卖掉了休斯顿太空人棒球队的安然体育场的冠名权，出售价格仅为210万美元。而安然公司当年花费1亿美元买下的这个冠名权还有27年才到期。"安然公司的破产给其员工及合作伙伴造成了巨大伤害，"太空人棒球队老板德雷顿·麦克莱恩在一场新闻发布会上解释说："这并不是我们想要的冠名。"

很多人都注意到了这种体育场指标。2001年12月，受安然公司破产事件的启发，《华尔街日报》在头版刊登了一篇文章，分析那些在取得体育场冠名权之后遭遇破产、财务危机或市值大幅下滑的公司。其中，安然公司、环球航空公司、PSI网、鲜果布衣等公司在冠名体育场之后都倒闭了，而CMGI公司、萨维斯通信、3Com公司和康塞科公司的股价都暴跌了85%—92%。

克里斯·伊西多尔是CNN"财富"专栏的体育产业记者，在安然公司破产之后，他创立了一个体育场赞助商股票指数。该指标跟踪了50家冠名体育场的上市公司。2002年，该指数跌了34%，比标普500指数落后11个百分点。

好高骛远不但会伤害投资者，也会伤害公司。当他们走向巅峰时，就会想着追逐太阳。冠名体育场不只是公司一个在非主营业务上大笔挥霍的例子，它还意味着吹嘘、极度的骄傲、缺乏聚焦。

问题在于，我们看到的所有这些研究都不过是花边新闻。其中并不包括所有的体育场，自然也就漏掉了很多冠名体育场之后依然上升的公司。例如，高通公司（圣地亚哥教士队）、通用汽车（温哥华加人队）、百事可乐（丹佛掘金队）和康柏电脑（休斯敦火箭队），这些公司在冠名体育场之后，都依然保持了旺盛生机和上涨势头。

我们对这种体育场厄运进行了系统研究。《建筑和设计年鉴》中有完整的美国棒球大联盟、足球、曲棍球、篮球体育场名单，其中详细记载了这些体育场的耗资、容量、结构和竣工日期。

我们到这些公司的网站上找到了它们冠名体育场的时间，并统计了31家公司在取得体育场冠名权之后3年的股市表现，结果如表5.4所示。结果显示，在冠名当年和次年，这些公司的股市表现显著差于标普500指数。不过，在冠名之后第2年、第3年，这些公司的股票开始走牛。其中高通在冠名之后第2年股价飙涨2680%，拉高了整体水平。

表5.4 体育场指标：冠名权与股价涨幅

体育场	冠名公司股票代码	冠名时间	与标普500指数的涨幅相差（百分点）			
			冠名当年	1年后	2年后	3年后
标靶中心	TGT	1990	−3.5	−20.8	−4.2	−27.3
达美中心	DAL	1991	−7.7	−40.7	−43.3	−48.5
美西体育馆	AWA	1992	−86.0	28.0	666.6	1502.8
联合中心	UAL	1994	−38.6	−9.8	12.4	45.4
库尔斯球场	RKY	1995	−2.0	−47.9	−12.8	69.3
舰队中心	FBF	1995	−8.2	−7.2	20.7	8.4
通用汽车体育场	GM	1995	−8.6	−28.9	−59.0	−88.3
钥匙体育馆	KEY	1995	10.9	40.7	72.0	−11.6
美国中心室内球场	TWA	1995				
3COM体育场	COMS	1995	46.7	123.3	−75.8	−93.8
大陆航空体育馆	CAL	1996	9.6	63.7	−45.6	−34.5
爱立信体育场	ERICY	1996	34.5	33.8	45.9	435.2
爱迪生国际球场	EIX	1997	5.8	−25.7	−66.6	−99.6
高通体育场	QCOM	1997	−4.4	−33.1	3414.4	1507.6

体育场	冠名公司股票代码	冠名时间	与标普500指数的涨幅相差（百分点）			
			冠名当年	1年后	2年后	3年后
欧特尔体育场	AT	1997	−0.1	24.7	65.2	20.8
网络联盟体育场	NET	1998	61.3	−75.7	−124.2	−45.0
第一银行棒球场	ONE	1998	−23.3	−86.6	−61.9	−39.2
美洲航空体育馆	AMR	1998	−34.3	−47.1	0.3	−40.7
塞弗科球场	SAFC	1999	−61.6	−30.8	−20.9	
康塞科球馆	CNC	1999	−61.1	−64.2	−78.8	
百事中心	PEP	1999	−33.3	13.8	25.7	
史泰博中心	SPLS	1999	−48.3	−66.8	−29.2	
阿德尔菲亚体育场	ADLAC	1999	23.9	5.4	−25.2	
联邦快递球场	FDX	1999	−27.7	−17.8	22.9	
梅隆体育馆	MEL	1999	−20.4	35.7	16.0	
盖洛德娱乐中心	GET	1999	−20.1	−38.1−	−11.7	
柯美利加体育场	CMA	2000	37.3	44.6		
安然体育场	ENE	2000	97.5	−76.8		
艾塞尔能源体育场	XEL	2000	59.2	64.1		
PNC体育场	PNC	2001	−10.0			
美洲航空中心	AMR	2001	−30.1			
平均			−4.75	−8.58	148.13	180.05
中值			−7.97	−19.29	−11.74	−27.27
标准差			39.86	50.47	695.60	513.15
上涨比例（%）			33	39	44	41
#0B			30.00	28.00	25.00	17.00

数据来源：www.ballparks.com

　　和生活与市场中的大部分交易一样，收购案非好即坏。对于被收购公司来说，好的交易能让股东兑现股份，得到收益，这也是很多人创业的初衷。对于收购方来说，好的并购可以节省开支，提升市场占有率，或者把资金投入到比自身业务更赚钱的方面。

最糟糕的并购，卖出方可能是想要甩掉包袱，或者收购方想要制造一种提升盈利能力的表象。

我们要补充一句，大多数收购方绝对不会因为被收购公司的财务报表而怦然心动。但是也有一些公司认为，经常进行并购可以给外界分析师传达一个本公司不缺钱的信号，所以他们也就不会介意被收购公司粉饰业绩。

没有什么比连续并购更能提升一家公司操纵利润的能力了。一个财务主管只要大笔一挥，就能在收购公司的盈利、津贴计划、医疗计划、低于市场价的固定资产等方面挖出一大块收益来。

我们对标普100指数的成分股进行了统计，探究收购案的频次对这些大公司的影响究竟如何，我们的结果如表5.5所示。从统计结果来看，适当收购似乎是最好的。随后，我们还将与读者分享一些我们对那些成功收购方及投资者的看法。

50多年来，会计们一直在努力制定规则，让收购更加公平。美国财务会计标准委员会2001年禁止在收购中使用"权益结合法"，就是最近的一个例子。（不使用权益结合法的话，公司必须摊销它们向被收购公司支付的费用，或者减记"商誉"，这就减少了利润。）但是和所有军备竞赛一样，收购方和它们的专家顾问总能想出新的攻击招数，选择对自己最有利的会计方法。

很多投资者越来越关心这些会计方法，我们却对另一个问题感兴趣：经常并购的公司和坚持独立发展的公司，哪一种发展效益更好？大规模收购是否可以看作一家公司过度自信、狂妄自大的表现？坚持独立发展的公司，是不是对自己更有信心，坚信不需要并购就能发展好？因为这些问题都不好检验，我们先来做一些准备工作，看看收购对股价的影响。

我们以1998年年初的标普100成分股为研究对象，统计它们在之后四年里的收购次数，把这些公司分为了三组：发起收购案次数最多的15家公司、从未发起过收购案的公司、发起过一次收购案的公司。然后，我们计算了这些公司从2002年1月1日到2002年7月12日的股市表现。结果如表5.5所示。

表5.5 1998—2001年收购案及相应公司股价变化

（2002年1月1日—7月12日）

公司	股票代码	收购次数	股价变化（％）
发起收购案最多的15家公司			
通用电气	GE	66	−28.6
泰科国际	TYC	32	−76.7
清晰频道通信公司	CCU	31	−33.9
花旗集团	C	28	−28
爱依斯	AES	15	−79.6
时代华纳	AOL	14	−59.1
联合科技	UTX	14	−2
通用汽车	GM	13	−4.1
美国国际集团	AIG	12	−20
微软	MSFT	12	−21.7
富国银行	WFC	12	−13.6
思科系统	CSCO	11	−62.4
福特汽车	F	11	−19.8
英特尔	INTC	11	−40.2
JP摩根	JPM	11	−16.9
股价平均涨幅(%)			**−33.8**
发起过1次收购案的公司			
美洲银行	BAC	1	9
百得	BDK	1	13.9
易安信	EMC	1	−36.4
哈乐斯娱乐	HET	1	19.1
国际纸业	IP	1	1.5
五月百货	MAY	1	−18.2
美敦力	MDT	1	−24.5
美国医学免疫公司	MEDI	1	−47.7
3M	MMM	1	2.3
默克集团	MRK	1	−22.5

公司	股票代码	收购次数	股价变化（%）
甲骨文	ORCL	1	−29.9
辉瑞制药	PFE	1	−19.2
法玛西亚	PHA	1	−23.6
瑞赛公司	RSH	1	−11.1
西尔斯	S	1	−2.4
西南贝尔通信公司	SBC	1	−24.3
南方公司	SO	1	−0.2
股价平均涨幅 (%)			**−12.6**
没有发起过收购案的公司			
阿勒格尼科技	ATI	0	−14.1
利标品牌	LTD	0	11.4
百威英博	BUD	0	8.8
雅芳	AVP	0	3
贝克休斯	BHI	0	−19.1
伯灵顿北方桑特菲铁路公司	BN	0	0.2
信诺保险	CI	0	−3.7
诺福克南方铁路公司	NSC	0	17.1
金宝汤	CPB	0	−19.4
北电网络	NT	0	−95.5
高露洁	CL	0	−23.3
菲利普莫里斯	MO	0	−6.4
达美航空	DAL	0	−65.3
雷声公司	RTN	0	7.3
联邦快递	FDX	0	−3.8
玩具反斗城	TOY	0	−10.4
吉列	G	0	−13.5
施乐	XRX	0	−38.1
股价平均涨幅(%)			**−14.7**
同期标普100指数			**−21.5**

从表5.5中可以看出，连续发起收购的公司比从未发起收购的公司落后19.1个百分点，比标普100指数落后12.8个百分点。从未发起收购的公司比

标普100指数领先6.8个百分点。

发起收购的动机有好有坏，每一起收购案都必须专门评判。不过，根据我们的统计，那四年的收购次数与2002年的股市表现是负相关的。

维克多曾创建过一家经纪公司，从事收购业务25年，对并购场上的优势了如指掌。他认为，在某些市场环境下，收购可能会提高人们对公司盈利的预期。但是一旦真相大白，股价必受重挫。

并购中的猫腻

如今，我们对新闻屏幕上的公司的财务真实性一无所知。但是总体来说，大部分恶意行为都是从篡改被收购公司的资产账本开始的。如果被收购公司在很久之前添置了这些资产，或者这些资产的价值超过当时收购的花费（如果收购时有额外开销也要计算在内），那么收购方就有可能以市场价卖掉这些资产，从而得到很好的收益。

并购的第二种诱惑，源自并购后所带来的盈利提高。比如一家公司的市盈率是20倍，如果它以10倍市盈率收购了另一家公司，那么它的市盈率就会瞬间降低。

并购中的第三种猫腻，在于可以人为提高或降低某些项目的价值。常见的做法包括为了避税而增加商誉值，或者减少被收购公司的津贴和医疗支出。

为了帮助读者评估并购案，我们很乐意推荐一位该领域世界顶级专家、维克多35年的合作伙伴丹·格罗斯曼的观点。格罗斯曼在多年的律师生涯中，曾经手操办过很多并购案，也曾为很多公司的创建和发展提供咨询，其中包括先达制药。他最近卖掉了一部分股票，赚了一大笔钱，正在写一本自己在并购界经历的书。

格罗斯曼对并购案的建议

● 回避那些需要高人管理的公司。收购正常人能运营的公司。

● 评估一个收购标的时，想想能不能把它转手卖掉。看看买家，特别是上市公司想要买什么样的公司。

● 不要把收购和你生活中的其他需求混杂。不要因为一家公司能让你打高尔夫球或者玩游艇而买它，不要因为它的地理位置好而买它，也不要因为你刚刚被解雇、需要一个地方工作而买它。不掺杂任何个人需求和喜好、客观地评估一起并购案并非易事。

● 找一个好会计给你讲一讲，为什么可以利用库存来调整利润，为什么买家几乎没办法准确判断某些公司在某个年份的确切利润。

● 对于成长型公司来说，时间是朋友；对于走下坡路的公司来说，时间是大敌。你想持有一家公司越久，就越要关注它的成长性。

鉴于在过去几十年里的并购案教训，看看那些大公司、暴发户、市值巨无霸们花费巨资收购亏损小公司之后的下场，就不难清楚，不论是收购方还是投资者，在达到巅峰时都要加倍小心才对。

董事会中的贵族

聘用名人来进行营销推广，常常被认为是管理层狂妄的表现。雷诺烟草在被KKR集团收购前，甚至把职业高尔夫球员列入了员工名单（这是另一种狂妄的行为，它使得该公司的股市表现长期低迷）。凯马特公司与玛莎·斯图尔特、凯西·爱尔兰、杰克琳·史密斯等明星的合作没有给自己带来任何好处。甚至到破产的时候，凯马特还在继续这种失败的策略，该公司于2002年4月宣布与创新艺人经纪公司合作，好把自己的公司名和产品植入电影。

2001年9月，我们对此现象进行了系统研究，我们选取了英国富时100

指数中市值最大的50家公司，对比各家公司董事会中有贵族头衔的董事数量与股价之间的关系。（我们将爵士、男爵、伯爵、子爵、夫人、女爵士、贵族及荣誉贵族都计算在内。如果某公司的董事长也是贵族，则额外再加一分。）

然后，我们列出了这些公司五年来的股市表现，其中排除了三家成立不满五年的新公司。结果发现，董事会中的贵族越多，这五年的股市表现越差。

我们这项对比引发了一个问题，董事会中的贵族与公司盈利之间到底有何关联？是聘用贵族导致了业绩不佳，还是业绩不好的公司才会被迫去聘请贵族撑门面？

富时100指数中的第四大公司汇丰控股董事会中的贵族最多，7位董事有贵族头衔，董事长约翰·雷金纳德·哈特内尔·邦德先生也是爵士。

在富时100指数中市值最高的十家公司中，有8家董事会中的贵族都不少于3人。最大的英国石油公司董事会有4位贵族。第二大的葛兰素史克公司有6位贵族董事、1位爵士董事长。富时100指数的100家成分股公司中，大约有一半公司董事会中有1至3位贵族。没有贵族董事的公司中，市值最高的是商联保险，市值排名第13位。

仿照市盈率的计算方式，我们发明了一种衡量股票吸引力的新指标：盈贵率=每股盈利/贵族数量。

如果一家公司盈利很差，董事会中的贵族又很多，盈贵率就会很低。例如，汇丰公司去年的每股平均收益为0.755美元，董事会中有8位贵族，所以其盈贵率为0.09，在全部有贵族董事的公司中排名倒数第三。鲍尔根能源公司董事会只有1位贵族，每股收益高达1美元，这使其成为盈贵率最高的公司。英国大东电报公司去年每股平均亏损93美分，董事会中有3位贵族，因此它的盈贵率是负数。

我们猜测投资者或许应该远离这些盈贵率很小甚至为负的公司。不过，我们的观察只是区分市场中停滞公司与创新公司的第一步。要想合理检验这种假设，还需要对更多年的数据进行分析。从科学的精神出发，我们希望自己的努力能为将来的研究奠定基础。

小 结

在量化分析了过度吹嘘、建造豪华总部大楼、登上杂志封面、冠名体育场、大手笔收购等行为的影响之后，我们可以总结说，狂妄的行为会让一家公司的股票大跌。我们怀疑，赞助高尔夫球（朗讯）、豪华装修办公室（雷诺烟草）、搬家到佛罗里达（史古脱纸业）、发生性丑闻（通用电气、邦迪克斯）或者给高管支付1亿美元以上的年薪（通用电气、苹果、希柏系统、甲骨文、思科）的公司都是值得进行狂妄检验的。

古希腊人认为，短长格五音步诗格调高贵，富有预示性，它反映了人类演讲的情感高度，强化了悲剧的影响力。（短长格是指一个短音节之后是一个长音节，短长格五音步诗每行有五组长短音节，被很多艺术家所采用。）维克多的女儿高尔特·尼德霍夫是一位制片人、作家，我们在此引用她的一段诗篇来结束本章：

> 最近每人心中都充满狂妄，
> 谦虚像是遥远的回望。
> 安然总裁大嘴一张：
> "我们成长9倍营收400亿，
> 不久还将再创辉煌。"
> 他的牛皮震天响，
> 至今还在耳边回荡。
> 《经济学人》一位记者
> 目睹了他的嚣张。

他在《新经济》上报道说：

安然是典型的狂妄。

历史总是在重演，

思科如今又迷失。

和安然前辈不一样，

谁能料它会成为旧经济遗迹？

思科自己预言说：

预计增长百分之三十到五十。

然而这样快的增长如梦又如戏，

科技公司高增长如昙花转瞬即逝，

如今媒体称其为萎靡。

第六章 / CHAPTER 6
戳穿本杰明·格雷厄姆的神话

当格雷厄姆在82岁那年去世的时候，他已经成为华尔街的一个伟大传奇，这个发明证券分析原则的人睿智、成功、恪守道德。他是那个世纪最富有、最有影响力的人之一。如今在他逝世20周年之际，他的回忆录终于公诸于世，把他的伟大人生画卷缓缓打开在世人面前。

——《柯克斯评论》，1996年6月9日

古希腊有赫拉克勒斯，这位英勇的英雄因其光荣事迹被宙斯封为神，受到人们的膜拜。在21世纪，美国也有类似的人，那就是本杰明·格雷厄姆。

赫拉克勒斯的英雄和风流事迹在古希腊代代相传。现代投资界的英雄也有类似的影响力。我们在互联网上找到了上千篇歌颂格雷厄姆的文章，其中无一句贬低之辞。这些文章描述他最多的词汇是"证券分析之父""预言家""传奇投资家""价值投资的创始人""投资博弈大师""价值投资圣人""价值投资先驱""大多数成功投资者永远尊崇的导师"，等等。据说，格雷厄姆通过买入低于净流动资金一半的股票，积累了巨额财富。他的《证券分析》一书讲述了这种投资方法，被公认为价值投资界的《圣经》。

格雷厄姆的追随者包括一些非常有名、非常成功的投资者，比如巴菲特曾经就是他的学生。在格雷厄姆生前，巴菲特非常积极地带头尊崇他。有一次巴菲特请格雷厄姆参加他组织的投资者聚会，就宣称："我们今天聚会只有一个目的，就是要聆听本杰明的智慧。"

不过，和大部分传奇故事一样，很多这样的溢美之辞往往也是虚实参半。

虚幻的低估值股票

首先，我们来看看以低于净流动资金一半的价格买股票有多难。根据常识就知道，如果一家公司的股票价格低于净流动资金的一半，它的大股东、高管或者他们的朋友、合作银行、会计就会抢着买股票，还会推荐家人朋友买，然后股价很快就会涨上去。

维克多运营美国最大的并购业务长达35年之久。在他的职业生涯中，他见识过上万家私营公司，从未见过有哪家公司肯以这样的价格出售。他认识的其他人也没见过。

20世纪30年代股灾的时候似乎有过这样的低估值股票。然而，当时不但佣金很高，卖价与买价之间的价差也很大，所以到底有没有成交也很难说。

如果现在哪家公司具备了这种格雷厄姆特点，同时还没有被相关人士抢购一空，那就肯定是个陷阱，引诱投资者上钩之后马上就会有坏消息出来。我们和一些朋友曾经试图抓住这种短暂的机会，但是每一次结果都是赔钱。最近一次是我们买入以太系统的股票，当时该公司平均每股现金流为50美元，股价仅为30美元。可就在我们买入之后，该公司就开始大幅亏损，股价一路跌到2美元，现金流也随之而降。维克多的女儿凯蒂在父亲的建议下买入了这只股票，大亏之后她清醒过来，决定放弃刚刚开始的选股职业，重新回到校园继续攻读完成她的心理学博士学位。

巴菲特也感受到了这种看似难以抵挡的诱惑，卖价比账面价值还低。在他的早期职业生涯中，他曾一度喜欢买这样的公司。在并购案中，每个卖家都可以举出很多卖点：衰退小镇上的商场、注定要被进口货取代的钢铁产品经销商、为纺织业及其他夕阳行业生产机器的工厂，等等。即使向这些公司投入大笔资金，到头来还是竞争不过更经济、更现代化的替代者。

无疑，巴菲特的伯克希尔·哈撒韦公司为了避税，进行了大量这样的收购，这对他们积累财富肯定是有好处的。不过到后来，巴菲特的搭档查理·芒格，这位在伯克希尔·哈撒韦公司内布拉斯加年会上与巴菲特平起平坐的人，还是建议巴菲特不要再买这种垂死的企业。查理向巴菲特指出，这样的公司会无止境地消耗资金，不断地亏损，而且永远无法以更高的价格卖出去，因为根本就没人想要它们。

维克多还在从事并购行业时，发现大部分收购者都认同查理的观点。他从未遇到一个人，不看未来收益走势就买下一个公司。因此，维克多通过很多技术手段来筛选适合出售的公司，但对于类似制鞋厂、小食品店、地毯厂等企业，他会很遗憾地告诉老板，他没办法帮他们把企业卖掉，不过可以给他们推荐一位员工持股专家。伯克希尔·哈撒韦公司每年公布年报时，都会列出自己控股的企业，其中便有很多此类公司，维克多认为自己是卖不掉它们的。

维克多和巴菲特都发现，只要新老板不干扰他们的独立性，此类企业的主人都愿意拿更低的薪水为并购方工作。他们之所以肯接受这样的条件，原因在于他们得到了较高的收购溢价，或者企业交了好运又变得生机勃勃。

格雷厄姆买股法的另一个基本问题在于，不论是理论上还是实际上，投资者投资一家公司，实际上是在借钱给它们，只有它们快速成长才能带来高额回报，补偿投资者内部筹措或者向银行借钱的机会成本。那些折价出售的企业往往都不具成长性，要想避免这样的公司，需要看今后的收益，而不是现在已有的收益。

一家企业的产品若是迎合了消费者不断变化的口味，针对人们未被满足的需求，提供了人们所需品质的商品，它的事业就会蒸蒸日上。一只看不见的大手激励人们去赚钱，同时也改善了我们的物质生活水平。早在1776年，亚当·斯密就在《国富论》中提出了这个观点，一百年以后，阿尔弗雷德·马歇尔在《经济学原理》中进一步发展了这一理论。从此以后，大部分经济学教科书都会在序言里介绍"看不见的手"的概念。

业绩检验

鉴于格雷厄姆的价值投资理论在实际情况中几乎没机会实施，所以他管理的基金业绩并不像神话那么诱人，也就不足为奇了。在1929年股灾之后，他的谨慎投资方式使其业绩非常糟糕。格雷厄姆管理的基金在1928年还有60%的涨幅，1929年就损失了20%，1930年损失了50%，1931年损失了16%。1932年，他的投资者才有了一丝安慰，这一年只亏了3%。记者珍妮特·洛尔在《本杰明·格雷厄姆论价值投资》一书中写道：

> 尽管格雷厄姆在黑色星期二之后能够快速反击，在市场站稳脚，但他的激进冒险时代已经结束。在此之后，他开始在追求最佳收益的同时，兼顾投资的安全边际。他的投资组合平均收益比大萧条之前的高峰下降了。

格雷厄姆一直认为，道琼斯指数超过100点就太高了，每当达到这个点位时，他就会感到不安。然而道指在1942年以后从未低于100点，格雷厄姆的投资趋向也就显得过于保守。20世纪50年代早期，道指大约在300点，他开始撤出资金，并建议学生们也减少投资，因为市场指数"太高了"。因为他长期认为市场被高估了，他的投资业绩还不如简单的"买入—持有"或者其他明智的策略。1956年，道指第一次冲破500点，他清仓离场，从此开始享受生活。

在格雷厄姆的投资记录中，还有一个很有趣，也很讽刺的方面，那就是政府雇员保险公司给他带来了很大利润，后来他把这家公司卖给了巴菲特。格雷厄姆在《聪明的投资者》中写道，他收购政府雇员保险公司违背了自己的交易方法。可能是他意识到，收购这家公司的收益会比按照自己方法所买的全部公司还要多。这家公司后来成了巴菲特成功的一大主力，为他进行套利交易提供了充沛的现金流。

追随格雷厄姆的交易方法效益如何，我们知道一个例子。1976年，一位学生创建了一个共同基金，决心要实践格雷厄姆的理论，起名叫纯格雷厄姆基金。当这只基金在1998年清盘的时候，共有资产360万美元。在如今这个时代，如果一个基金经理有好想法、好收益，以500万美元的启动资本，几年之内就能吸引到数十亿美元的投资，然而这只基金到清盘也只有这么点总资金，足以证明其业绩不佳。

表6.1列出了在1976年纯格雷厄姆基金成立之初向其投入1万美元，与投入标普500指数1万美元的收益对比。

表6.1　纯格雷厄姆基金与标普500收益对比（股息再投资）

初始投资金额10000美元（1976年6月30日）		
时间	纯格雷厄姆基金	标普500指数
1976年12月31日	10846	10513
1977年12月31日	11194	9758
1978年12月31日	12355	10394
1979年12月31日	14362	12312
1980年12月31日	15837	16312

初始投资金额10000美元（1976年6月30日）		
时间	纯格雷厄姆基金	标普500指数
1981年12月31日	18391	15516
1982年8月19日	18856	13820
1983年3月31日	23035	20734
1984年3月31日	23789	22534
1985年3月31日	26928	26774
1986年3月31日	34380	36814
1987年3月31日	37602	46455
1988年3月31日	38273	42564
1989年3月31日	41182	50234
1990年3月31日	43101	59874
1991年3月31日	43478	68473
1992年3月31日	45797	76002
1993年3月31日	49662	87548
1994年3月31日	48213	88825
1995年3月31日	48291	102627
1996年3月31日	54005	135470
1997年3月31日	57467	162290
1998年3月31日	65215	240000
1998年9月30日	57709	223290
1998年11月15日	60898	247606

因此，我们可以这样总结格雷厄姆投资法的实际业绩：格雷厄姆在20世纪30年代清盘的时候业绩糟糕。他在20世纪30年代后期重新开始投资，至1956年退出市场，错过了之后20年道指从500点涨到1000点的机会。一家基金从1976到1998年实践他的理论，收益只相当于同期标普500指数的四分之一。

价值投资的惨淡业绩

表面看来，格雷厄姆买入低估值股票的理论是非常有道理的。谁不想物超所值呢？但是这里有一个小问题：与大众看法相反，自1965年以来，低估值股票的表现一直不如高估值的成长型股票。这个证据是由值得尊敬的研究公司价值线公司偶然发现的。

究竟哪种股票的长期收益更好：是低估值股票还是成长型股票？价值线是一家有名的投资咨询服务商，其研究主管萨姆·艾森斯塔特有一颗年轻的心，尽管公司口碑很好，他依然在一直努力提升自己的知识水平，改善自己提供给客户的产品。1965年，看到低估值股票收益不错，同时萨姆也想给客户提供一种新的评级系统，价值线公司开始挑选最好的低估值股票。该公司根据估值高低把1500个公司分为10组，每月更新。这套系统采用的估值标准和其他人一样，包括市盈率、市净率、市销率等。但是40多年后再来看长期业绩，这些股票发生了天翻地覆的变化。与很多回溯式的研究不同，价值线是根据当时的估值进行筛选，不是事后诸葛亮，也就不存在个人偏见和瞎指挥。

从1965年开始，这套程序就固定下来了。该公司每个月更新各组数据。每半年在该公司出版的《选择与建议》上报告结果。不过有一个小问题是，该公司只报告股价涨跌，不看完整收益多少，而我们研究发现，低估值股票的平均股息比成长型股票高2%。

如图6.1和表6.2所示，价值线第1组中的股票，主要是成长型股票，其收益大幅超过了其他三组股票。到2002年3月，与拥有最佳绩效的低估值股票（低市销率）相比，成长型股票的收益率几乎是它的28倍。

格雷厄姆的人生确有传奇之处。当他儿子在法国自杀之后，格雷厄姆去加州的家里收拾遗物。一到那里，他就爱上了儿子的女友玛丽·路易丝。虽然格雷厄姆早已结婚，但他还是建议自己的第四任妻子回到加州，与他的新欢分享自己。更令他妻子感到痛苦的是，从此之后，她每年只能见到丈夫六个月。

随着时代发展，人们对宙斯的信仰和对赫拉克勒斯的崇拜渐渐消淡。我们怀疑这位传奇的价值投资之父最终也会褪去光环。

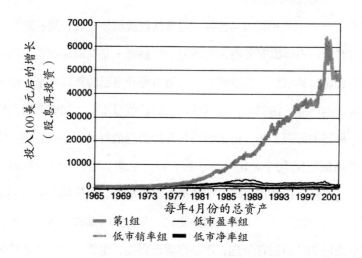

图6.1 低估值股票 VS. 成长型股票

表6.2 低估值股票 VS. 成长型股票（股息再投资）

时间	第1组100只股票	100只低市销率股票	100只低市盈率股票	100只低市净率股票
1970年1月	216	191	205	188
1980年1月	2782	815	1450	1086
1990年1月	16540	1326	3034	1296
2002年3月	46885	1698	1555	1250

第七章 / *CHAPTER 7*
计算机撰写出的财经新闻

> 总而言之，所有道德的基础都在于如何对待谎言，都是不再装作相信没有证据的观点，不再重复超出知识之外、无法理解的主张。
>
> ——托马斯·亨利·赫胥黎

我们都很熟悉这句格言，一个谎言会引发另一个谎言。一个论断总会有推论。当推论出错、难以理解，或者"被进一步推广"时，就不得不扩展最初的谎言。

财经媒体讲述市场波动的故事，再典型不过地体现了这一规律。这些故事都是由这样的公式产生的：

因为（看好/看低）（公司盈利/市场利率），股市将会（上涨/下跌）

在这样的公式下，可能出现的组合种类是有限的，哪怕是缺乏交易经验或统计学知识的记者也能写出这样的报道：

因为看好公司盈利，股市将会上涨。由于看低公司盈利，股市将会下跌。

　　因为市场利率利好，股市将会上涨。由于市场利率利空，股市将会下跌。

　　有想象力的报道还可以这样组合：

　　由于借款开支增加将会减少公司盈利，所以股市可能下跌。

　　由于借款开支减少将会提振公司盈利，所以股市有望上涨。

　　然而，读者们现在应该已经明白，公式中这种上市公司盈利与股价之间的关系，完全是错误的。就像我们在第2章指出的一样，在上市公司盈利貌似最差的时候最适合买入股票，在上市公司盈利貌似最好的时候最适合卖出股票。这种公式化报道还有一个副作用：尽管这些报道都是人们根据模板写的，但电脑也可以写出来。事实上，我们已经申请了一个股市新闻写作机的专利，将在本章后文加以介绍。

　　回到那种模板上来。一旦发表了这样的文章，作者就得继续编造下去，在公众的鼓励下，去满足市场永无止境的信息需求。因此，下一步就该向大家介绍一位基金经理，她因为不看好某公司的盈利预期将其卖出。如果记者认识的所有基金经理都在忙着上电视，那也不要紧，可以在报道中说"一些投资者如何如何"。

　　再下一步，这位记者就要努力去引用一句美联储官员或者官方经济学家的话，来印证自己的报道主题，这些人天天都在发表讲话。如果美联储主席恰巧发言了，那就直接拿来用。比如一家通讯社的报道可以这样写："美联储主席艾伦·格林斯潘声称，为美国经济提供三分之二需求的消费增长速度将会放缓，之后股市加剧下跌。"格林斯潘的这段讲话"令人怀疑经济复苏对上市公司利润增长的促进效果究竟如何"。叮当！这位记者已经成功把格林斯潘的讲话嵌入自己的文章，支撑自己认为上市公司盈利形势恶化的看法。

接下来就是一连串上市公司的名单，它们的盈利形势都在恶化。在宣传手段中这叫洗牌法，记者显然是有意忽略了对自己没用的证据，用这份清单来强化自己的主题。

这位记者的工作就到此收工了。他让一位基金经理得以借此兜售基金。他根据一系列可能错误的推论，对美联储主席的讲话进行了分析。他已经彻底把投资者引导到了一个似是而非的方向。更重要的是，他在鼓励投资者的恐惧，鼓励投资者进行过度交易。他所做的唯一好事，就是宣传了一帮经纪人的名字，导致投资者过度交易。

造成的伤害

事实上，这样的报道对任何交易者都毫无意义。因为它们完全是回溯式、描述性的传闻。如果有谁按照这些报道的思想去交易，必然会受到伤害，但遭受这灾难的并不仅限于这个倒霉的投资者。如果眼前盈利表现主导了市场波动，想方设法稳定、提高盈利就会成为上市公司的主要工作。为了眼前业绩，通用电气曾自称连续达到35%的盈利额同比增长，还有很多像安然这样的公司选择出售债务（这有利于短期业绩，不利于长远发展），这些行为都毒化了股市环境。

你或许会想，此类宣传的害处如此明显，应该有一套检查机制和平衡机制来制约它们。一些学者或许会对这种现象进行一些专业研究，某些记者或许会发表他们的研究结果，戳破肥皂泡。但是大多数学者都有自家的难处。现如今，哪怕是阅读最基础的经济学或金融期刊，也需要了解高级微积分、高级经济计量学、高级电脑编程等知识，只有在博士后期间攻读了所有这些课程的专业经济学家才有可能揭开这个奥秘。即使专家用普通人也能理解的语言发表他们的研究结论，这些信息也用处不大。按照一般学术研究的流程，从调查研究到在每季度一期的学术期刊上发表文章，几年时间已经过去了，市场周期早就变了。

谎言的另一种害处，还在于它排挤了其他正确的知识。很多投资者听信了它之后，坚定不移地听到坏消息就卖出，听到好消息就买入，结果总是高买低卖。因为投资者和主编们习惯了那些"盈利—股价"联动关系，任何可能知晓市场波动真正原因的评论员都无人关注。所有人的注意力都被集中在了一个伪造的解释上，投资者深陷歧途，再也无法从其他途径发现真相。

股市日复一日的波动基本上是随机的，和每天发生的临时因素关系并不大。在经过几天过度乐观的上涨之后，它们容易下跌，在经过几天过度悲观的下跌之后，它们容易上涨。这种介于乐观与悲观之间的摇摆和公司盈利关系不大。然而，如果记者把这种摇摆归咎于公众情绪，却是彻底失职的。因为这种报道会引导人们审慎决策，进行更少的交易。投资者甚至会不再痴迷于传播消息的媒体。这对于报纸、电视和互联网内容提供商的生态圈来说是致命灾难，因为这会减少它们来自经纪商和股市的广告收入。更有甚者，这还可能导致公众不再为经纪人、专家、分析师、投行等市场机器创造巨额财富。

对于投资者来说，需要牢记的一条底线是，不论新闻报道说盈利增加看好股市将涨还是盈利减少看空股市将跌，这些说法都是在引诱他们进行错误交易。如果投资者也有保护天使，他就会听到天使在耳边轻声说："听！一大波临时性的东西来了。今天发生的这些小事决不能影响你对一只股票的看法，你是因为它的长期价值才买它的。不要让市场把你和你心爱的人送进贫民窟。"

股市新闻写作机

我们从统计学、经济学和心理学的多个不同角度对这个问题进行了研究，阅读了上千篇相关领域的论文，将我们的想法付诸实践并与该领域的权威进行对比，花费了数千个小时进行计算，核实原始数据来源，同时指导我们各方面的优秀员工进行探索，最终得出了应对财经新闻的一个好办法：投资者应该经常亲自编写股市新闻来消遣。

我们的灵感来自图灵，这位天才的英国密码破译专家提出了一种检验人工智能的方法。那就是："能否通过编程，让计算机生产出来的产品与人类生产的产品完全一致？"

在股市新闻报道领域中，这个问题的答案是肯定的（参见图7.1）。

我们的程序运行步骤很简单。比如说股市会涨，这里有两种原因，盈利利好和利率利好。如果一家大公司发布了盈利利好的消息然后股价上涨，我们说因为盈利利好，预测未来股价会涨。如果一家大公司发布了盈利利好的消息然后股价下降了，我们就说因为利率有利好，预测未来股价会涨。再引用几句格林斯潘博士或者美联储某位小职员的乐观发言，一篇新闻报道就大功告成了。

读者应该自己在家尝试这样写新闻，以此检验自己的理解力和创造力。例如，可以将类似的程序步骤运用到股市下跌的一天。如果可能的话，可以把下跌归咎于某一家或几家大公司的盈利报告。如果你找不到这样的证据，那就启动B方案，归咎于利率的悲观预期。最后别忘了参考阿兰·阿贝尔森的熊市理由清单（参见第4章）。

假如经济不景气到处裁员，你这样做还可以给你找到一份新工作，那就是去报社当记者。

以下就是股市新闻写作机写出来的一篇范文：

今日股市：由于盈利[利好/利空]，美国股市[上涨/下跌]

作者：维克多·尼德霍夫，初级撰稿人

[第一段]

（纽约，尼德霍夫报道）由于上市公司对年底盈利出现反弹持[乐观/悲观]态度，在突如其来的盈利[利好/利空]消息刺激下，美国股市出现[上涨/下跌]。

[讲述股市变化]

道琼斯平均工业指数[上涨/下跌]了[××点]，变化了[x%]。标普500指数[上涨/下跌]了[××点]，变化了[x%]。科技板纳斯达克综合指数[上涨/下跌]了[××点]，变化了[x%]。

[引用美联储官员发言]

美联储主席艾伦·格林斯潘发言说："[科技提升了生产力，创造了更有活力的经济增长良性循环/从股市中赚钱的人太多了，这将产生巨大的商品需求，威胁到了经济平衡]。"之后，股市应声[再创新高/再创新低]。

[盈利新闻]

[某公司]平均每股收益[××美分],[超出/低于]分析师的预期,[某公司]股价因此[上涨/下跌][××点]，或者变化了[x%]。

[引用基金经理的吹嘘]

"之前人们大肆卖出股票，是因为对盈利预期的悲观，现在已经开始复苏了。"[某位基金经理]说，他掌管着[××基金][××美元]的资产，最近[买入/卖出]了[上述公司]的股票。

[介绍股价低于高点]

[某公司]发布的一份研究表明，纽约股市[x%]的股票价格低于它们52周以来的高点。

[模糊预测]

"主要还得看盈利情况。如果盈利[变好/变差]，市场便会随之[变好/变差]"，[某位基金经理]说，他掌管着[××公司][××美元]的资产。"当然，如果在阿富汗的反恐战争陷入泥潭的话，所有这些预测都会落空。"

[介绍股市中上涨/下跌比例、成交量]

纽约股市中有[××只股票上涨],[××只股票下跌]。[××只股票]的换手率比三个月平均水平[高x%/低x%]。

[编造理由]

"你无法真正看清上市公司的价值，也无法看清它们的基本面。今天的情况完全是投资者的心理反应。"[某位基金经理] 说，他掌管着[××公司][××美元]的资产。

[慢性熊市论调]

大多数观察者都认为，对未来几个月经济恢复的预测难以完全实现。慎熊基金经理戴维·泰斯认为，股市在明年还有可能再创新低。泰斯最近从国家半导体公司和英特尔收益颇丰，这两家公司受益于全球经济复苏，上个月上涨了[x%]。

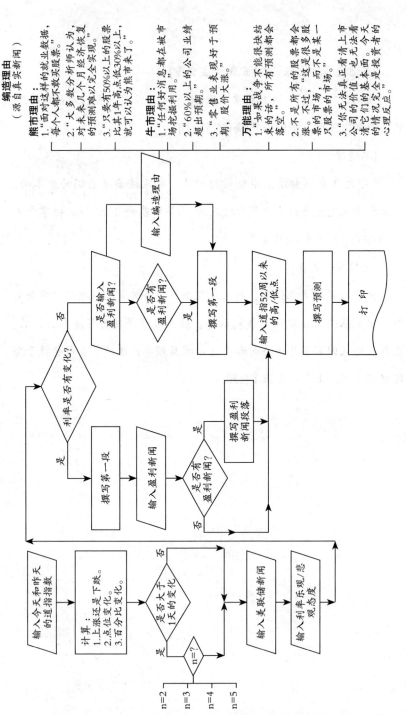

图7.1 股市新闻写作机

PRACTICAL
SPECULATION

第二部分　>>>

股票实战投机术

象棋大师的生存之道："首先，为你的王建造一座宫殿。"

我们在第一部分指出了投资中的常见错误做法。我们点破了"盈利—股价"联动关系和技术分析的宣传手腕，剖析了一个长期看空的失败案例，否定了低估值股票的投资价值，全面揭露了媒体对市场的宣传方式，量化分析了狂妄与谦虚对个股的影响。然而，我们不但能打碎一个旧世界，还能为读者打造一个新世界。

在第二部分中，我们将为大家提供一系列基本投资方法。在介绍其他所有方法之前，我们要先说一说投资成功最重要的事：生存。

我们一贯看好股市。股市及其研究的发展必将扫清一百年来盘踞在市场中冷漠、陈旧的态度。然而，2000—2002年凶残的暴跌、1997年让维克多遭受重创的股灾，都促使我们反思应该如何提防风险。

与所有的简单化分析一样，我们的方法也不是"万灵药"。但是它建立在一位策略大师的哲学基础上，而且，这位大师的策略曾在上百万次实际对战中得到检验。他就是俄罗斯国际象棋大师戴维·布朗斯坦，有人认为他是有史以来最伟大的国际象棋天才。在他身上，我们找到了交易的法宝。布朗斯坦在他的经典著作《现代国际象棋自学》一书中，建立了一套巧妙的、革命性的、攻防兼备的策略：

> 在刚开局时，你不要幻想两三步棋就把对方将死，或者很快吃掉对方一堆棋。系统性的棋法，是稳扎稳打，因为下棋是一种对战游戏，你必须时刻关注对手的想法，采取相应的动作，不但要思考如何将对方，还要确保你自己王的安全。首先，你必须为你的王打造一层屏障，一道坚实的防线。

将棋（画家：查理斯·孟罗，1987年）

在这个建议背后，或许饱含着布朗斯坦的酸楚记忆。在苏联时期，他在1951年与博特温尼克获得了世界国际象棋锦标赛的并列冠军，而后者才是苏联政府最喜欢的棋手。因为布朗斯坦的父亲是一位持不同政见者，他的家庭总是生活在危险阴影的笼罩下，这让他养成了注重防守的思维。

让我们把布朗斯坦的策略运用到投资当中。在开局之时便要关心防守。根据市场趋势行动，确保不要让情况超出自己的控制范围。保护好你和你的家人。长期经济萧条可能会让你失业，家人生病可能需要你花钱，要做好应对这些可能的准备，为孩子上大学留出足够的钱，为维持家庭生活储备足够的钱。

怎样做准备呢？我们并没有硬性的规定。不过可以参考布朗斯坦的建议：

天性敏锐警惕的棋手会接受这样的提议，不仅要为王建造一个庇护所，而且要用两个卒、一个士为它建造一座虚拟的宫殿。

一旦你的王安全了，就可以采取三个步骤展开攻击：

1. 削弱对手的卒子数量。
2. 用卒攻击，撕开对手的防线。
3. 用强子发起远距离攻击。

把这种方法运用到市场当中，稳健、理性地前进比冒险冲锋博取险胜更重要。正因为此，如果一个人每年的投资收益率都能比平均值高2个百分点，他就能吸引数十亿美元的资金。这并非全凭运气。因此，当你筑牢经济防线之后，就可以开始小规模、短时间的波段交易了，在市场超卖的时候买入，在市场超买的时候卖出。

当你通过波段交易赚取利润、增加投机资本以后，就要开始实施长期的"买入—持有"策略了。这时候，你可以通过长期持股来享受一个世纪上万倍的市场收益，同时也不惧生活和市场中不可避免的暴风雨。

布朗斯坦还批评了短视和冒险的危险性,同样也可以运用在证券组合上,他说：

> 你不应该只盯着自己最喜欢的棋子，而是要制订一个计划，让各个棋子轮流出动，打造一个攻防一体的战斗群……你必须搞清楚，每个棋子单独有什么作用，它需要其他棋子提供何种帮助，它能给其他棋子带来何种帮助。

翻译成交易术语就是，要搭配投资对市场波动敏感的股票和起伏不大的长期潜伏股。

总结起来，最聪明也是最简单的，防守第一。不要给你的敌人提供任何靶子。如果他要攻击你坚实的堡垒，他就得充分暴露自己。

为了实事求是，并充分汲取他人的智慧，我们把学习布朗斯坦策略的心得与朋友进行了交流。一位学者型的短线交易者拜品·帕萨克提出反对，他认为这种方法太注重避免损失，而不是努力求赢。

我们对此回答说：如果不能生存，便不可能赢。就像布朗斯坦强调的一样，棋手永远都不应该忘记自己的主要目标：赢。一个伟大的赢家将会弥补无数小损失，但是要想生存下来，你就需要一个稳固的基地。

尼格尔·戴维斯是伦敦的一位国际象棋大师，他对锦标赛的一些看法非常值得借鉴：

> 国际象棋中有一个特殊规则，允许你在任何时候"求和"。你在走完一步棋之后，可以口头求和，同时开始计时，你的对手需要在规定时间内决定是否接受求和。因为这条规则的存在，一些棋手会在开局之后很快达成平局。因为这种情况在大师之间的比赛中很流行，所以也被称为"大师平局"。锦标赛的组织者、公众和其他人对此规则

都不太感冒，但它的确是一枚大杀器。

我在参加节奏紧张的循环赛时，每当面对强劲对手自己又执黑棋时，便会主动求和，因为在这种情况下，拿到平局已经是不错的结果，我非常谨慎地下棋，可能在10—15步棋之后就主动求和。如果我的对手想要继续战斗，他就是在冒险，因为大家都要考虑要不要保存体力迎接下一场比赛。与所有有自知之明的捕食者一样，我要挑弱者下手。

在我的经验中，那些在锦标赛中有过几次求和的人，很少取得极差的成绩。但是那些每一局比赛都拼尽全力的人，却给自己施加了太多压力，有时候会导致很糟糕的结果。

我们的意思决不是一味追求逃避风险，只追求平局或者置身事外。千禧年的股市大震荡让很多人产生了恐惧。他们就像经历过1929年大股灾的祖辈和经历过20世纪70年代大股灾的父辈一样，对股市望而生畏，即使冒险进入，也是只敢赚2%的利润，却在赔了10%之后忍痛割肉。

如今的投资者比以往任何时候都更依靠市场来实现自己的经济目标。工作、家庭生活、退休金都与消费、信心、投资构成的生态网紧密联系在一起。采纳布朗斯坦的生存法则，改善了我们在国际象棋、生活和市场中的博弈策略。

在国际象棋中，只不过有8个卒和8个其他棋子，已足以让人绞尽脑汁，特别是当对战双方旗鼓相当时。而在投资中，却有上千种股票，几乎可以组成无数多的组合。我们该从何处下手呢？在接下来的几章里，我们将讲述如何使用量化方法寻找市场风险被高估的机会。

第八章 / **CHAPTER 8**

如何避免伪相关

我只能说，相关性的领域极其广阔，对于任何有能力、有志向研究它们的人来说，它们的大门都是敞开的。

——弗朗西斯·高尔顿

我们的大部分知识，都是以两种事物之间的相互关系为基础的。在经济学中我们知道，当商品供应量增加时，其价格就会相应下跌。在投资领域，人们也会根据自己对两种事物之间关系的预期做决策，但这些关系可能是真实存在的，也可能只是一厢情愿的臆想。

人们常常认为某些因素会影响股票的波动。有的很直接，当它们升高时，股价就会随之升高。有的则是间接或者相反的，当它们升高时，股票反而会下跌。我们从几种经典投资教科书和网上几百篇文章中选取了以下这些影响因素：

直接关系：

● 盈利超预期。

- 股息收益。

- 盈利增长。

- 收益率。

- 内部人员买入或卖出股票。

- CEO的持股比例。

- 流动性。

- 负债水平。

- 债务评级。

- 研发支出。

- 风险。

- 销售增长。

- 短期利率高于长期利率。

- 与收购目标的相似性。

- 股票回购。

反向关系：

- 应计收益与现金收益的差额。

- 未列入季度财务预报的开支。

- 共同基金或其经理的评级。

- 库存增加。

- 同行近期业绩突出。

- 市净率、市盈率、市销率。

- 之前36个月的收益。

- 加息。

- 企业规模（要根据最新行业趋势判断）。

在谷歌上可以搜索到大量有关这些关系的研究与实践。大部分学术研究都使用了统计学分析、回顾性的数据文件和旧数据，却没人考虑不断变化的市场环境。实践者则忽视了不确定性和运气。因此，以上这些关系很少得到真正的检验。然而更令人悲伤的事实情况是，这些关系大部分都是虚无缥缈的，以它们为指导只会让投资者赔钱。

区分相关性真伪的唯一方法就是检验。我们的英雄、统计分析之父弗朗西斯·高尔顿经常忠告人们："计算！计算！计算！"对于所有科学家、学者、投资者来说，最好的计数方法就是绘制散点图，把两种事物的数值成对描绘在图上。

图8.1是第2章用过的散点图，它反映了上市公司当年盈利情况与次年股价涨幅之间的反比关系。拟合线从左上方斜向右下方，表明这是一个反比关系。因此，可以得出与流行看法相反的结果：

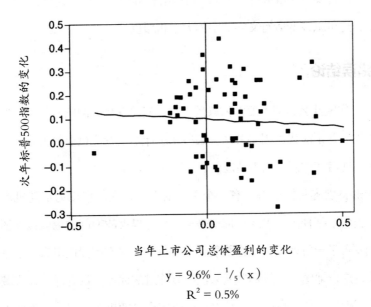

$$y = 9.6\% - \frac{1}{5}(x)$$
$$R^2 = 0.5\%$$

图8.1　当年上市公司总体盈利变化与次年标普指数变化之间的关系，1937—2001年

数据来源：标普证券价格指数记录

某一年的盈利增加意味着第二年的股价下降。

某一年的盈利下降意味着第二年的股价上升。

如果拟合线的走向是向上的，那就意味着相反的意思：某一年的盈利增加会导致第二年的股价上升，而盈利下降会导致股价下跌。

散点图的重要性广为人知。一些培训班专门为商务人士、政府官员和各行业的研究人员提供培训，教他们使用散点图。自称能够实现卓越管理的六西格玛法，被包括通用电气在内的很多大公司采用，其中便使用了散点图。

和所有好东西一样，制作散点图的工具也在不断改进。到目前为止，我们发现Number Cruncher统计分析软件包中的工具是最好的。该系统的散点图绘制软件有很多优良特点，连维克多这个很难取悦的人也为之倾倒。其中包括趋势线、多项式曲线、最小曲线拟合、放射图和箱形图、交叉图、连接点，可以转换为对数或指数坐标，可以绘制群符号、置信区间、三变量图、三维图，还可以改变所有文字的字体大小和颜色。

避免错误结论

不论你做什么，都不要太依赖散点图、相关系数或回归方程。它们只能说明相关，并不能代表因果关系。某些在统计学上看似重要的关系，常常是由其他一些潜在的偶然因素造成的。

图形特别容易被误解。有一个著名的例子，人们自以为从随机产生的图形中找到了某种因果模式，那就是第二次世界大战期间的伦敦轰炸图。当时报纸发布了一份地图，把德军轰炸过的每一个地方都标记出来，于是人们仔细检查这份地图，寻找那些从来没被轰炸过的地点，认为那些地方藏有德国间谍。但后来的分析表明，德军的轰炸完全是随机的。里德·哈斯太和罗宾·M. 道斯在《不确定世界里的理性选择》一书中，提供了另一个从随机数据中揣测因果的例子，那就是癌症分布图。

这方面最严重的问题，是那些从伪证或骗局中推导出来的结论。这样的错误结论一般至少具有以下一个问题：

- 没有考虑随机的概率。
- 忽略了影响二者之外的第三方因素。
- 没有考虑总体样本的流动性或变化。
- 归纳错误。

可悲的是，大部分有关市场联系的研究都同时具备了这四个问题。为了更好地研究，我们在前文引用了很多学术研究成果。不过，普渡大学的"伪相关竞赛"对此有更好的介绍。其评选出来的1998年伪相关冠军罗恩·马恩泽的成果便很有趣。他观察到了德国奥登堡人口数量与鹳鸟数量之间的关系：奥登堡成年人阅读伊曼努尔·康德著作的比例全球最高，因为其他地方康德迷的人口迁入，该地区的人口一直在增加。随着有关康德的辩论增加，当地人对香肠的需求越来越多，厨师制作香肠的压力也越来越大。他们制作的香肠数量增加了，质量却下降了。坏香肠会使人思维紊乱。这导致了人们对康德著作的严重误解，人们把这种现象称之为"误解康德现象（unkantrerstehenlassenhummels）"。因为这个单词太长了，研究这种现象的论文让读者的视力下降，结果导致人们的视觉出现重影，把一只鹳鸟看成两只，最终使人们报告的观察到鹳鸟的数量多了一倍。

下面我们就来系统检验一下伪相关的问题。

错误1：忽视随机性

没有用运气或随机性来解释市场关系，是迄今为止分析市场关系最常见的问题。你在经济学书刊上读到的每一种趋势预测，几乎都是随机产生的。这方面最常见的一个例子就是一些扣人心弦的研究报告，某些基金经理煞有介事地推荐个股，预测市场趋势。"某某先生能够准确预测股市高点。他在股市低点买入，还写了一本书。他最近在某某股票飙升之前买入，并设置了100美元的目标价位。"当然，在成千上万做预测的基金经理和顾问中，总有些人能说对。难道他们的成功就真的是来自超凡眼光吗？我看更有可能是靠运气。

有一个经典的投资诈骗案，就充分利用了这个漏洞。诈骗者向一半"目标人群"发送邮件预测市场趋势，同时向另一半人发送相反的预测。这样必然有一半人收到的预测是正确的，然后再将他们分为两部分，向两部分人分别发送相反的预测。如此五次之后，就会有一小部分人每次都能收到正确的预测，他们就会把你当成预测天才。然后你就可以提供收费服务了。

讨论技术指标与市场表现之间的关系时，也会出现同样的情况。我们在前文说过，各种技术指标的数量非常多，总会有那么一两种指标、一两个人，或者一两个发言人运气好，说的和市场走向一致。

维克多在之前写的《投机教父尼德霍夫回忆录》第3章中，讨论了这个问题，讲述了为什么有时候为时很长的连续上涨或下跌也是符合随机性的。1995年，日元汇率连续16个周五下跌。但是考虑到商品种类之多、时间之长，偶尔出现一次这样的情况也就不足为奇了。类似的，随机运动几乎能够解释你所听到的每一句市场格言。

想要矫正这种从随机性中推出伪相关的问题，有一个很好的办法。那就是阅读有关多重比较的统计学书籍，或者任何多元统计学书籍中的这一章。我们在此推荐尤塞夫·霍奇伯格和阿吉特·泰姆汉合著的《多重比较过程》。所有这些著作的精髓都是，如果你想找出一千种不同的关系，那你就得根据实际情况调整一千次随机变量。

错误2：忽视第三方因素

在对股市做出结论时，第二种常见的错误是忽视第三方因素。让我们再次把眼光转向斯堪的纳维亚半岛的鹳鸟，这善于繁衍的信使。来自德国、丹麦和挪威的数据显示，鹳鸟的数量越多，新生儿就越多。T. W. 安德森和杰里米·D. 芬恩在《新型数据统计分析》中给出了一种很好的解释：人口密集的地区新生儿较多，建筑物也较多，而鹳鸟喜欢在烟囱上筑巢。因此，新生儿和鹳鸟的数量都是由人口数量引起的。他们用图8.2来描述这种关系。

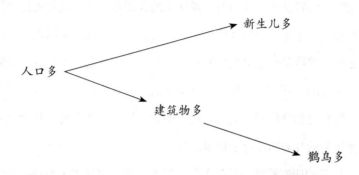

图8.2　鹳鸟越多，新生儿越多

数据来源：《新型数据统计分析》

所有学习市场关系的学生都应该把这张图贴在书桌旁，时刻提醒自己不要犯类似的错误。

市场研究中不乏这种忽视第三方因素的例子。其中一个典型案例，是基于投资者情绪的技术指标的有效性研究。几乎所有研究都表明，当投资者情绪乐观到一定程度之后，市场就会转熊；当投资者情绪过度悲观之后，市场就会转牛。就像我们在第3章中所说的一样，市场的近期波动和之后的表现有很强的负相关性。但是投资者情绪指标，例如看好走势的顾问比例、流入股票基金的资金数量等，都与最近的市场波动正相关。因此，如果市场在前两周上涨，投资者情绪就会转向乐观，而这是转熊信号。相反，如果市场已经跌了很多，投资者情绪悲观，这是转牛信号。投资者情绪与未来的市场波动之间有这种间接关系，但只是因为它与最近的市场波动相关。

错误3：忽视样本变化

市场文献中提到的相关关系，往往疏于考虑其中某种变量的变化。海伦·沃克是哥伦比亚大学的一位统计学教授，他用下面的例子来描述这种错误。舆论教导年轻女士们要沿着一条想象的直线走猫步，这样能让臀部扭动得更加性感。而年纪大的妇女或许已经不需要卖弄风骚，所以走路往往都是左右脚分别沿着这条想象直线的两侧走。然而，人变老并不是因为走路姿势的变化所引起的。还有一个看似更合理的假设，认为是年老导致了走路姿势的变化，但是这依然没有考虑到，现在的大龄妇女在年轻时，社会上流行八字脚，而如今的社会则流行走猫步。

有关长寿的研究特别容易陷入伪相关的陷阱。史蒂夫·斯蒂格勒在《统计探源——统计概念和方法的历史》一书中讨论了1835年瑞士的一项研究，该研究发现，自然科学家的平均寿命为75岁，而在读书期间去世的学生平均寿命只有21岁。但是，如果考虑到统计样本的变化性，在一个孩子逐渐长大、寻求理想的过程中，我们还是应该告诫他多思考工作的特点，而不是琢磨哪种工作能延年益寿。毕竟大多数学生都不会死于学生时代，毕业之后，学生自然会变成科学家、雕刻家或者律师。

因为很多事情都需要到达一定年龄才能做好，这让根据职业或生活方式研究人类寿命的研究颇受影响。对乐队指挥寿命的一项研究很好地描述了这种情况。研究发现，乐队指挥的平均寿命为74岁，而诗人的平均寿命则没有这么长。然而，这并不能说明未来的艺术家选择做乐队指挥就能活得更久。想要成为一名乐队指挥，需要进行大量的练习，一般来说，至少要练习到35岁才能得到同行的认可。这样一来，那些过早夭折的人们就无缘成为乐队指挥了。一旦考虑到这个因素，乐队指挥貌似更长寿的说法就不堪一击了。统计显示，活到35岁以上的男性平均寿命为74岁，这和乐队指挥的平均寿命恰好吻合。

这种错误在相关分析领域已经广为人知，但在华尔街的研究中依然很常见。以那些幸存下来的公司股票为样本，很多研究都会认为价值投资是最高明的。然而仔细分析，就会发现结果被档案记录扭曲了。成长型的小公司，一旦超过一定规模，就会被剔除小公司之外。而价值型公司有很多财务有困难的，一旦它们的财务恶化到了破产的地步，就会被剔除到价值型公司之外，只有活下来的公司才能被列入价值型公司的名单。

很多推崇价值型股票的研究，都受到了这种"生存偏见"的影响。詹姆斯·奥肖内西的研究堪称典范，可惜也犯了这个错误。有一家价值型共同基金严格遵守他在《投资策略实战分析》中提出的规则，表现却萎靡不振，他因此决定退出共同基金界。2001年9月，一家在网上提供选股咨询的公司关闭了他们的网站。几乎所有照搬这种相关关系的基金都收益惨淡。一个著名的例子是雷·格雷厄姆基金，该基金率先运用了本杰明·格雷厄姆发现的价值型股票与投资收益率之间的关系，并照此法进行投资。然而自成立开始，该基金得到的评级就一直是最低的。虽然这理论看上去很漂亮。

错误4：归纳错误

如果某只个股市盈率较低，那么它的预期涨幅就比较高；由此推导，如果市场的整体市盈率较低，那么大盘指数的预期涨幅就较高。这种情况在统计学中被称作归纳错误。

伪相关的危害

有人发现，儿童的鞋码与阅读能力高度相关，但这并不意味着买更大的鞋有助于阅读，或者多阅读能够促进脚长大。因为这背后有第三种因素在起作用，那就是年龄。随着儿童年龄的增长，他们的阅读能力会提高，鞋码也会长大。

尽管每一个学生都被教导说，从相关关系中推出因果关系要慎之又慎，但在大量系统开发者和定量分析师的工作中，却依然很少顾及于此。他们总能发现一种关系，先出现了某种指标，然后股市出现了很好的涨幅。然而只要想一想有关鹳鸟、鞋码、乐队指挥的研究，多看看散点图，他们就不会浪费时间研究这样的系统了。

在吉尔伯特和苏利文合作的喜剧歌剧《鲁迪高》中，因为她爱恋的准男爵被诅咒要在某一天犯罪，玛格丽特发疯了。只有听到"贝辛斯托克"的名字，她才能短暂地恢复一会儿理智。

不过在剧中，人们最终找到了解决办法，打破了诅咒，所有人一起开开心心地到汉普郡的贝辛斯托克镇过上了幸福生活。

当劳蕾尔还在股市资讯板块当编辑时，维克多经常提醒她不要把股价波动归因于某些暂时现象，特别是那些涉及个股盈利增长或下降的信息。后来，维克多把自己的提醒精简为一个词："贝辛斯托克"。

忽视真正的原因，把两种因果关系的结果强拉到一起，归结为一种虚假的因果关系，是非常严重的错误；把因果关系归因于完全虚拟的因素，则是比这更严重的错误。鉴于这两种错误的危害性，我们建议读者每当发现自己有犯这种错误的倾向时，就大声背诵"误解康德现象"这个单词三遍，以此来提醒自己。如果哪位聪明的读者用好了这个技巧，他就能提前退休，搬进德国奥登堡的豪宅里，享受数不尽的上好香肠。

第九章／CHAPTER 9
未来股市的收益

> 所有市场胜利的根源，不在于看牛，不在于看熊，而在于看透人性。
>
> ——布雷特·斯蒂恩博格的来信

在科学发展史上，充满了数据收集启发知识革命的伟大故事。第谷·布雷赫在自制望远镜的观察基础上，进行了细致而广泛的天文计算，为约翰·开普勒提出行星运动定律开启了大门。卡尔·林奈在18世纪早期收集的植物数据，为查尔斯·达尔文的发现和植物分类奠定了基础。亨利·卡文迪许和安东尼·拉瓦锡对各种化学元素进行异常精确、细致的测量，为门捷列夫发现元素周期表打下了基础。

投资界也有类似的知识进步。20世纪60年代，芝加哥大学证券价格研究中心发布了第一份可靠、全面的数据库，涵盖了美国股市1926年到1960年的每日数据。证券分析学随即出现快速爆发。投资组合分析、企业资本结构、期权定价、有效市场假设、行为经济学理论、理性期望等研究成果接连而至，其中还有好几个成果获得了诺贝尔奖，为世人所铭记。自此以后，任何标准的大学经济学教科书中都有关于统计分析的内容。

　　伦敦商学院的埃尔罗伊·迪姆森、保罗·马什、麦克·斯汤顿花了40多年时间，完成了具有可比性的所有国家股市的数据库。这些教授们在2002年出版的《投资收益百年史》一书中发布了他们的研究成果。书中有很多权威信息，包括扣除通货膨胀之后的股票收益率、实际分红、股票与国债的对比、世界各国股市的对比、成长型股票与价值型股票的对比等信息。

　　和大多数学者写的书不一样，该书没有仓促下结论，避免了有偏见的采样过程。作者批评了之前的投资研究，因为它们武断地选择起始和结束时间，有意无意地把好股票纳入研究范围，同时剔除差股票，而且研究范围只局限于全球市场的一小部分。该书作者的工作，堪称是投资研究的杰出典范。

　　卑微的环境中也可以产生伟大的作品。莎士比亚是一个老板兼演员，改编旧故事来为自己的公司赚钱。塞万提斯为了偿还债务，写了一本痴迷骑士传说主人公的小说。拉伯雷写幽默故事，是为了给自己的患者辅助治疗。迪姆森告诉我们，他和同事们把《投资收益百年史》当作"一部爱的作品，只希望它能够给飞机上的旅客带来片刻美好的阅读时光"。他补充说，"我们的家人对我们这样专注研究或许并不满意。"斯汤顿负责收集数据，他喜欢亲自去专门的图书馆寻找原始数据，而不愿意使用二手材料。他的博士论文是有关机票价格的。

　　《投资收益百年史》的主要结论是，20世纪初在美国股市随机选择一组股票，100年的平均收益率为1500000%。虽然有时也会出现严重亏损，比如说1930年和1931年分别跌了28%和44%，再比如1970—1979年美国股市几乎没有增长，而美元购买力却下降了28%。

　　但是总体来说，扣除通货膨胀的因素，美国股市的平均年化收益率大约是6%，高于其他任何证券。而且，大多数发达国家的股市收益率都与此类似，瑞典和奥地利的平均收益率甚至更高。图9.1中给出了主要发达国家20世纪的股市和债券平均年化收益率。

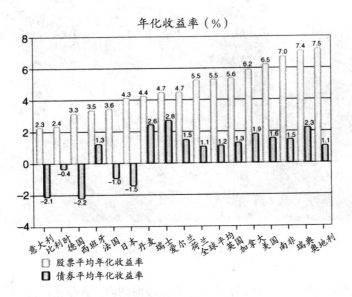

图9.1　名义收益率和实际收益率（1900—2001年）

数据来源：埃尔罗伊·迪姆森等，《投资收益百年史》

新的预言者

在21世纪，预测市场的意义重大。我们在这里要做一个大胆的预言：未来寻求知识的人们一定会设法利用伦敦商学院迪姆森小组的数据库。希腊式的圆柱令该校充满了古典气息（参见图9.2）。

我们的一位读者给伦敦的预言者们提出了一个重要问题："从1900年到现在，有没有哪家公司或者哪几家公司实现了1500000%的收益率？是真有某些公司在这段时间内有这样的表现，还是只是根据指数计算收益率？因为指数成分股在不断变化，差公司被剔除，新的好公司被加入，直到它们再被更新的公司所替代。如果是按照这样的指数计算的话，岂不是所有的证券指数都会一直涨？"迪姆森这样回答了这个问题：

图9.2　伦敦商学院

　　如果我们挑出一家公司，即使它在某段时期内一直存在，它的机器、员工也必然在发生变化。公司的业务已经变了，但这对持股者来说并无影响。与此类似，一只长期存在的共同基金会不断调仓，在不同时期拥有不同的证券组合。一个人能做的就是"随钱而动"。这就是跟随指数投资的理论基础。指数代表了一组股票组合的累积表现，可以让跟随它的投资人得到长期高收益。因此，我们没必要关心是否有哪家公司一直活到了现在。

不要满足于1500000%的收益率

　　我们在进行投机时，曾试图谦虚地站在迪姆森及其同事的肩膀上。一开始，我们想知道为了提高收益率，是否应该一直持股，还是应该像其他领域一样择机而动。我们开发了三种方法，有可能提升简单的"买入—持有"投资策略的效率。我们还邀请了一位同事埃里克斯·马丁加入我们的实验，我们也将报告他的投资方法效果。

方法1："跌—停—涨"模式

如果科尔·波特把"股市胜利"作为歌曲《日日夜夜》的主题，那歌词可能是这样的：

> 像是一生支持你的老朋友，
>
> 像是维多利亚瀑布奔腾的飞流，
>
> 像是电流稳定不变，
>
> 道指不停往高走，
>
> 像是叮叮当当撒钢镚。
>
> 看着股价更上层楼，
>
> 我内心高呼：牛！牛！牛！

有些读者可能反对说，股市总有起起伏伏，可不是一直稳定向上的。我们在图9.3中给出了1899年年初投资1美元，到2001年间的累积收益变化图。从图中可以看出，哪怕是在1929年和1930年大股灾的时候，收益也只是暂时小幅回调，而1987年、2000—2002年的下跌几乎看不出来。

即使这样，如果某年股市下跌，就在第二年买入，还能在1500000%的基础上大幅提高收益率（参见表9.1）。从1899年到2001年，有26年出现了下跌，下跌之后第三年的平均年化收益率为16%，其中有23次上涨，只有2次下跌。各个数据之间的标准差为19%，也比较适中。

表9.2给出了所有相关时间段，过去与未来的收益相关性。其中表现出了惊人的回归均值的特点。

某一年收益率与两年后的收益率相关系数为-0.25。这对100年的数据来说已经很明显，如果是纯随机的话，出现这种情况的概率不足百分之一（参见表9.3）。

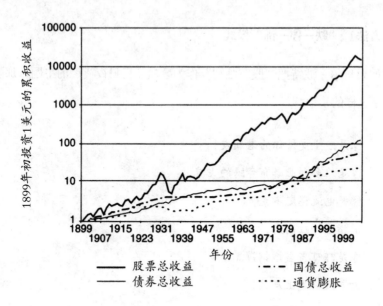

图9.3 美国各种资产的累积名义收益

数据来源：埃尔罗伊·迪姆森等，《投资收益百年史》

表9.1 收益率的提高

三年情况		
之前第2年	之前第1年	当年年化收益率（％）
跌	跌	16
跌	涨	16
涨	跌	13
涨	涨	9

表9.2 不同年份之间的收益相关性

与当年收益率之间的相关系数	
之前第1年	−0.02
之前第2年	−0.25
之前第3年	−0.04
之前第4年	−0.02
之前第5年	−0.17
之前第6年	−0.05

表9.3 大跌之后隔一年买股票

年份	当年年化收益率	隔一年年份	隔一年年化收益率
1903	−0.15	1905	0.22
1907	−0.29	1909	0.2
1910	−0.09	1912	0.07
1913	−0.08	1915	0.39
1914	−0.06	1916	0.06
1917	−0.19	1919	0.21
1920	−0.18	1922	0.31
1929	−0.15	1931	−0.44
1930	−0.28	1932	−0.1
1931	−0.44	1933	0.58
1932	−0.1	1934	0.04
1937	−0.35	1939	0.03
1940	−0.07	1942	0.16
1941	−0.1	1943	0.28
1946	−0.06	1948	0.02
1957	−0.1	1959	0.13
1962	−0.1	1964	0.16
1966	−0.09	1968	0.14
1969	−0.11	1971	0.18
1973	−0.19	1975	0.38
1974	−0.28	1976	0.27
1977	−0.03	1979	0.26
1981	−0.04	1983	0.23
1990	−0.06	1992	0.09
1994	0	1996	0.21
2000	−0.11		
2001	−0.11		

观察次数：	25
平均投资收益率：	16%
中位数投资收益率：	18%
标准差：	19%
上涨概率：	92%

看到这一幕，波特或许会这样写歌词：

> 起起伏伏，如何买卖？
>
> 跌了之后买，赚钱之后卖。
>
> 只要跌了之后隔一年，
>
> 不论如何变，再买都赚钱。

方法2：幸运5

季节性一直是研究股票收益率的一个重要因素。《投资收益百年史》的作者们研究了是否有适合买卖的好月份。他们研究了一月份是否适合买股票，最后发现对于美国的小盘股来说确实如此。他们认为美国股市在夏季容易增长，这和"夏季萧条"的传统看法正好相反。他们说，"将会继续关注"类似的问题。

他们这种做法也启发了我们，去研究是否有某些年份买股票收益率更高。我们研究了是否有某些年份，比如以5结尾的年份，更适合买股票；或者是否有某些年份，比如以7结尾的年份，更不适合买股票。

如表9.4所示，以5结尾的年份，股市年均收益率为32%；以7结尾的年份，股市年均收益率却不到1%。

表9.4 平均收益率

年份结尾数字	平均收益率（%）
0	1
1	6
2	10
3	10
4	12
5	32
6	11

年份结尾数字	平均收益率（％）
7	0
8	25
9	13

为了确认这些现象不是随机产生的，我们把100年的收益率放在一起，每次从中随机抽取10个数值为一组，重复实验了1000次。

然后，我们计算了各组当中最高收益率和最低收益率的差值。结果发现两者之差超过30%的比例只有2%。

由此可见，每次以5结尾的年份收益率都那么高，每次以7结尾的年份收益率都那么低，这并非偶然。换言之，以5结尾的年份适合买股票，而以7结尾的年份则不适合买股票。

我们又研究了买债券、国债和消费价格指数是否也存在这样的最佳年份，结果发现它们的情况完全是随机的。

方法3：杠杆的局限性

埃里克斯·马丁是巴黎的一位统计学学生，也是多家欧洲电信公司的顾问，他为1500000%收益率的话题提供了这样的说法：

华尔街专家的经典建议，是把资产分别投入不同的类别，比如股票、债券、现金等。但是在过去一百年里，如果一位投资者把70%的资金投入股市，把20%的资金投入债券，把10%的资金投入国债，那么当初的1美元"只能"变为5070美元，只相当于全部投资股市收益的三分之一。

那么，有没有办法超过"100%的股市收益率"呢？1899年或许没有，但现在有。投资者可以融资买股，或者购买期货，从而超过股市整体收益率。如果一位投资者在20世纪以2倍的杠杆融资买股，他将获得两倍于股市的收益率，那么最初的1美元将会变为1723781美元，而不仅仅是15000美元。

这么好的事情，会不会过犹不及呢？会的。如果一位投资者以3倍杠杆融资买股，他就会在1931年倾家荡产。就算是打21点牌，如果赌注相对自己的资金太大，也会破产。同样的现象在股市中也一样存在，那就是赌徒的灭亡。

而且，实施这种策略的投资者或基金经理还要面对额外开支：他们必须为融资付利息，要想维持杠杆水平，他们还必须在每个阶段结束时买入或卖出股票。

为了让研究更加实际，埃里克斯把杠杆部分的股市收益减去国债收益，得到一个边际收益。即使这样苛刻的计算，加杠杆也能提高收益率。如果在整个20世纪都采取1.5倍的杠杆投资，那将得到3倍的收益，1美元将会变为47228美元。

作为事后诸葛亮，埃里克斯写道，最好的资产配置是用1.64倍的杠杆投入股市。如果一位投资者这样做，20世纪初的1美元将会在100年后变为50950美元，复合收益率也将会从10%提高为11.3%。但是期间也有一次险情，从1928年到1932年，这位投资者的资产将会损失90%。那时候，任何敢于动用2.25倍杠杆投资股市的人都会破产。就像埃里克斯总结的一样："谁也不敢说没风险。"

乐观者还能继续凯旋高歌吗

虽然迪姆森及其同事论证严密，任何理智的人都难以驳倒，但对于未来的股市走向，还是有很多争议。在他们古色古香的校园里，他们友好地同我们交流了自己的看法。总体来说，他们认为20世纪的高收益率得益于多种因素的共同作用，未来50年的股市收益很难达到类似的高度。

迪姆森特别发出警告说，不能因为美国股市的历史表现很好，就推论说以后还会这么好。他说："比利时和丹麦股市的历史收益率远低于美国，难道根据这一点就可以预测它们的股市还将继续低迷吗？那真是太荒谬了。不妨把两种预测对比一下。那些预测美国股市还将取得高收益的人必须解释解释，为什么他认为美国相对其他国家被低估了。预测比利时或丹麦股市还将取得低收益的人也有必要说清楚，为什么他认为比利时和丹麦相对其他国家被高估了。唯一合理的预测，应该是理性分析未来的回报与风险，并由此得出结果。这也是我们在《投资收益百年史》一书中所要探求的问题。"

另一种看法

在古希腊的黄金年代，人们遇到难解的问题往往会求助于奥林匹斯山的宙斯或者特尔斐的先知。我们也效仿古人，咨询了我们最敬佩的一位美国哲人理查德·西尔斯。他曾是一位顶级精算公司的合伙人，如今在打理从帕利塞德山到纽约的众多投资资产。他还运营了一家网站www.gtindex.com，致力于跟踪技术大师乔治·吉尔德的选股技巧。理查德写道：

> 在我看来，仅凭几个参数就想去解释复杂的自由市场，简直是极度狂妄。出于对股市的尊重，我怀疑有没有人有信心解释过去的市场表现，或者预测未来的市场变化。这比预测未来的天气还要难。

他说的"极度狂妄"来自奥地利经济学家弗里德里奇·海克科的一本书名。在该书中，海克科讲述了为什么在经济信息的高度分散的情况下，集中计划经济体制下的所有努力都注定失败。

我们在2002年夏天写作本书的时候，到处都弥漫着悲观的气息，我们认为，这种情形和1990年、1980年或者1950年的情况很类似，股灾萧条的印象还停留在人们的脑海里，但是反弹一触即发。如果说有什么时候只要敢买就能得到50%的收益率，那就是现在。我们找不到反对这一点的理由。过去50年里给投资者带来好处的经验，为什么不能让后来50年的投资者受益呢？

就像迪姆森及其同事指出的一样，20世纪汇集了很多种积极因素：科技进步、流动性、丰富的产品、自由贸易。但是也要看到另一面，同时期的英国经历了两次世界大战，失去了大英帝国的地位，有几次濒临亡国，后来实行的社会主义政策甚至曾经把税率提高到100%以上，所有这些对于股市来说都算是负面因素，然而英国股市的收益率和美国也差不多。

尽管对于下世纪股市还能涨多少尚存分歧，我们和迪姆森团队都同意最后结果一定是上涨的。"在过去100年里，大多数国家的股市年化收益率为4%—6%，"他们给我们写信说，"展望未来，我们认为可以在这个基础上降低1到2个百分点。"

我们的看法比他们要乐观，认为可以在那个基础上再增加1到2个百分点。用复利计算的话，我们认为下个世纪的复合收益率依然可达1500000%，而他们的预测是1000000%。

打一个通俗的比方，这两种预测就像两个旅行者从伦敦出发前往加利福尼亚。一个走到了圣何塞，一个走到了旧金山。不论我们谁对谁错，投资的回报都是非常巨大的。这会激发强烈的乐观情绪，给所有投资者照亮一条积极投资的道路：他们应该抓住每一次估值合理的机会买入股票，为自己和后代积累财富。

第十章 / **CHAPTER 10**
房地产周期与股市

> 土地投机是工业衰退的真正原因，这一点很明显。在工业发展的每个阶段，土地价格都会稳步上涨，投机也逐渐迈向顶峰，在此过程中，地价先被推向高点，然后大跳水。这会导致部分生产力下降，相关的社会有效需求也随之减少，随后进入一个发展相对停滞的阶段，再慢慢地重建平衡。
>
> ——亨利·乔治，《发展与贫困》

房地产是固定的、不能移动的，看似是大起大落的股市的理想替代品。然而房地产价格也会出现剧烈的价格波动。房地产投资信托基金（REITs）是小投资者进行大型投资的主要渠道，但它们的长期收益却比不上股票。当然，在全美国价值17万亿美元的房地产市场中，包括写字楼、居民楼、农场、仓库、厂房、医院等多种资产，为人们提供了数不清的盈利机会。拥有一套房子到底有多少好处，这很难量化。不过，投资者或许会发现，研究房地产与商业周期之间的联动模式，能带来最佳效益。

首先介绍一下整体情况。房地产曾是财富的源泉、商业生产的要素，还是一种消费品，它是人类社会中份额最大的资产类型。美联储的统计数据显示，美国的商业地产总计价值5万亿美元，住宅地产总计价值12万亿美元。相比之下，美国股市总市值为11万亿美元，公司债券总市值为5万亿美元。美国大约有5000万人拥有房产，但还不仅如此。因为在所有公司的资产中，平均大约有20%是房地产，所以任何持有股票的人都相当于间接持有房地产。美国人的财富有很大一部分是房地产，其比例甚至超乎他们的想象。房地产吸收了大量消费，大约占据了10%—20%的公司运营费用，以及三分之一以上的家庭收入。在所有生产和消费决策中，房地产都是一个不可忽视的重要因素。

人类的所有行动都要依托房地产。就像地壳变化会引发地震、火山喷发、大陆漂移一样，房地产的变化会影响所有商业活动、个人财富，以及股市。在1972—1974年、1989—1990年、1998—1999年等时期，房地产价格的大起大落，造就也蒸发了大量财富。

有一些理论试图找出房地产周期变化的原因。早在19世纪，大卫·李嘉图和亨利·乔治就观察到，当商业繁荣时，租金和地价就会上涨，吸收一部分利润。随着投机者的炒作，房地产价格逐渐接近顶部。最终，商业在高房价的重压下蹒跚不前，人们付不起高昂的房租和贷款，房价终于崩盘。但是希望依然存在，房地产价格终将变得足够便宜，吸引企业再度做出商业计划。

回顾历史，英格兰的南海公司和法国的密西西比公司等大规模土地投机的失败，引发了大规模的金融恐慌。18世纪著名投机者贾科莫·卡萨诺瓦在他的回忆录中，详细记载了他是如何利用这样的极端情况为自己和情人牟利。直至今日，我们也忘不了20世纪80年代的日本，东京皇宫周围的几英亩土地，报价居然足以买下整个加州的房产。还有20世纪90年代的高科技繁荣，把硅谷的房租和地价抬高了好几倍。这两个案例和其他类似情况一样，之后很快暴跌。

韩国亚洲大学的独孤英和加州大学伯克利分校的同事们发现，很多解释房地产周期的研究都指出了"贪婪的开发商"和"逞能的贷款人"的作用。这是因为只要商业环境好，银行就愿意发放贷款，而开发商只要能维持资金链，也愿意贷款扩大开发规模。这就导致了供应过剩，从而引发价格下跌。

我们两个都曾亲身经历过房地产周期改变生活的力量。20世纪30年代，维克多家族第一次在股市中失败之后，曾低价买入被拍卖的抵押房产，以求东山再起。然而他们到底没有成功，之后很长时间里，投机在尼德霍夫家族都成了一个忌讳。直到20世纪50年代，维克多才谨慎迈出他的投资第一步，在美国证券交易所买入了矿业股票。然而40年后，由于大量投资房地产引发的泰国金融危机迫使维克多清盘了他的对冲基金，抵押了他的房子。2000年6月，诺贝尔奖得主约瑟夫·斯蒂格利茨在接受《进步》杂志采访时，谈起东南亚金融危机的原因，一针见血地指出："最大的问题是房地产投机、高风险融资借钱太多，特别是在国际市场上借的短期资金。"

劳蕾尔的父亲，约翰·肯纳是一位抵押银行家，发现价值的目光敏锐。但在1972—1974年的房地产投资信托基金崩盘中，他拒绝放弃他认为会升值的商业地产，结果丢了饭碗。更不幸的是，他的大部分资产都投资在了这些信托基金上。

蓬勃发展的房地产投资信托基金

美国的房地产投资信托基金起源于1880年，当时是一种可以享受税收优惠的房地产交易工具。后来，税收优惠有时候被取消，有时候又被推出。根据现行法律，房地产投资信托基金如果将90%以上的税前利润分配给投资者的话，就可以免交公司税。成立房地产投资信托基金的主要目的，是给小投资者机会，去投资办公楼、仓库、医院、购物中心、公寓以及其他大型地产。因此，房地产投资信托基金很像股市对冲基金，后者让投资者克服了个人资金太少的劣势，得以享受大资金分散投资的好处。

除了税收优惠以外，房地产投资信托基金还改善了直接投资房地产的资金流动性，因为投资者随时可以卖掉他的股份。房地产投资信托基金的年化收益率一般在6%—8%。2000—2002年，房地产投资信托基金和房地产共同基金经历了一段暴涨，当时纳斯达克指数（其中大部分都是不分红的成长型股票）暴跌四分之三，投资者开始寻找更安全的分红股票。到2002年中期，市场上大约有300家房地产投资信托基金，其中190家可以公开交易的信托基金总市值约为3000亿美元，而1992年只有130亿美元。此外，大约有130家开放式共同基金投资房地产，有的持有房地产投资信托基金股份，有的投资房地产公司，或者两者兼有。其中最大的几只基金是由科恩&斯迪、富达、先锋公司运营的（参见表10.1）。

表10.1 投资房地产的基金的晨星评级

基金	净资产（亿美元）	晨星评级
科恩&斯迪实业基金	13.8	五星
先锋房地产投资信托基金指数基金	13.3	四星
富达房地产基金	12.6	三星

和所有新兴领域一样，房地产投资信托基金行业一直充满了创新与混乱。在20世纪90年代后期，很多房地产都被转化成了房地产投资信托基金，但是这些做法并没有流行起来，因为投资者搞不清它们的确切收益。在世纪之交，很多人开始投资各种各样的房地产投资信托共同基金，有人担心这是行情见顶的标志。

倡导者则抓住机会，从日益增长的房地产投资信托基金中赚钱。一份又一份的报告发布，把房地产投资信托基金说成分散投资组合中的必备项目。

他们宣称，该行业已经克服了20世纪70年代和80年代的流动性问题和市场周期，房地产投资信托基金之前债务过高、透明度过低、管理矛盾太多等问题都已经被克服。但是就像本章所说，房地产周期已经存在了几个世纪之久。它不大可能瞬间消失。

客观评估房地产投资信托基金的情况并非易事，哪怕是评估之前的情况也不容易。房地产和房地产投资信托基金的研究数据很难找。很多有关房地产价格的模型都是根据评估价格而不是交易价格计算出来的。使用评估价格会减少价格波动，同时还会产生伪相关。但房地产交易并不频繁，不同地段和不同物业类型的房地产价格差异也很大。

我们在第3章中讲过的幸存者偏差，进一步恶化了数据问题。被报道、被保存下来的数据，往往是那些躲过了破产、废弃或剧烈变化的房地产数据。在美国房地产投资信托基金协会提供的数据中，有一些1970年以来的房地产投资信托基金收益和房地产评估价格，但是很明显，数据库中只有那些活到现在，还在继续给协会提供数据的公司。

康涅狄格哈特福德市信诺投资管理公司的韩军、保诚房地产投资集团的运营主管梁友国共同进行了一项艰难的研究工作，他们收集了1970—1993年所有房地产投资信托基金类别的上市公司的数据。他们总结发现，美国房地产投资信托基金协会的数据与他们的数据相比，年化收益率有2到3个百分点的幸存者偏差。

经纪商的报告并不能帮助投资者评估房地产投资信托基金的好坏。不过我们可以从三个关键标准来分析它们：

1. 基金管理费率

2. 基金分红比例

3. 净资产贴现率

分析师们故意混淆这些指标，在熊市的时候主要用第一条，在牛市的时候主要用后两条。他们拿这些数据与一个预期增长率作比较，如果结果良好，就发布一则评论，下面就是2002年一家大经纪商发表的评论：

> 我们估计房地产投资信托基金的市盈率能达到93倍，2002年的净资产贴现率大约为5%，分红比例可达7%。我们预测，未来居民收入增长速度将为5%，如果拥有住房的人口比例增加，或者利率继续降低，房地产投资信托基金的收益还将会上升。我们相信，房地产投资信托基金产品及投资者的规模将会进一步扩大。

房地产投资信托基金分析师喜欢使用的第四个标准，是比较房地产投资信托基金和债券之间的分红差距。在市场动荡的年月，比如1998年信用危机时和9·11事件之后，这种差距会进一步拉大。根据美国银行的研究，这种不正常的分红优势，说明房地产投资信托基金未来也会有超常表现。其中的微妙之处在于，要区分这种分红优势是源于房地产价格的低估，还是源于投资风险的提高。

房地产投资信托基金 VS. 股票

在几百年来房地产市场的繁荣萧条轮回中，从住宅到农场再到仓库等不同类型房地产的严重分化，地区发展往复变迁，由于房地产公司的关闭、破产和建筑的垮塌，获取精确数据非常困难。鉴于这种情况，我们还能比较房地产投资信托基金与股市的长期收益吗？

我们的研究表明，直到最近，股市和房地产投资信托基金的表现还高度相关，以年度计算的话，相关系数高达50%。这种相关性在20世纪90年代后期一度被打断。标普500指数在1997—1999年翻了一番，而房地产投资信托基金则踌躇不前，但是在2000—2001年，标普500指数跌了22%，而房地产投资信托基金则涨了43%（参见表10.2）。

表10.2 房地产投资信托基金 VS. 标普500指数

年度	摩根士丹利房地产投资信托基金指数变化（%）	标普500指数变化（%）	偏差（百分点）
2001	12.83	−13.04	25.87
2000	26.81	−10.14	36.95
1999	−4.55	19.53	24.08
1998	−16.90	26.67	43.57
1997	18.58	31.01	12.43
1996	35.89	20.26	15.63
1995	12.90	34.11	21.21

这种情况导致房地产投资信托基金行业大肆宣扬，说两种资产之间是此消彼长的关系。潜台词就是，机构投资经理必须配置一些房地产投资信托基金来平衡风险与收益。几十年来，房地产投资信托基金行业都在朝这个目标努力。他们资助了一项又一项研究，试图证明分散投资在房地产投资信托基金和股市中，会比单独投资股市效益更好。2001年5月29日，美国房地产投资信托基金协会发布了伊博森公司的一份研究报告，该报告试图用市场收益统计数据证明，房地产投资信托基金"代表了一种强大的分散投资配置品种，可以增加收益，降低风险"。

但是可惜的是，按所有这些研究来看，分散投资房地产投资信托基金所带来的收益增长都微乎其微。罗纳德·凯瑟是加州福斯特市拜拉德、拜尔&凯瑟公司的房地产投资顾问，他认真探讨了这个问题。他使用九种不同的学术和行业数据源，构建了一系列1919—1997年的房地产收益模型。最后总结认为，在那86年里，投资房地产的收益与投资美国国内股票差不多，折合复利大约每年10%—11%。情况本应如此，因为两者都是股权投资。标普500指数和房地产投资信托基金的收益都超过了通货膨胀率，并且明显好于投资公司债券、国债，或者不加杠杆直接投资房地产。凯瑟还总结发现，股票的流动性比房地产要好，但房地产的短期波动比较小。不过，凯瑟的模型表明，股市收益每年要比房地产高1个百分点左右。这与威廉·B.布鲁格曼和杰佛瑞·D.费希尔的名著《房地产金融投资》中的观点是一致的。

布鲁格曼和费希尔研究了1985—2000年房地产投资信托基金和其他投资的季度收益状况。他们发现，标普500指数的季度几何平均收益率为4%，而房地产投资信托基金的季度几何收益率为2.6%。1.4个百分点的差距看似不大，但是长年累计不容小觑。如果投资100美元，按照4%的季度几何收益率，15年后将变为189美元，按照2.6%的季度几何收益率，则只能变为151美元。作为比较，机构持有房地产的季度几何收益率为1.73%，公司债券的季度几何收益率为2.24%，国债的季度几何收益率为1.4%。在这段时间里，消费者价格指数平均每年上涨0.79%。（几何平均收益率的概念，是指一位投资者投资1美元，在一段时间内产生的复合收益率。投资经理一般更喜欢用几何平均值来计算投资收益，而不是使用简单的算术平均值。）

因为布鲁格曼和费希尔使用了美国房地产投资信托基金协会的数据，该数据存在幸存者偏差，会导致他们计算出的收益率偏高。考虑到投资股市的收益率要高于投资房地产投资信托基金，通过混合投资股市和房地产投资信托基金，不大可能提高投资效益。而且，一项深入的研究表明，季度房地产投资信托基金的收益率与标普500指数的相关系数高达60%。虽然布鲁格曼和费希尔在大胆假设之后使用了很多算术平均值，他们还是得出结论，混合投资股票和房地产所产生的分散投资效益非常小。

连锁变化：房地产、商业周期和股票

尽管投资房地产投资信托基金不能显著提高收益率，但房地产领域依然值得投机者研究，因为这样有助于理解股市周期。亨利·乔治和大卫·李嘉图在19世纪提出的一种经济理论得到了人们的广泛认可，他们认为商业周期主要是由房地产价格的变化导致的。

乔治和李嘉图观察到，当商业环境较好的时候，房租和土地价格就会上涨。最后，收地租的地主吸干了商业产生的所有额外利润。商业发展落后于房租和贷款开支的增长，于是商人开始拖欠贷款，银行家则急于收回贷款。这时候愿意出高价租房的人开始减少，于是土地价格开始下降。因为这些情况减少了流向其他商业活动的贷款，总体商业状况就会出现恶化。在最前途无望的时刻，大量新房被推向市场。当初商业环境好的时候，开发商动工兴建了这些房子，现在项目竣工了，买房者却寥寥无几。

结果，房租和地价进一步下滑。其他很多领域也会出现类似的现象，比如风险投资和农业领域。在房地产周期中，房价和地价最终会跌到一定程度，使得企业能够重新在这些地方盈利。新商业的蓬勃发展再次刺激房地产价格走高，于是循环又开始重复。

这个简单的模型如此显而易见，如此基础，似乎随便谁都能看出来。在历史的长河中，他们提出的这种循环在不同国家反复上演。

霍默·霍伊特第一个系统研究这种周期。在《芝加哥地价百年变迁：芝加哥发展与地价上涨之间的关系（1830—1933年）》一书中，霍伊特记录了芝加哥总地价的剧烈变化（参见图10.1）。

我们找到的最深刻、最全面的房地产研究，包括凯瑟、梁、保诚房地产投资集团和托罗威顿研究公司的研究，都肯定了经济学家提出的这种房地产周期。

例如，凯瑟发现房地产投资有很强的繁荣/萧条周期，分别在1800年代、1870年代、1920年代和1980年代后期达到过顶峰。每一次，房租都会急剧上涨，同时往往还会伴随异常高的通货膨胀，顶峰过后，则出现商业衰退、股市下跌。当下跌趋势开始之后，资金流动性变差、放弃贷款抵押物、房产空置等情况就会突然发生。

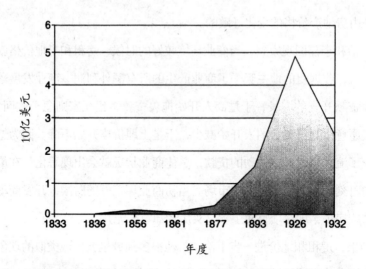

图10.1　芝加哥总地价的起伏变化（1830—1932年）

数据来源：弗雷德·E.弗尔德瓦，《房地产与商业周期：亨利·乔治的商业周期理论》，发表于1991年6月13日拉法耶大学亨利·乔治研讨会

　　传统观念认为，股市上涨会推高房地产价格，因为人们有更多的钱可以用来投资了。但事实并非总是如此。以房地产投资信托基金价格作为房地产价格的代表，我们发现从1993年到2001年，房地产投资信托基金价格涨幅高于股市涨幅。单季度房地产投资信托基金价格变化与下季度标普指数变化之间的相关系数，高达-0.5。相关系数与观察样本数的乘积大于10，才能认为是有效相关。以此计算，36个季度与0.5的乘积高达18，可见两者之间具有很强的相关关系。相反，单季度股市变化与下季度房地产投资信托基金价格变化之间的相关系数，却接近于0。

　　如果彭博社房地产投资信托基金指数在某个季度下跌，或者涨幅小于0.5%，那么下个季度标普500指数的平均涨幅为7%。这是1993—2001年标普指数平均季度涨幅的2倍还多。如果房地产投资信托基金指数在某个季度上涨超过3%，那么下个季度标普500指数的平均涨幅为-0.5%。如果彭博社房地产投资信托基金指数在某个季度上涨超过3%，那么下个季度标普500指数的平均涨幅为-0.5%。如果房地产投资信托基金指数在某个季度的涨幅介于0.5%与3%之间，那么下个季度标普500指数的平均涨幅为1%。

图10.2以散点图的形式展示了这两者之间的季度变化关系。从图中可以看出，在房地产价格下降之后，下个季度的股市容易出现较大增长（图中左上角部分的点）。与之相对应的是，房地产价格大幅上涨之后，下个季度的股市变动相对较小（图中右下角部分的点）。

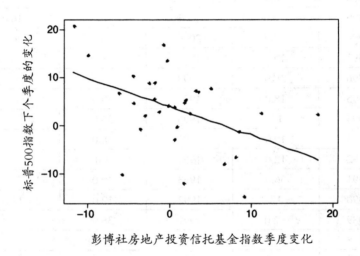

彭博社房地产投资信托基金指数季度变化

图10.2 房地产价格引领股市：房地产投资信托基金指数 VS. 下个季度的标普500指数

数据来源：尼德霍夫投资公司

然后，我们在房地产价格变化中寻找周期模式。我们发现，自1971年以来，当年的房地产投资信托基金价格涨幅与两年以后的年度涨幅之间的相关系数为-0.35，表现出很强的相关性。也就是说，如果某一年房地产投资信托基金指数的涨幅超过了25%，那么第四年的平均涨幅将只有8%。

从1971年到2001年，房地产投资信托基金指数出现了8次下跌，每次下跌两年之后的第三年平均涨幅高达24%（参见表10.3）。表中收益为总收益，包括股息再投资和资本升值。

表10.3 房地产投资信托基金指数下跌两年以后的年度涨幅

年度	房地产投资信托基金指数年度涨幅（％）	年度	房地产投资信托基金指数年度涨幅（％）	房地产投资信托基金指数下跌两年以后的年度涨幅（％）
2001	16.0			
2000	26.0			
1999	−6.0	2001	16.0	16.0
1998	−19.0	2000	26.0	26.0
1997	19.0	1999	−6.0	
1996	36.0	1998	−19.0	
1995	18.0	1997	19.0	
1994	1.0	1996	36.0	
1993	19.0	1995	18.0	
1992	12.0	1994	1.0	
1991	36.0	1993	19.0	
1990	−17.0	1992	12.0	12.0
1989	−2.0	1991	36.0	36.0
1988	11.0	1990	−17.0	
1987	−11.0	1989	−2.0	−2.0
1986	19.0	1988	11.0	
1985	6.0	1987	−11.0	
1984	15.0	1986	19.0	
1983	25.0	1985	6.0	
1982	32.0	1984	15.0	
1981	9.0	1983	25.0	
1980	28.0	1982	32.0	
1979	31.0	1981	9.0	
1978	−2.0	1980	28.0	28.0
1977	19.0	1979	31.0	
1976	49.0	1978	−2.0	
1975	36.0	1977	19.0	

年度	房地产投资信托基金指数年度涨幅（%）	年度	房地产投资信托基金指数年度涨幅（%）	房地产投资信托基金指数下跌两年以后的年度涨幅（%）
1974	-42.0	1976	49.0	49.0
1973	-27.0	1975	36.0	36.0
1972	11.0	1974	-42.0	
1971		1973	-27.0	
		1972	11.0	
		1971		

我们的熊市预测

2002年2月，我们在市场中实际运用这些成果。2000年到2002年期间，房地产投资信托基金大约上涨了65%，创造了历史最佳纪录。而且，此时不仅房地产价格处于高位，商业状况也很差劲，2001年的9·11事件之后，加剧了当年3月份就开始的经济衰退。

2002年，房地产投资信托基金的平均年度收益为7%。相比之下，股市仅为1.5%，国债仅为2%。鼓吹房地产投资信托基金的人把这当作一个压倒性的优势来宣传。然而类似的论题早在1987年就曾经被讨论过，当时房地产投资信托基金的表现比股市差一半。在我们看来，在房地产市场萧条的环境下，高杠杆的房地产投资信托基金不可能长期保持这样高的收益率。毕竟，2001年的房地产空置率以创纪录的速度增长，被公认为即将达到20世纪80年代以来从未有过的高点。在这样的情况下，房地产投资信托基金的下跌、相关公司的破产、相关银行的倒闭自然在所难免。2001年年底，美国办公楼空置率达到了13.1%，比2000年第三季度增加了6.2个百分点。格鲁博&埃利斯公司预测，到2002年年底，美国的房地产空置率将达到15%。

不断升高的空置率是一个重要的负面信号。普华永道会计事务所的一份权威报告指出，不断上升的空置率是房价下跌的最准确信号。该报告研究了各大城市各类房产（例如办公楼、公寓、厂房、住宅、酒店、仓库等）20年以来的价格变化情况。此外，有大量学术研究都支持普华永道的这个结论。

我们还看到了其他一些早期信号，预示着房地产投资信托基金将会走向低迷：

● 账目模糊：该领域最专业的绿街咨询公司发现，大多数投资者2001年对房地产投资信托基金的关注度比2000年要低，但有些房地产投资信托基金在财务报告中却略去了一些开支和资产损失，制造了蒸蒸日上的假象。在房地产市场走弱的大势下，我们担心有些房地产投资信托基金无法保持它们现在的分红水平，特别是那些高杠杆投资的信托基金。

● 畅销书：往书店走一圈就会发现，房地产投资的书籍是财经出版类中最热门的领域。《投资房地产》《富爸爸、穷爸爸》和《雷瑟的房地产投资》卖得尤其好。因为写作和出版的周期较长，畅销书反映的往往是某个热门行业的滞后指标。我们还记得在新千年到来的时候，道指冲上了40000点，短线交易书籍如雨后春笋般涌现，可是马上随之而来的就是市场大崩溃。

● 标普500成分股：在房地产行业的密集游说下，标普500指数的管理者在2001年下半年和2002年上半年将三家房地产投资信托公司纳入了标普500指数。这三家公司分别是：公平办公物业信托、公平住宅物业信托、梅溪木业公司。就像我们的同事、CNBC"财富"专栏的编辑乔恩·马克曼曾说的一样，那些被踢出指数的股票总比那些被纳入指数的表现好。

● 格林斯潘博士：这位经验丰富的美联储主席吹响了房地产市场的号角，他在2001年2月28日提交给美国国会的货币政策报告中说，房地产价格上涨所带来的财富效应，缓冲了裁员和股市下跌导致的消费下滑。不过我们很想知道，难道房地产的财富效应就比股市更贞洁吗？1999—2000年股市高涨的时候，他可是火力全开地批判。我们还见识过格林斯潘那神奇的预测能力。1996年12月他在道指6437点时提出非理性繁荣的概念，2000年他提醒人们要警惕股市的泡沫风险，结果证明行情都只是在半山腰，而这样的例子还有很多。

2002年1月31日，《华尔街日报》的一篇文章指出，2001年美国办公楼空置率出现了最大涨幅。无论如何，那些曾经百般靠近房地产业的、消息灵通、声名卓著的公司，如今已经开始降低对房地产行业的预期。美林银行在当年12月19日的一份研究报告中说，已经看到了"该领域的涨幅在逐渐下滑"。

房地产投资信托基金拥护者的愤怒

尽管出现了这么多预警信号，房地产投资信托基金的势头依然很好。才刚到2月底，彭博社房地产投资信托基金指数就已经比年初上涨了17%。但是综合考虑各种因素的话，房地产投资信托基金的下跌似乎已经迫在眉睫。然而当我们在2002年2月到3月的CNBC"财富"专栏中发表了一系列文章之后，却遭到了职业生涯以来最严重的诋毁。房地产投资信托基金寄给我们和老板的信如潮水般涌来。以下是几个例子：

> 维克多、维克多、维克多……我看到了你和劳蕾尔写的有关房地产投资信托基金的文章，简直糟透了……你们那些文章就该扔到垃圾桶去！（巴里·维诺科，《房地产股票观察》杂志主编）
>
> 你们有关房地产投资信托基金的文章，是八年以来写的最烂、研究最烂的文章……不止我一个人这么说。今天早上就有十个客户告诉我，对那些文章表示怀疑。（路易斯·W.泰勒，德意志银行亚历山大布朗分行高级房地产分析师）

泰勒先生还补充说，业界认为那些文章反映了我们的"异常傲慢、不专业、胆小",说我们和我们的编辑简直是财经媒体界的耻辱。

错误的乐观

这汹涌而来的责难声,也令我们受益良多。经济学家们总结发现,在开发商和银行最坚信商业环境绝对向好的时候,最有可能出现紧缩。房地产行业的相关决策要在很久以后才会进入市场,等到它们被实施的时候,可能已经发生剧烈变盘。房租和需求会同时下降。类似的,当投资者对房地产证券最乐观的时候,离顶点就不远了。在心理学上,把出现这种错误的倾向称之为"近因效应"。人们对最近发生的时期记得栩栩如生,而较为久远的事情则逐渐淡忘。一个相关的决策问题,是人类的从众心理,在应该保持自我的时候盲目随大流。

此外还有很多反对意见,比如1967年以来最权威的房地产空置率、竣工面积统计机构托罗威顿房地产咨询公司的负责人威廉·威顿,就在2月份的一次采访中对我们说,他相信房地产市场"非常健康"。他还预测随着经济反弹,今年年中房地产行业也会走强。

但是到了第三季度,办公楼的空置率还在攀升。2002年9月19日,该公司终于改口说,在2003年年中之前,房地产不大可能出现复苏。

乔恩·弗洛斯海姆是绿街咨询公司的联合创始人,这是一家独立研究机构,我们赞同他们的很多研究成果,但也对他们的一些看法持有异议。例如,弗洛斯海姆认为房地产信托投资基金在连续低迷两年之后,会有两年非常好的行情;他还说,在过去5年乃至10年时间里,房地产投资信托基金的收益都堪比标普500指数。尽管他的公司指出很多上市公司的财务都会造假,但是他认为在这方面,房地产投资信托基金公司并不比其他公司更严重。他与我们争论的最重要证据就是,"数以千计的投资者在冒险投资买卖房地产……我非常信任他们的眼光。"显然,弗洛斯海姆的客户包括基金公司、机构投资者，甚至还有房地产投资信托基金公司，我们说房地产行业将会出现剧烈紧缩，他当然没兴趣。

很多业界分析师都在说要"纠正负面统计信息"，这让我们想起了一句匈牙利谚语，它翻译过来的大概意思是："一个人越是喋喋不休说自己诚实可靠，我就得越小心。"

根本性改变

因为我们的熊市观点，有人向劳蕾尔发难。市值25亿美元的新英格兰咨询公司总裁、脱口秀主持人巴里·亚历山大说，他早在1997年就曾告诉过人们要买房地产投资信托基金。也许是为了缓和冲突，这个细心人后来对劳蕾尔说，他喜欢我们有关房产空置率的说法。他说："我家附近有个停车场。两年前你要想停车，得转好大一圈才能找到位置，有时候得跑一个足球场那么远。但是现在，你想停哪儿就停哪儿，小区里到处都是'有房出租'的广告。"

我们在2002年2月14日发表了第一篇这样的文章，两个月之后房地产投资信托基金开始跳水，证实了我们的预测。在2002年4月12日到10月9日之间，彭博社房地产投资信托基金指数下跌了24%。

房地产投资信托基金的发展形势让我们想起了2000年3月份，当时维克多一周收到了5份信，建议他投资互联网公司，其中有两份来自他的女儿。我们根据供求法则写了一篇专栏文章，预测互联网股票已经离崩盘不远了，这也是当年我们最后一次公开评论互联网股票。不久之后，崩盘果然发生了。Thestreet.com的互联网指数DOT在2000年3月10日达到了顶峰，到2002年中期的时候，已经比最高点跌去了95%。

然而，我们在市场巅峰之时发表这样的文章，引来的却是一边倒的反对声。这种反应说明了为什么大众总是在亏损，亏的钱也多得不正常。回顾来看，人们在市场的巅峰时期，连这一丁点必要的警惕都要反对，大众以此将市场推向最高点，然而可悲的是，这些合力作用越强，把市场推得越高，接踵而来的灾难就越是惨烈。

第十一章 / CHAPTER 11
能量转换定律与股票投资

自然法则适用于所有粒子及其相互作用。

——戈登·凯恩,《超对称:揭秘自然界的终极法则》

在大多数时间里,维克多都知道他的小女儿基拉在做什么。除了上学、吃饭、睡觉,她每天只有四个小时业余时间。在这四个小时里,她还得做一个小时运动(一般是和父亲打壁球),跳一个小时芭蕾,练习一个小时钢琴。此外还有一个小时玩耍时间,她通常会和朋友们在游泳池里玩潜水。

可以用一个简单的公式来描述这样的时间安排,我们称之为基拉公式:

$$运动 + 芭蕾 + 钢琴 + 潜水 = 4$$

有时候基拉会请求在跳芭蕾的时间打球,作为一位和蔼的老爸,维克多总会答应她。但是他也会同时做出要求,让基拉在之后几周里补习钢琴。因此,维克多只要数一数基拉在任意三项活动中花费的时间,就可以计算出她在第四项活动上花费的时间。同时,维克多看一看基拉某一周的活动记录,就能大概预测出接下来几周里基拉的活动安排。

诺贝尔奖得主理查德·费曼发明的一个创意启发了这个基拉公式。在费曼的例子里，一个男孩有一套28块的积木，不小心弄丢了一块，他的妈妈要找这块积木。她用了一些巧妙的计算方法来列举所有隐蔽的地方：一个上锁的箱子、床底下，还有一个没有水的鱼缸。费曼用这个例子来描述能量守恒定律，两个基本物理定律之一（另外一个是熵定律）。能量守恒定律和熵定律是我们理解物理世界和生活中其他各种事物的基础。

不过，物理定律与理解市场有何关系呢？和维克多指导基拉规划时间一样有用。

市场实验 VS."市场感觉"

很多交易者告诉我们，他们根据对市场的"感觉"来做出交易决策。可惜，我们完全没有这种市场感觉，只好用科学研究和科学方法来辅助决策。在过去40多年里，我们一直在使用科学方法改进我们的交易风格。

在漫长的岁月里，人们发明了很多方法来探索人类在宇宙中的位置，科学便是其中的一种特殊方法。从本质上来说，科学是一种探索过程，提问并回答潜藏于物理世界之下的伟大原理。科学方法曾经引领人们实现了很多跨越。人们要想提高自己的投资效益、改善自己的生活，最好的方法之一就是掌握探索真理的方法，其中包括以下几个部分：收集事实、发现规律、构建理论、验证预测。或许是因为看似古怪，尽管科学方法取得了很多成功，但是投资界对它并不感冒。托马斯·库恩在1962年的经典著作《科学革命的结构》中评论说，科学发展从来都不是一帆风顺的。旧秩序的捍卫者总想抵制那些威胁他们生计和名望的东西。往往只有在旧事物的葬礼上，人们才会被迫接受新理论，而不是主动欢迎它。

可惜的是，很多市场权威人士也有这种抵制新观点的倾向。在科学史上，科学家们在试图验证某些错误理论时，无意中实现了很多伟大突破。比如第一个电池莱顿瓶，这个装置可以储存大量电荷。荷兰莱顿市的物理学家、数学家彼得·范·马森布罗克在试图证明电子流动理论时发明了莱顿瓶，但后来发现那个理论是错误的。然而，投资界很少使用这种试错方法，因为很多说法都模棱两可，根本就无法验证。弗朗西斯·培根有一句名言："在错误中比在混乱中更容易出真理。"太多的市场预测都建立在类似相面和巫学的基础之上。库恩总结牛顿之前的光学研究状况说："可以说，尽管那时候该领域的实践者们也是科学家，但他们所得到的结果和科学差之甚远。"

在坚持科学方法的同时，我们也在努力跟随几代科学家的足迹，他们从其他领域的知识中得到启发，产生了新思维。尽管传统学术界有物理、化学、生物、地质等学科的区分，但自然界并不认可这些学科之间的界限。科学发现和概念常常会在产生它们的领域之外引起共鸣。例如光学的进步导致了显微镜的发明，而显微镜却为化学家和生物学家打开了用眼睛观察微观世界的大门。爱因斯坦对重力和直角三角形稳定性的痴迷探索，使他发现了相对论。不同学科之间像这样的跨领域交流案例很多，在科学发展史上有重要作用。我们在表11.1中列举了一些这样的例子。

表11.1 思维启发

科学家	科学发现/发明	时间
威廉·哈维	**血液循环** 哈维是英格兰詹姆斯一世和查尔斯一世时期的一位医生，他发现心脏像水泵一样把血液输送到全身，而血管中则有类似水力学中阀门模型的东西防止血液回流。	1628
亚历山德罗·伏特	**电池** 伏特偶然看到一个实验，被解剖的青蛙腿部碰到两个不同金属时，会出现抽搐，这启发他提出一种理论，认为不同金属间的电位差产生了电流。	1800

科学家	科学发现/发明	时间
霍勒斯·韦尔斯	**麻醉剂** 韦尔斯是一位牙医，他看到人们在狂欢节上跌倒受伤后，吸入笑气缓解疼痛，似乎根本就不疼。韦尔斯判断笑气或许可以用于他的牙科治疗。	1844
路易斯·巴斯德	**左旋分子和右旋分子** 巴斯德注意到，外消旋酒石酸盐有不同的偏光。这使他发现了有机化合物在分子层面存在镜像结构。	1848
伊莱修·汤姆森	**电焊** 在一次验证电流会产生电火花的实验中，汤姆森发现两根电线被融化了，被焊接在了一起。	1876
西莱尔·德·夏尔多内	**人造纤维** 夏尔多内在研究胶卷的时候，洒出了一些化学物质。擦拭的时候，他发现有丝状物产生。于是他花了六年时间发明了用火棉胶制造人造丝的方法。	1891
威廉·伦琴	**X射线** 伦琴在研究阴极射线管的时候发现了X射线。	1895
亨利·贝克勒尔	**放射现象** 贝克勒尔在研究可见光照射令某些物质发出荧光时，发现了放射现象。	1896
亚历山大·弗莱明	**青霉素** 这是一个经常被提及的交叉受益案例。弗莱明在一个培养皿中培养葡萄球菌，不料楼下真菌实验室的青霉菌孢子随风飘进了培养皿。弗莱明度假两周之后回来发现，葡萄球菌几乎长满了整个培养皿，只有青霉菌周围没有葡萄球菌。	1928
沃森、克里克、威金斯、富兰克林	**DNA双螺旋结构** 他们综合生物学、物理学、化学和X射线结晶学，才发现了DNA的结构。	1962

　　社会学科也同样受益于跨领域交流。现代经济学的奠基人亚当·斯密，受荷兰诗人伯纳德·曼德维尔《蜜蜂的寓言》的启发，形成了"看不见的手"的理念。鉴于科学界交流的日益频繁，未来几代科学家将会越来越多地从其他领域借鉴原理和创意，实现本领域的重大发现。甚至有可能创造出全新的学科。我们已经目睹了光学、电学、磁学融合成了电动力学，又和其他方面

的知识融合成为现代粒子物理学。如果50年后的外科医生不懂遗传学、电子学和计算机科学，那简直难以想象。

解释物质结构和能量的基本概念，能用来指导股票投资吗？我们认为能。现在已经有了这样的实验。查尔斯·桑福德是信孚银行公司的前任总裁，他根据构成物质的粒子概念，提出了一个"粒子金融"的概念。桑福德把一种金融工具的风险加以辨析分解，并在不可预测的金融事件中寻找安全，他把这些不可预测的金融事件比作物理学中的混沌现象。运用粒子金融的投资者，不是简单地买入一组风险不同的证券作为投资组合。在他的投资组合中，可能包括一定数量有信贷风险的证券、一定数量有汇率风险的证券，等等。

在另一项实验中，比利时西布列塔尼大学的查贝尔·塔诺斯和阿莱恩·费桑特使用高能量物质的燃烧模型来预测股价。这两位教授观察到，有些股票在长期低迷之后会突然爆发，像是某些物质的自燃现象。当这些燃料集中到一定程度之后，即使没有点燃也会自发燃烧。这两位教授修改了自燃方程，把燃料集中度改成了上市公司的股价，用来预测未来股价。

把资金当作能量

市场中充满了各种能量和能量转换。可以把资金看作能量，在自由市场中，它能有效地在不同的人之间传递。和能量一样，资金也有很多不同的存在形式：现金、土地、商品、股票、债券，等等。通过家庭和企业之间的商品、劳动力、土地和资金流动，这些财富通过贸易在全世界的人和国家之间流转。这个简单的模型还可以被推广到跨政府的国际贸易。就像物理世界中存在潜藏的能量一样，在资本市场中，未开发的油井、农场主储存的种子、研发者脑子里的技术都是潜藏的财富能量。

在物理学中，能量转换的概念是通过前两条热力学定律来表达的。

这些定律为物理学的其他法则提供了基础。它们不但是理解物理世界的基础，也是理解生活的基础。接下来，我们就开始介绍这两条伟大定律在资本市场中的变化运用。

热力学第一定律：能量守恒定律

热力学第一定律——能量守恒，它的本质是说，在世间所有涉及能量转换的过程中，不论如何转换，能量的总量是不会变的，也就是所谓的"守恒"。德国物理学家朱利叶斯·罗伯特·迈尔于1842年第一次提出它，断言能量不可能凭空消失，只能被转换。迈尔描述了热能和其他能量形式之间的守恒。阿尔伯特·爱因斯坦在20世纪拓展了迈尔的工作，说明物质和能量的累加也是守恒的。

赫伯特·斯宾塞等社会科学家使用守恒的概念提出了一套社会学理论。在投机领域，第一定律提供了一个绝佳的金融市场模型，其中有大量的假设，以及对各种市场力量的洞察。

能量守恒定律变型1：基拉公式

让我们把目光转回到维克多的女儿基拉和她的业余活动上来。我们用美国债券替换芭蕾，用美国股票替换运动，用德国债券替换钢琴（向德国音乐大师贝多芬致敬），用美元替换潜水。

我们再把基拉的时间分配，替换为市场价格的变化波动。把基拉公式应用到市场中来，我们假定，所有美国债券、股票、德国债券和美元在某一段时期内的价格变化之和为零。对于那些天天顶着市场行情的人来说，这种假定是显而易见的：一次又一次，债券一旦出现剧烈波动，就会被股票的相反方向波动所抵消。

然后，我们再来对比其中的两个变量：美国债券和股票在过去五年时间里的每日波动。图11.1显示了两者之间的相关性。从图中可以看出，两者之间有轻微的正相关。

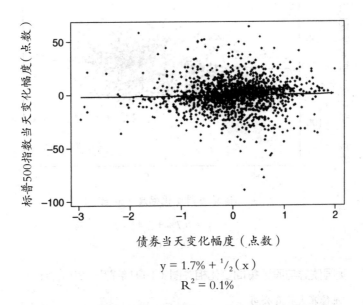

$$y = 1.7\% + {}^1/_2(x)$$
$$R^2 = 0.1\%$$

图11.1 美国债券与股票每日变化相关图（1994年7月—2001年5月）

数据来源：尼德霍夫投资公司

　　如果以周为单位来看，这种关系依然存在。如图11.2所示，如果美国债券在某一周上涨了2点，下一周的标普500指数平均会涨3.5点。

　　图11.1和图11.2中散点图所描述的股票与债券之间的关联，是我们研究了成千上万个小时之后，发现的最有用的规律之一。对于投资者来说，若能预测标普500指数每周变化几个百分点，长期下来就能积累可观的财富。按照复利计算，就算一年11%的收益率，20年后也将有八倍的增长。

　　而且，从统计学角度来看，这些结果更有意义。因为这些结果远离平均数，随机发生的概率只有千分之一。

　　在债券和股票组成的封闭系统内，市场的总能量可以视为是不变的。或许它可以在不同时期交换，如果你愿意，甚至可以先借一部分，之后再归还。爱因斯坦的相对论对这种借还有更广阔的拓展。他的理论解释了物质和能量

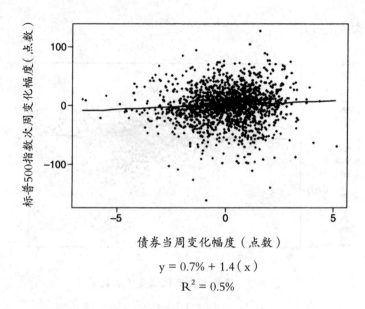

$$y = 0.7\% + 1.4(x)$$
$$R^2 = 0.5\%$$

图11.2 美国债券与股票每周变化相关图（1994年7月—2001年5月）

数据来源：尼德霍夫投资公司

之间的守恒，能量在不断地转化为物质，物质也能转化为能量。当你为一座钟表上发条时，能量被贮存其中，发条的重量会有非常轻微的增加。当发条松开之后，那些轻微的重量又变成了能量被释放出来。市场同样可以"贮存"能量。但这些能量必须偿还，就像基拉挪用了弹钢琴的时间，之后几周就必须补回来一样。

能量守恒定律变型2：消失的钱

对于人类来说，希望永远都不会磨灭。看看人类改善生活、促进幸福的能力，看看达芬奇·牛顿、爱迪生这样的巨人对人类文明做出的杰出贡献，我们就会对此深信不疑。在生活遇到困难、低迷消沉的时候，亘久弥新的希望会给我们增加力量。在股市大跌之后，回到家打开电视，看到主持人手扶眼镜说"科技股即将反弹"，那简直是再令人高兴不过了。

　　或许是英特尔公司刚刚发布了盈利超预期的财报，刺激投资者们大量买入。英特尔股价的上涨，使其他科技股看起来相对便宜，于是资金也开始买入它们。这个过程有时候可能会持续数年，就像20世纪90年代的情况一样，大量资金从储蓄账户、货币基金、外国投资者手里流入该领域，纳斯达克指数从374点上升到了4069点。

　　比某家公司财报更重要的是，在这个过程中人们会有一种潜意识，认为高科技是好东西，高科技企业利润是有保证的，高科技企业家会给投资者、供应商、消费者和员工带来越来越多的效益。

　　然而，这也为不满埋下了种子。激情总是有阴晴圆缺。到最后，储蓄和其他投资工具转移过来的潜在能量，再加上信用卡借款都无法继续支撑股市上涨，甚至无法维持现在的点位。这时候，公众信心就会被动摇，之前看似不切实际的怀疑就会成为实实在在的警报。

　　我们在第一部分中讲述的2000年的一连串事件，就很好诠释了这一点。2000年年初，市场的潜在能量已经越过最高点，开始下滑，三年前曾经疾呼非理性繁荣的美联储主席却在这错误的时机，逐步将联邦基金的利率从5.5%提高到了6.5%。他的加息动作分三步走。2月2日和3月21日，分别加了0.25%。第三次，在5月16日加了0.5%，当时纳斯达克指数已经从10周前的高位下跌了26%。面对美联储的巨大压力，很多之前买入科技股的投资者开始卖出已经暴涨的股票。不久之前，投资银行还挤在高科技公司门口，抢着要给它们承销上市业务。现在却突然发现，这些股票已经卖不出去了。没有资金，就无法订购设备。设备制造商的订单也骤然减少。公众们看到科技股下跌，就把资金转向成长股。当成长股也开始下跌时，人们又开始买价值股。2002年2月28日，备受尊重的价值投资者巴菲特在写给股东的信里说，他"感觉未来十年的股市都不会太好"，公众闻此，又开始把手上的全部股票换成现金，等待迷人的电视主持人松开紧皱的眉头、再次扶着眼镜报告好消息。

自然界一直在发生同样的转移。太阳产生能量，植物利用太阳能合成淀粉，野兔吃植物，狼吃野兔，狼死亡之后，尸体在土壤中腐烂，又变为肥料滋养植物。

在类似这样的故事里，无论什么时候，总能量都是和最初的总能量一样的。任何看似消失的能量都能在其他地方重新找到。

这样的能量守恒定律对投资者也是有用的。例如，当新闻报道数万亿资金在股市下跌中"消失""蒸发""变为零"时，投资者依然可以保持冷静。资金就像能量一样，它不会凭空消失，只能被转移到其他地方。按照威尔希尔5000指数计算，美国股市每一点就对应11亿美元资金，从2000年3月的顶点到2002年10月的低点，它跌去了50%的市值，也就是8.15万亿美元。但是这些钱并没有消失。对于每一个在高点买入的投资者，在交易的另一面，都有一个在高点卖出的人。

前文所写的电视主持人的话，只是对单个市场单边波动的定性报道。还可以进行其他解释。在其他国家、美国其他历史时期的股市，肯定还有其他不一样的故事。我们的模型并没有精确描述影响市场的所有力量。所有模型都要对实际情况进行必要的简化。关键问题是，一个模型能否带来准确的预测和见解，以及根据这些检验，能否在此基础上发展出更好的模型。

值得高兴的是，我们提出的模型，其中的很多规律都与过去20年的实际情况相吻合。

能量守恒定律变型3：新股发行的钱来自哪里

假如用来购买股票的资金数量是固定的，而且新股发行所占用的资金会对它产生显著影响。那么，用来购买新股的资金必然要来自某个地方。一个说得通的解释是，这些资金本来就存在于市场之中，如果不买新股，它们就会去买其他已经存在的股票。这就引出了两个假设推理：

- 当新股发行较多时，用来买现存股票的资金就会变少。

- 当新股发行较少时，用来买现存股票的资金就会变多。

事实上，新股发行减少的时候，市场行情确实会变好。图11.3显示了在过去20年中，每年新股发行总量与标普500指数涨幅的对比关系。

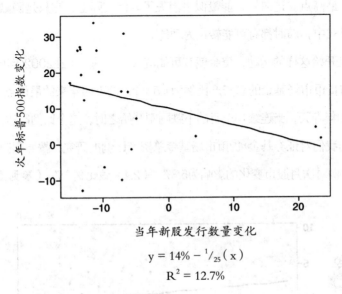

$$y = 14\% - \frac{1}{25}(x)$$
$$R^2 = 12.7\%$$

图11.3 新股发行变少会导致市场行情变好

数据来源：尼德霍夫投资公司

从统计数据中可以看出，当年新股发行数量变化与次年市场行情变化之间的相关系数高达−36%。

接下来，我们再来看看新股发行募集资金总量与次年的市场变化，这方面的最早数据是1991年，之后的情况都有类似的负相关关系，两者之间的相关系数为−33%。

能量守恒定律变型4：能量转换

不论是研究自然界的能量还是市场能量，一方面应该考虑那些潜在能量，另一方面也应该考虑不同形式能量之间的转换。常见的自然界能量形式包括动能、化学能、电能、电磁能、势能（比如一个弹起的球）、核能、热能和声能。

可用于购买股票的资金，或许可以理解为一种潜在能量。像在2001年和2002年，资金大量沉淀在货币市场，股市投资大量萎缩，情况就像是钟摆停在了最高点。这时候，能量似乎消失了。但实际上，它只是隐藏在了一种潜在形式中，随时都有可能转化为动能。

一旦开始这样的运动，资金就有可能流入证券基金。在2002年年初，证券基金与货币市场基金的总资产比例为1.5：1，接近四年来的最低点1.4：1。而在2000年春天，当连续18个月的下跌刚刚开始之时，这个比例高达2.6：1。

根据我们对证券基金/货币市场基金总资产比例的研究，按照回归分析计算，该比例对次月股市变化的影响为5.8% - （2.4×该比例）%。（参见图11.4）

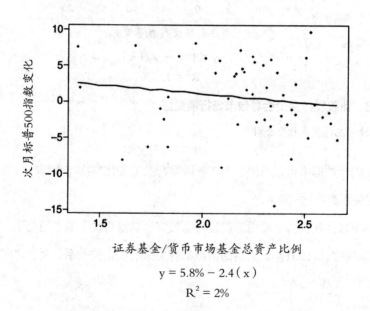

$$y = 5.8\% - 2.4(x)$$
$$R^2 = 2\%$$

图11.4　用证券基金/货币市场基金总资产比例预测次月标普500指数变化

数据来源：尼德霍夫投资公司

热力学第二定律：熵定律

19世纪中期，鲁道夫·克劳修斯和威廉·汤姆逊（开尔文男爵）提出了热力学第二定律：熵定律。该定律认为，只要能量分布不平衡，就存在潜在的势能，而且这种潜在势能会自然散逸，或者减小。克劳修斯用"熵"的概念来代指这种潜在势能的散逸。热力学第一定律解释了能量总体守恒的道理，第二定律则指出世界有一种固有的、不断减小潜在势能（或者说增大熵）的趋势。

从经验上来看，热力学第二定律显而易见。把一壶开水放在冰冷的房间里。水中的热量会自发散逸到房间里，直到水温和房间气温一样。这时候，水中热量的潜在势能被最小化了，而整个房间的熵被最大化了。

熵定律变型1：能量转换最大化

股市也有一种把熵最大化的方法，那就是转移财富。每天大约有2%的纽约证券交易所股票收盘价等于开盘价，这个比例比随机概率要大很多。股价这样变化，其实是最大化了熵。长期来看也是如此。如果一只股票在某一周开头几天涨幅或跌幅很大，那么在之后几天多半会有相反变化。

交易者使用的不同委托类型就像是不同形式的能量。现价委托就好比动能，限价委托和止损委托就好像是潜在能量。如果股价突然拉升，就会有大量的止损委托撤单。一般在回落之后再反弹，二次上涨几乎毫无压力，很容易涨得更高。这也是为什么双顶和三顶之后难以横盘的原因。限价委托的大量撤单，最大化了市场系统的熵。

为了描述这种现象，你可以随便拿一张纸在手里捏皱。在纸张变皱的时候，每一道皱痕中都储存了能量。这些能量会抵挡你捏纸的力量。如果你能压倒这些抵抗力，纸团就会被压垮，形成越来越多的皱痕。最终，纸球中会存储大量能量，你想要把它再捏小一点点，都需要花费很大的力气。正是有了对这种现象的研究，科学家才能更好地理解血液细胞如何通过最细的毛细血管、汽车保险杠如何吸收撞击的能量，以及地球板块如何碰撞、变形形成山脉。这种现象也会出现在市场当中。价格暴跌需要大量能量。一旦发生这样的情况，再想创新低就需要更多能量，在这种情况下，股价往往会选择阻力更小的反方向，开始回升。

熵定律变型2：摩擦力和热散逸

摩擦力是日常生活中常见的一种熵。和现实世界中的所有系统一样，市场中的能量并没有全部被交易者吸纳，其中有很多以摩擦力的形式散逸。在美国股市中，相关机构每年以买卖价差、经纪佣金和美国期货协会费用等名义收取的资金多达150亿美元。

市场机构的盈利能力可以用大规模交易席位的价格来估计。根据最新的席位买卖数据，在2002年上半年，纽约证券交易所、美国证券交易所、芝加哥商品交易所、芝加哥期货交易所、芝加哥交易所、纽约商品交易所这样的席位总过有8000个，累计年收费达640亿美元，如表11.2所示。

那些把席位价格炒到天上的都是普普通通的投资者。如果你认可这些市场管理，你也会为它们贡献大笔财富。

不同的交易者必须应对不同的摩擦力，这要根据他们在市场中的位置而定。对于券商自营业务来说，这种摩擦力最小；但是对于通过券商交易的散户来说，却要面对最大的摩擦力。对于机构来说可以盈利的交易，对散户来说却可能会亏损。提升市场收益的一个简单方法，就是减少交易佣金。有多种方法可以做到这一点。可以和券商协商，也可以找一家佣金打折的券商。至于那些交易量很大的短线炒家，如果你的佣金费率很低，佣金却依然能占到收益的一半，那就有必要考虑调整交易风格了。为了减少佣金开销，应该避免那些费率较高的投资产品，比如开放式基金、高佣金的外国证券、面值在1美元以下的股票、结构性债券等。

表11.2 美国部分交易所席位价格

交易所	席位数量	最新席位价格（万美元）	时间
纽约证券交易所	1366	250	2002年2月
美国证券交易所	203（期权席位）	30	2002年2月
美国证券交易所	661（常规席位）	27	2002年3月
芝加哥期货交易所	1402	40	2002年3月
芝加哥商品交易所	625（投票席位）	80	2002年1月
芝加哥商品交易所（指数与期权分部）	1287（投票席位）	55	2002年3月
芝加哥商品交易所（国际货币市场分部）	813（投票席位）	38	2002年2月
芝加哥期货交易所	930	36.5	2002年1月
纽约商品交易所	816	87.5	2002年1月

熵定律变型3：板块轮动和熵的最大化

读者可能会问，如果市场中存在熵定律的话，为什么还会有所谓的"热门板块"呢？科学家们也发现了类似的问题，物理学家认为熵会不断变大、宇宙会越来越无序，但生物学家发现生命的过程是一个走向更加有序的过程。

这个问题的答案是，有序流，例如火焰，散逸能量的效率比无序流更高。在市场中之所以存在热门板块，是因为环境中的潜在能量滋养了它们。一旦这些板块发展成熟，人们能够预测其走势了，高额利润就不复存在，就像燃尽的蜡烛一样。

还有一个更贴近生活的例子可以描述这个熵最大化定律，那就是烧开水的例子。根据熵定律，我们或许会认为水分子的运动是随机的、不可预测的。但事实恰好相反，它们的运动非常有序。在烧水的过程中，底部受热的水会从水壶中间涌上去。一些水变成了水蒸气，其他冷水回流到底部开始受热。这种有序过程非常高效地把炉子的热量传递到了大气中，同时也就实现了熵的最大化。

　　股市中存在令某些投资者开心的热门板块，也是因为同样的原因。一些基金喜欢投资那些相对强势的行业，直到它们的走势变弱为止。马克·赫尔波特是一位资深基金评估师，他总结认为，在2001年底之前的五年的里，这些"板块轮动"基金的收益高于所有共同基金的平均收益。但我们并没有证据，能说清板块轮动的这种高额收益是能够在未来继续，还是只是1997—2001年期间特殊市场环境的副产品。2001年11月底，大约有1730亿美元投入这种基金，而在1997年11月，投资额还只有920亿美元。在1997年下半年，针对某些特定行业投资的基金总资产还不到1000亿美元，而到了2000年8月，就已经突破了3010亿美元。

　　我们自己对板块轮动进行了研究，发现确有一些行业的年度评级之间的相关系数为负数。从1987年到1998年，纳斯达克市场上年度跌幅超过10%的股票，第二年平均会上涨25%。

　　在2000年和2001年，标普500经济类的股票中，表现最好和最差的股票几乎是整体对换。2000年表现最好的2只股票和表现最差的2只股票，在2001年交换了位置，相关系数为-0.8（相关系数达到-1，就是完美负相关了）。

　　这印证了一种观点，认为股市中的能量是有限的（热力学第一定律）。再从热力学第二定律的角度来看，世界的自发活动在不断释放潜在能量。

熵定律变型4：不断变化的循环

　　我们的一位期权交易同事，伦纳德·克雷科斯，对熵定律进行了一些研究，在2002年1月3日发送到我们的"投机者群"的一封邮件中，他这样写道：

由于熵定律的存在，似乎每当投资界发现一种肯定能赚钱的方法，这种方法就会崩溃。大多数评论员都将之归咎于偶然事件，就像百年一遇的洪水一样。现在，市场各界一致认为股市将会在2002年反弹，这也意味着他们已经准备好了筹码。而我却认为，很有可能会出现一个随机事件，把市场这只气球吹向完全不同的方向。当你放飞一只气球时，是无法判断它升空之后的走向的。我们知道它上升的过程很快，路线完全是随机的，在此过程中熵也不断加大。市场的走势也类似于此。

熵类似于多样化。在20世纪90年代后期，公众痴迷于股票。数据显示，当时美国持有股票的人数创了历史纪录。这意味着人们没有把钱放在债券、储蓄、黄金等资产上。他们把钱集中到了一种资产上，那就是纳斯达克股票。结果就导致了过去两年的情况，股灾爆发，人们损失惨重。现在，投资者或许会分散配置他们的投资。这样的话，市场中的熵就会增加。基金经理和券商经纪人还会吹捧股市，但是根据不断增加的熵可以预测，人们的投资将会更加多样化。人们或许会选择投资欧元、房地产、货币市场来降低风险。我无法预测出它们的最终分布。不过我敢说，如果还像之前的泡沫时期一样，资金都涌入某一个领域，那么泡沫终将破裂，同时增加大量的熵。

结 论

两条热力学定律并非解决所有问题的法宝。不论是在物理学还是经济学中，它们都解释不了这套系统运转的方式，也解释不了这套系统变化的原因。它们没有考虑精神能量和生产力能量，而这两者都是市场中的关键要素。它们只适用于封闭系统。它们给不出潜在能量转化为动能或热能的所有途径。在衡量潜在能量时还有一个基础性问题。我们的朋友、田纳西州哲学家杰克·蒂尔尼直言不讳地指出："从生物学和心理学的角度来看，或许能分析清楚那些潜在能量，但在艾伦·格林斯潘和媒体的金融世界里，你永远不可能搞清楚。"

尽管如此，能量守恒定律和熵定律依然非常有用，可以帮助我们预测这个看似不停变化的世界。任何模型的有效性，都要通过验证它的预测是否准确来证明。我们认为，我们运用热力学定律取得了丰硕的成果，尽管它们肯定也还有很多破绽、有很多值得改进的地方。不论何时，知识总是通过观察、实验、理论推导才能得到的。物理学在投资中的运用大有潜力可挖。

第十二章 / **CHAPTER 12**
体育竞技比赛策略与投资策略

要想打败我，你必须在一场比赛的开局、中间和末尾胜过我。

——亚历山大·阿廖欣，

1927—1935年、1937—1946年国际象棋世界冠军

国际象棋比赛和金融市场中的成败之道略同。玩家都只有限定的资源数量，胜败概率相当，形势随时可能发生变化，比赛时间不限但胜负标准清晰，根本目标都是追求胜利。

游戏和交易如此相似，这并不是偶然。人类最早发明国际象棋，就是在仿照我们在生活中必须面对的关键决策，这决策领域可能是金融、婚姻、工作、教育或者运动等。就像保罗·海恩在《经济学的思维方式》一书中所说："每一个人在进行决策时，如果缺少所有选择产生的结果的完全信息，那就是在投机。所以，每一个人都是投机分子。"

我在打壁球、网球和其他球类比赛的经历中，感触颇多，对我的交易也颇多裨益。我曾连续十年蝉联美国壁球冠军，获得过好几个手球奖牌，还有

好几次在州网球和乒乓球锦标赛中夺冠或者入围决赛。史蒂夫·霍伯·基利曾在全国手球和短网拍墙球比赛中获得过多次奖牌，他曾夸我是史上最全面的球手，这未免有点夸大其词了。但我确实曾经击败过最伟大的短网拍墙球冠军马蒂·霍根。几年前，在一场世锦赛中，我由于臀部受伤，移步都困难，却打败了如日中天的他。当然，他那天是有点大意。但这就是第1课：不论是在体育比赛中，还是在市场中，选手永远不能大意。

在本章，我们将告诉投资者冠军们是怎样准备并参加比赛的，并指出了值得投资者学习的地方。

比赛之前

选择场地

球场上：运动和市场的美妙之处都在于，你可以选择自己喜欢的时间和场地。如果你是网球运动员，你或许会选择远离那种难以掌控的草地，戈伦·伊兰塞维奇曾在那样的场地上获得温网冠军，而他在赛前连前100名的种子选手都不是。

市场中：根据专业研究，美国股市平均每年上涨10%，其中伴有多种随机性的价格波动。对于那些旨在长期盈利的人来说，"买入—持有"是不错的投资策略。短线炒作的话，一买一卖两次决策都要战胜平均水平才行，这对大多数人来说很难。此外，短线交易者都知道，频繁买卖所附带的税费也会降低收益。

我在前几年的经历中也学到了些许经验，市场因为某些突发事件下跌、人性惶恐之时，反弹概率极高；相反，当人们争先恐后抢购股票时，恰恰是最危险的时候。人们早已发现了一些判断这类时机的指标，比如：

- 股票—债券比率上升（例如购买一手标普500指数期货所需的30年期

国债）。

- 芝加哥期权交易恐慌指数低于25。
- 股指期货创20天新高。

确定风险承受能力

球场上：所有伟大的运动员都会告诉你，他们最不愿遇到的情况，就是对手比自己差，但对手决定冒险一搏，这样的对手会竭尽全力制造对峙局面，全力以赴争抢每一个球。而这也是击败高手的唯一途径。

我在早期参加壁球锦标赛时，有一次和美国冠军萨姆·豪对阵。连续三局比赛我们都打到了14∶14的赛点，萨姆都选择了"一球定胜负"（他有权选择三球定胜负或者一球定胜负），他试图以此来压倒我的心理防线。然而我并不怕冒险，三次都以15∶14拿下比赛。萨姆当时没有认识到，在面对风险时，年轻运动员往往处理得更好。在落后对手八球的情况下，资深运动员更担心无法逆转局势。

阿特·比斯格尔是一位国际象棋大师，他曾获得过美国所有全国大赛的冠军。他讲过一个故事，当时他对阵前世界冠军蒂格兰·彼得罗，当时比斯格尔认为对方占有优势，于是走出了一步险棋，彼得罗却突然求和，于是他欣然接受和局，然后询问对方为何求和。彼得罗说，当时米哈伊尔·塔尔和保罗·克里斯恰好路过，这两个人都是自己的对手，他担心如果不接受比斯格尔的挑战，就会被那两个人嘲笑懦弱，如果接受，又有可能输棋。权衡之下，他选择了中间路线。这是世界冠军的正确做法。比赛的一个原则就是，占据优势的时候要保守，没有优势的时候要冒险。

市场中：在市场中，占据优势的几乎总是"庄家"。这些"庄家"就像是赌场里的老千，他们包括纳斯达克做市商、纽约证券交易所的专营经纪人，还有经纪人。所以投机者必须寻求高利润。只有庄家才能每天都赚钱积少成多。如果你的收益率有限，佣金和买卖价差又不会减少，那么亏损简直是必然的。也就是说，我不建议投资者疯狂赌博。我自己都是在统计分析的基础上，才会去冒险的。

要有计划

球场上：做好赛前准备，一旦比赛开始，你就没时间准备了。当我看到比赛马上就要开始时，对手还在热身练球时，心里就很有把握。我总会在比赛之前两个小时提前到场。所有优秀运动员都知道，真正的比赛节奏很快，光靠临场发挥根本来不及。要预先针对所有可能的情况进行练习、制订计划，而且你的对手多半也会这么做。

市场中：至少在开市前两个小时做完所有研究。研究当天交易过程中可能发生的各种意外情况。了解最新的政府和企业公告、新闻，为可能导致的情况做准备。一旦有重大意外事件发生，你没多少反应时间。你还必须始终牢记，你是在不断变换的环境中做计划，所以只要你的计划能让你占据优势，就要坚定执行。

要有足够的毅力

球场上：在运动场上，你能完全掌控的事物不多，但毅力绝对是由自己掌握的。在比赛结束后，选手往往会因为自己毅力不足而痛恨自己。记住，可以输给对手，不要输给自己。

市场中：相对于你持股的波动，你的资产越大，当你研究后认为自己拥有优势，你就更能够利用有利形势去赚钱。

要有备用装备

球场上：不管怎么说，若是装备不合适，你肯定赢不了比赛。优秀的网球运动员在参加比赛时，会带六只一模一样的球拍，每只球拍的弹性都是一样的。因为在比赛时，球拍和上面的线都有可能损坏，如果这时候没有顺手的装备，那就是场灾难了。

我最得意的一场壁球比赛，是1975年在多伦多的加拿大公开赛上，击败了迈克·德萨尔尼斯。在赛后，我和迈克的母亲聊了几句：

维克多：德萨尔尼斯夫人，你儿子表现很好。不过他只要运气好一点，就能赢下比赛。

德萨尔尼斯夫人：没错。我为他感到骄傲。他的球拍昨天丢了，今天是用借来的球拍打的，考虑到这一点，我认为他已经发挥得很好了。

维克多：这么说的话，我们真应该给你儿子颁发一个"可惜奖"。

市场中：你一定遇到过很多交易者向你抱怨，因为网络中断，因为经纪人电话打不通，甚至因为他们正在参加某项重要活动、不方便接电话，结果损失了很多钱。

比赛之中

你已经选好了场地，确定了自己的风险承受能力，为每一种可能的情况制订了计划，有了坚持到底的耐力，还准备好了备用装备。现在你要参加比赛了。在我看来，开局至关重要。

拿下第一分

球场上：在壁球运动中，很多人信奉一种战术，认为应该保留绝招、保存体力，在最后关头再发挥出来。但我的一贯做法是全力以赴拿下开局，从一开始就确定领先局面，让对手望尘莫及。这样做，可以削弱对手的自信心，迫使他为了追分而去冒险。

市场中：为了降低一开始就亏钱的可能性，可以考虑使用限价委托。

例如，在下买单时，报价比现价低0.25个百分点；在下卖单时，报价比现价高0.25个百分点。或者以低于市场价5%的价格下买单。我喜欢在高于一个整数1/8的价格买入，在低于另一个整数1/8的价格卖出，这是我和投资大师M.F.M.奥斯本先生在20世纪60年代共同开发的方法，经验证可以实现盈利。

占据有利位置

球场上： 在所有运动项目中，最好的位置是站在球场正中。这样你到任何一个地方接球距离都不会太远。我打球谈不上优雅，有些人第一次看我打球往往会低声发问："那就是尼德霍夫？"但是在比赛结束之后，他们就会改变口气说："他连汗都没出！"

市场中： 在金融市场中占据有利位置，能让你灵活抓住好机会。国际象棋大师鲍比·费舍尔有一句名言："我从不希望坐在伸手够不到全部棋子的位置。"一个人大约只能兼顾10—15只股票，这已经足以充分发挥分散投资的优势。这和投资指数基金并不冲突，指数基金费率低、投资分散，还能让投资者享受市场长期向好的红利。

不要制造危机

球场上： 如果你已经占据优势，那就不要冒险。不要逼你的对手打出好球来。如果你逼人太甚，他就有可能超常发挥，打出制胜好球来。例如，如果我发一个下坠球，对手就有可能突然打回来一个猛球，或许会让我应接不暇。

市场中： 永远不要把你的全部筹码押在一只股票上，不管它有多好。那样的话，一次失败就足以让你无法翻身。如果你买入并持有，逐渐提炼出自己的交易方法，或者跟随我们的交易方法，你总能占据市场优势。一旦你占据了优势地位，要保持住它并且稳步积累利润。

罗马不是一天建成的

球场上：一点点积累优势。不要想着发一个球就直接得分，比赛不是那样设计的，那只会让你陷入被动。要一点一点压倒对手。比如先打前场球，再打后场球，紧接着再打网前球。最终，你将会发现对手的薄弱环节，这时候才是你取胜的机会。

市场中：只有一个洞的老鼠很容易被抓。不要把大部分资产都投入一个地方。股票能赚钱。基金也同样能赚钱，此外不要忘了还有债券市场。

在球刚弹起时击球

球场上：击球的最佳时机是球落地刚刚弹起的时候。这种技巧之所以有效，是因为它能充分利用球的冲力。你的对手无法预判你的击球方向，反应时间也就更短。我的壁球对手沙里夫·汉曾两次击败我，就是因为他利用了这种方法，虽然他的失误次数是我的五倍。雷内·拉科斯特是一位网球战术大师，也是一位商人，他曾写道，如果他每次都在球刚刚弹起的时候击球，每场比赛的得分将会提高40分。现在，安德烈·阿加西的成功也与这种技巧有关。

市场中：在市场大跌之后，第二天立即杀入买一些股票。如果市场开始反弹，做空者根本来不及反应。我们在2001年12月进行了一次测验，发现在过去30次大盘单日跌幅超过2%、第二天继续低开的案例中，第三天的开盘价平均比第二天高0.5%，波动率为0.25%。（不过请注意，市场是在不断变化的。我们强烈建议，在运用本书中提到的任何模式之前，你都应该先行检验。）

靠前站位

球场上：在网球比赛中，运动员最少用到的武器是靠前站位。在网前，你可以打出角度更犀利的球，迫使对手跑得更快、更远。很多运动员都花费99%的时间练习打触地球，只花费1%的时间练习网前拦截空中球。但事实上，一般选手提升水平的最佳方式，就是练习网前打法，这样的提升效益更为显著。

市场中：训练自己抓住转瞬即逝的机会。这将让你更有机会快速赚钱。但是一定不要随大流，看到新闻就想根据它去买股票，因为那些大人物、市场操纵者、顶级掠食者很可能已经提前行动。

左右出击

球场上：在左右两边给对手施加压力。优秀选手常常会左右来回攻击。通过迫使对手左右招架，你很容易获胜。

市场中：一开始上涨之后，往往会下跌，最后又是上涨。从1994年到2001年，标普500指数有193次在上午11点之前上涨，在11点到13点之间下跌，在这些案例中，从13点到闭市平均上涨0.2%，平均成功率为0.53。

留意不断变化的循环

球场上：在几场比赛之间，你的对手会调整战术。在网球场上，如果你之前每次击球后都退回到底线以外，对手就会认为你还会继续这样做，这时你就可以突然改变策略，到网前打球（但是如果你处于领先状态，就没必要这样变化）。汤姆·维斯威尔曾长期蝉联跳棋世界冠军位置，他曾说："睿智的选手在灾难降临之前就能预测到它。"

市场中：在跟随趋势的方法管用一段时间之后，要留意反弹。像我这样逆势投资一段时间以后，也要适当跟随趋势。根据我对20世纪90年代跟随趋势基金和逆势基金的研究，这个月的赢家，下个月往往就会是输家。两者之间的收益差异是4%。

找准节奏

球场上：比赛刚开始时，如果你的对手还没热身好，慢速下坠球就很有用。而在比赛接近尾声时，对手的步伐将会更加灵活，这时击球的力度就要更大，打出的球速就要更快。

市场中：月初或者年初的反转常常会轰轰烈烈，但也要留意月底或年底的反转行情。从1989年底到2000年，如果标普500指数在一年之中的前11个月上涨，那么12月的平均跌幅为4%。如果前11个月下跌，那么12月的平均涨幅则只有2%。但是在年初的时候，走势常常会发生逆转，因为业内人士会聚集到一起，要重新分配前一年从公众那里赚的钱。

比赛末尾

球场上：在参加壁球比赛时，不论怎样领先，我都喜欢假想比分对自己不利。在比赛接近尾声时，我会用加倍的力气打球，而且从不打慢球。对手在这时候往往是生死攸关，会不顾一切地努力追赶比分。

警惕：杰米·梅尔彻曾经夺得过奥运会击剑冠军，现在在曼哈顿运营巴莱斯特拉资本合伙基金，他说自己曾因为最后大意输掉多场比赛，后来就越来越注重比赛的结尾。他说："（在逐渐成熟之后，）我会在比赛结尾认真防守，力争不丢一分，而不是一心想着得分。这种态度上的变化帮我赢得了几乎每一场比赛。"

市场中：把这些看似冲突的建议综合起来，可以让你在领先的时候避免风险。这条与下面这个做法在理念上是一致的：市场走好一段时间之后要及时收割利润。有一句古老的格言：永远不要低估你的对手。要把市场看作最残酷的对手。对于我们来说，也确实如此。

2001年，劳蕾尔和我践行了自己的建议，我们在盈利一到三个月之后，就把几个投资组合中的利润取出来。我们在2000年12月买了一组被低估的互联网股票，一个月之后，这些股价翻倍，我们也及时卖出。在2001年夏天互联网泡沫崩溃之前，我们已经卖掉了年初推荐的好几只活跃股票。2001年11月，我们以不到5美元的价格卖出了价值线评级很高的一组股票，我们持有这些股票期间，每月盈利高达20%。2001年12月初，我们卖掉了一组生物科技股票，盈利21%，我们曾在2001年10月25日的专栏中推荐过这些股票。

止盈把利润提现或许也有缺点。就像我们前文所说，买卖决策都不容易，两次都要超过平均水平就更难。如果学术界的研究结果是对的，市场平均每年增长10%以上，我们把利润提现之后，就无法享受复利的好处。然而，做好缓冲，等待市场的下一次盈利机会总是明智的。就像我的国际象棋老师阿特·比斯戈尔经常说的一样："致人而不致于人。"因此，我们很乐意享受20%的短期收益，而不理会学术界的那些观点。

第十三章 / **CHAPTER 13**
股票中讨价还价的艺术

握手之后是喊叫，喊叫之后是骂骂咧咧，骂骂咧咧之后是粗鲁无礼和更多的骂骂咧咧、喊叫，直到最后交易达成，又是握手。

——约瑟夫·德·拉·维加，《乱中之乱》

（描述1688年阿姆斯特丹股票交易所的状况）

致交易者

- 你是否总是卖在低点、买在高点？

- 你是否经常在下单成交五分钟之后又心生后悔？

- 你是否一直纳闷，为什么自己卖出的价格总是低于当天均价、买入的价格总是高于当天均价？

- 你是否发现，你自己感觉最有信心、投入筹码最多的股票，往往却是表现最差的股票？

- 你是否曾在收盘后或周末时，捶胸顿足，恨不得掐死经纪人？

如果你对这些问题的答案有两个以上是"是"，那么请继续阅读。你很适合这章的"肯纳霍夫砍价学校"（编者注：肯纳霍夫是两位作者姓氏的组合）。

生活中的所有事情几乎都是谈判。当一个人对另一个人产生兴趣时，谈判就开始了。他们会见面，然后开始朝着中间方向前进。

在任何谈判中，最重要的都是要让对方产生更强的紧迫感。像杰伊·古尔德等人在19世纪囤积股票的手法，就是一个经典的例子。他们先是悄悄积攒股票，然后零星给媒体散布一些消息，最后在高位出货，接盘的人们就只能等待暴跌的命运了。如今，电子信息传播更加迅速，各种交易者们都不择手段争取有利位置，最终达到一个各方都能接受的位置。

为了深入理解谈判，"肯纳霍夫砍价学校"的校长专程坐火车到费城的沃顿商学院拜访了理查德·谢尔教授，他是该校谈判事务所的主管。谢尔讲述了人们在谈判中常犯的几个错误：

- 说得太多，听得太少。
- 自己的目标不明确。
- 总想把风险最小化，而不是把机会最大化。
- 认为谈判是不道德的，是一种操控。

对此，他这样建议：

- 不断去争取更好的价格。
- 在日常生活中练习谈判。
- 学习谈判过程中的隐藏模式，这样你就能识破对手的真实想法，然后发挥自己的智慧。

他说，在实践中，谈判者最容易犯的错误，是直接报价。其次是立即成交。为了讲清这一点，谢尔讲了一个商人在墨西哥被绑架的故事。绑匪向他的家人索要100万美元赎金。他的家人同意支付赎金。双方完成交换之后，绑匪很快又绑架了这位商人，再次索要100万美元。这一次，他的家人花2.5万美元聘请了一位谈判专家。最终，双方协商赎金为25万美元，商人被释放了。

"人们往往喜欢砍价。当他们想这样做的时候，如果对方立即同意成交，他们就会后悔自己的报价，"谢尔说，"如果砍价砍得好，哪怕是很不划算的买卖，人们也会感到非常满意；如果砍价不到位，哪怕买卖很划算，人们也会觉得不满足。"

如果对方担心谈判破裂会带来更糟糕的结果的话，就会对你构成有利条件。他们的担心，不一定都是物质上的；害怕自尊心受伤或者名望受损，也会给你带来优势。在股市中，投机者一定要牢记，股价的波动都是设计好的，不过是为了吸引潜在的买家，让买家感觉这些股票很难得。

谢尔的父亲是一位退休海军将军，曾经担任弗吉尼亚军事学院的领导。1987年10月股市暴跌之后，他看到恐慌的人们纷纷抛出股票，断定情况没那么差劲，形势并不比他经历过的战争或衰退更糟糕。于是他冷静地给经纪人打电话下单。后来市场反弹再创新高，作为一位"买入—持有"投资者，他赢得了丰厚的利润。

虽然谢尔教授一再强调自己并非股市专家，但他看透了投机的关键，那就是"有明确的目标，了解市场的特点，在别人犹豫不决的时候能够痛下决心"。此外，他还补充说，"不要让配偶干扰你的理财计划。"不过，他也承认，他老婆总比他懂得多，她是一位记者，曾经担任《公司》杂志的总编辑。

谢尔经常看到人们由于厌恶亏损，不能理性止损，反而患得患失。比如拍卖一张5美元的钞票。一群人都有机会参加竞拍，起拍价为10美分。当价格拍到4.99美元或者5美元的时候，大部分人都不再加价，只有两个人继续竞拍，最后的成交价为12美元。谢尔分析说："双方都不愿意放弃他们已经投入的时间精力，结果越来越不理性，最后才导致了这样的结果。"

这就是"肯纳霍夫砍价学校"教给我们的第一课。

紧盯成本

维克多之前的搭档史蒂夫·威士登在买车时会使用这样的技巧。"我在多年以前就发现，要想对付汽车经销商，就要装穷，然后疯狂砍价，而且显得对金融工具毫不知情。这时经销商就会误以为可以把车低价卖给你，同时诱惑你贷款，从贷款中把钱赚回来。第二天，你就可以穿得整整齐齐，拿出支票本用现金买车了。"

史蒂夫的方法可以直接运用到市场当中。乔治·索罗斯成功采用了类似的技巧。索罗斯自称在市场中从来没有成功过。维克多以前给他当交易员时，他每天都在抱怨自己又犯错误了。可是每次到年底公司组织年度网球比赛时，当维克多问他："今年情况有多差"时，索罗斯都会不好意思地笑笑，嘟囔一句"呃，也就赚了87%"之类的话。

说白了，索罗斯从来没有哪天满足过。如果某一天赚钱了，他也不会知足；他还要更加努力。如果某一天亏钱了，那就更严重，因为他还要养活六个孩子。

重点在于，始终要让对手了解你的糟糕交易。这样的话，他们或许会觉得下次应该多让你赚点，好让你继续玩下去。更重要的是，如果他们认为你赚多了，就会受一种人性的驱动，想方设法去剥夺你的利润。资本家早在19世纪就发现了人类的这种天性。

保罗·盖蒂是20世纪60年代的全球首富，有人曾问他为什么在家里装了一部投币电话。他回答说，一个商人在支付了供货商货款、员工薪水和债务之后，剩下的每一美元都应该用来盈利。如果每项开支都比收入多10美分的话，他很快就会破产。到时候，不但他自己会倾家荡产，还会导致成百上千的员工和供货商失业。和大多数人一样，盖蒂发现自己的个人生活和商业活动是难以严格分开的。所以，他用商务方式处理个人事务，从不乱花钱。

如今全球最富的几个人，巴菲特、盖茨、索罗斯似乎也都是这样。如果他们都认为节俭比较好，那我们其他人最好也学习学习。

在股票交易中，人们常犯的最大错误，就是每赚1美元都多花了10美分或者25美分。维克多一次又一次地发现，他的一些经理把钱都亏光了。其中有些人的交易在扣除佣金和买卖价差之前还收益很高。原因就在于市场和他们自己的操作吞噬了这些收益。他们可能赚了1美元，却付出了1.1美元的成本。如果他们交易再很频繁的话，到年底损失就会很大。可惜的是，大多数人正是这样做的。

维克多曾经相当积极地频繁交易。在那段时间里，他大约进行了50万次交易，而且从来没有以市价买入或卖出。他总是下买单总是比市价低一点点，下卖单总是比市价高一点点。你可以试试这样做，特别是在电子交易发达的今天，看看这样做能否有更好收益。

选择交易机会

如果汽车销售商正在冲刺月底业绩，或者要争销量，那么你就能得到更低的报价。我们的专栏编辑乔恩·马克曼经常提到P先生，他是这一代人当中最成功的投机者之一，他曾经与我们的读者分享自己发明的低价购物秘诀。他会在圣诞节前一天下午五点走到店里问：

"你们今晚肯定会很累。"（开场白很重要）

"不。事实上，你是我今天第一个顾客。"（经销商砍价要失败）

"那款银色的车最便宜多少钱？"

"45。"

"这么贵。我看35差不多。不买了。"（转身出门）

"等一等。看你是今天第一笔买卖，就给你便宜点。"

"很好。我现在就要开回家。我老婆非常喜欢这款车，我要在今晚给她个惊喜。"（如果经销商事先知道，P先生恐怕就要全款买车了。）

市场中也经常有类似的机会。在月底以及期货交割日前后，债券上涨趋势较大。

以上故事说明了两条砍价的基本规律，虽然从理论上看似乎不合理。当一个卖家和一个买家努力谈判完成一笔交易时，谁会更占便宜？是更有耐心、更愿意承担交易失败风险的一方。当你紧盯成本、等待最佳机会的时候，对方会不耐烦，这样你就能获取优势。这时候，你还要掩饰自己的成功，表现出一副后悔不已、宁肯不做这笔买卖的样子，对方就会更加心甘情愿。西奥多·C.伯格斯多姆在《经济文献杂志》上的一篇文章《家庭生活中的经济学》中阐述了这些道理，阿布黑涅·穆苏的《谈判理论与应用》和托马斯·谢林的《冲突的策略》等书也都讲到了这些道理。

我们在写专栏的时候，编辑总想让我们给读者推荐股票。从刚才我们讲的第一条道理来看，这样做是错的。这时候我们感觉自己像是克努特国王，贵族们请求这位1000年前的维京征服者施展他强大的权力，帮助他们克服灾荒。克努特拒绝了他们的要求，因为尽管他征服了英格兰，但这并不代表他是全能的，但那些贵族不听。所以他只好亲赴海边，命令潮水退去。直到海水淹没了他的双脚，那些贵族才相信他并不是无所不能的。

当我们有克努特那样的智慧和决心时，我们的编辑也要求我们给投资者救灾。于是我们想出了一种砍价的实战方法，并以IBM作为投资标的。选择IBM这样的大公司，是因为始终有人在大量交易它的股票，这导致其买卖价差很小，或许只有1分钱。这样的额外开支，哪怕减少万分之一也是值得的，因为正是它们吞噬了投资者的利润。

如果某一天，IBM的股价跌了3%，你在收盘时候买入并持有2天，结果会怎样呢？这种情况很少发生，但是在过去几十年里，这种情况曾多次发生，不论是从实践角度还是从统计角度来看，都可以提供足够的样本数。

事实上，IBM单日下跌3%以上的频率，大约是一个月一次。表13.1列出了这样的投资机会次数，以及平均抄底收益率。

表13.1　IBM公司股价大跌的频率及平均抄底收益率

IBM公司股票	单日跌幅3%以上	单日跌幅5%以上
大跌后2天收益率	0.6%	1.6%
发生频率	每月一次	每季度一次

数据来源：尼德霍夫投资公司

从表中数据可以看出，在单日跌幅超过3%时抄底，持有两天平均收益率为0.6%。在单日跌幅超过5%时抄底，持有两天平均收益率为1.6%。这样抄底，只有三分之一的时候会失败。这样的结果只有五百分之一的随机产生概率。

每年抄底12次，其中8次获得两天0.6%的收益，这虽然不足以让你成为富豪，却是一个良好的开端。用不了多久，这样的交易就能给你带来客观的收益，至少够你下次去"肯纳霍夫砍价学校"的学费了。这就是紧盯成本、选择交易机会的价值所在。它们会让你不再那么心急。

砍价要狠

> 每当有人问贝多芬"日子过得怎么样？"时，他常常回答说："恰如潦倒音乐人。"
>
> ——诺曼·莱布雷西特，《音乐轶事》

维克多的良师益友史蒂夫·霍伯·基利有一种适用于所有情况的技巧。每次买东西的时候，他都会做出一副很穷困的表情，看着卖家的眼睛，叹息道："你看，我们都是上帝的子民。你这个东西需要赚多少钱呢？"或者说："这个东西的最低价是多少呢？"

重要的是，你没必要先给对方开价。

邓肯·库克是我们的一位投资者朋友，他曾遇到过真正的砍价专家——发展中国家的批发商。他说，当时最大的困难就在于一开始的报价要足够低。

"我经常认为开价太低是对卖家的侮辱，但实际上不是那样的，"库克对我们说，"有一次我到土耳其采购地毯，我开出的价格是心理预期价格的一半。经过一番讨价还价之后，我们以中间价格成交。事后，一位土耳其朋友告诉我，真正的开价只需要我所报价格的十分之一。"

不要担心你会冒犯卖家，在股市中也不必担心冒犯庄家。因为就像20世纪70年代经济学家格里高利·曼昆在《经济学原理:微观经济学分册》一书中的观点一样，即使成交价格低于平均价格，那也有助于卖家清理库存。

信息就是金钱

库克的故事说明了一个真理，谁都不可能拥有决策所需的全部信息。信息是稀缺的，获取信息需要付出代价。要么直接购买信息，要么花钱订阅投资顾问服务，要么花时间去读这方面的书，要么花时间去咨询更多的报价。

乔治·施蒂格勒认真研究了砍价，并靠1961年的研究论文获得了1982年的诺贝尔经济奖。施蒂格勒的开创性理论，概括来说，就是消费者应该一直寻找信息，直到达到一个转折点，继续搜集更多信息的边际费用将大于其砍价效应。比如说，假设你走访一家汽车经销商的时间和交通费用一共价值100美元。对比你每多走一家经销商所能得到的降价幅度，如果最后两次的平均降价幅度小于100美元，那就可以停止搜集信息了。施蒂格勒还假设不同卖家的报价服从1倍到6倍的均匀分布，开发了一个估计最高价和最低价的公式。

施蒂格勒的论文，引发了一股持续几十年的热潮，研究信息在经济中的作用。2001年，三位经济学家靠信息不对称理论获得了诺贝尔奖。我们选择了一组公司高管增持的生物科技股票，获得了20%的收益。因为我们认为，这些内部人士肯定了解更多的信息，知道其产品通过FDA认证的可能性大不大，所以跟着他们买没错。

乔治·施蒂格勒的儿子史蒂芬·M. 施蒂格勒恰好是我们的朋友，也是我们的顾问。我们曾问他，有没有实际用过他父亲的砍价实战技巧。他告诉我们，上一次他买车的时候，带着妻子、儿子和女儿一起去的。他说："我儿子负责砍价，如果价格谈不下来，随时准备走人。我妻子和女儿负责挑选车型和颜色。我负责付账，但是必须得到儿子的同意。这就把那些销售人员搞迷糊了，他们到最后也没弄清楚到底是要把车卖给谁。我们提车离开的时候，他们还在那里嘟嘟囔囔。"

砍价不丢人

维克多的一个交易员帕特里克·波义耳曾经开过旅馆，他说，除非有一半以上房间都是空的，否则他总是对消费者说只剩一间房了。他估计对方能接受的价格，然后开出一个高得多的价格。"有时候对方会付高价，即使他们选择砍价，降价之后他们也显得很高兴，"波义耳说，"经常有消费者住同样的房间，有的付了40美元，有的却付了400美元。"

"人们常犯的最大错误，就是在旺季时迫切地说：'还有房间吧？'遇到这种情况，肯定能多收75美元房钱。比这更大的错误，只能是年轻小伙子带着新女友来开房，这时候他们会觉得讨价还价太掉价，多要100美元他们也肯掏腰包。"

波义耳还利用了整数的吸引力。"通常人们都会寻找自己理想价位的房间，比如一晚200美元。如果你的定价比整数稍微高一点点，就能增加利润。因为顾客会觉得210美元也可以接受，懒得再跑了。"

所有这些学问：灵活定价、不要表现出很渴望得到、留意整数，都完全适用于买股票。

波义耳总结说："重要的是，要始终保持热情好客。谁也不会给自己讨厌的人好价钱的。"

记住，这是一个自由社会，砍价并不丢人。

第十四章 / **CHAPTER 14**
利用信息不对称获取投机利润

操控生物基因的技术引发了一场意外的产业融合：农场、医生、制药商、化工公司、计算机和通信公司、能源公司，以及很多其他商业机构都被拖入了这个有望成为世界第一的行业。

——胡安·恩里克斯，雷·A. 戈德堡，《哈佛商业评论》2000年3—4月刊

维克多10岁的女儿基拉说："爸爸，给我讲个故事吧。讲讲伟大的英雄，说说他们的英勇事迹。"

维克多说："很好。你在学校已经听过很多神话故事了。比如珀尔修斯怎样砍下了美杜莎的头，忒修斯怎样杀死了牛头人，杰森怎样找到了金羊毛。为了从爱提司国王那里得到金羊毛，杰森不得不累死累活地干活。"

基拉说："是的。他首先要建造有50条船桨的'阿尔戈号'大船。然后又得召集赫拉克勒斯等50位英雄来帮忙。"

维克多说："之后，他们还必须战胜水中女仙、鸟身女妖、反转群岛、喷火神牛，还有毒龙及其牙齿中长出来的武士、爱提司国王的追兵、美狄亚

的哥哥、塞壬海妖、投石巨人。当杰森经历千辛万险回来之后，却目睹了父母惨遭杀害。"

基拉问道："那他得到了什么呢，爸爸？好像也没什么呀。"

维克多说："是的。他最后身无分文，无家可归。一天，他再一次回去看阿尔戈号大船……"

基拉接过来说："船首掉下来砸死了他。谢天谢地，我们如今不用再那样艰苦了。我们若能做出些英雄事迹，就能得到回报，而不会被杀死。"

维克多说："恰恰相反。如今有一件事比杰森寻找金羊毛还要艰难。那就是生物科技公司获得政府的产品许可。其中原因很令人悲伤，是因为现在的生物学家比以往更了解不同分子的药效和副作用。他们每年花费500亿美元研发新药物，申请3万件专利。获得了专利之后，他们就要证明新药是合格的，搜索文献，进行临床实验之前的研究。每年大约有1500到2000种新药能通过这个流程，然后就要进行临床实验。他们称这个阶段为新药审查阶段。"

基拉说："听起来似乎很难。和杰森不得不跋涉千里寻找金羊毛一样。"

维克多说："没错。这就是你经常听到的第一阶段、第二阶段、第三阶段研究。"

基拉说："这需要多少成本呢？"

维克多说："为你看病的牙医毕业于波士顿的塔夫茨大学，那里就有一个这样的研究中心。他们现在评估认为，要让一种新药通过FDA的认证，需要花费18年时间和8亿美元。"

基拉说："爸爸，我有个问题。如果他们每年对2000种新药进行临床实验，最终能有多少能得到认证呢？"

维克多说："这个问题问得好。不到百分之一，大概15到20种吧。"

基拉又问道："那么如果他们通过了认证，这金羊毛是不是很值钱呢？"

维克多回答说："是的。一种药物通过认证以后，有17年的专利保护期。而且他们也不必担心别人会研发类似的药物走认证流程，因为对方耗不起这个时间和资金。"

我认识一个疯狂的家伙

罗杰·朗曼：你或许不相信，但是我确实认识这家伙。一个来自康涅狄格州的有钱的交易者，曾经就读于哈佛大学，后来拿到了芝加哥大学的经济学博士学位。他认为应该取消FDA的认证流程。

制药行业大公司：你这是想要搞死我。

朗曼：对。他到处宣扬这样的观点。他组织了几个有点偏激的团体、集会，还打出了标语。比如"FDA阻碍创新""大型制药公司排挤小公司""FDA每年否决的药品，导致了10万人无药可救。""如果微软公司也受FDA管理，Windows操作系统永远也通不过认证。"等等。

制药行业大公司：没人会关注这样的声音。每一个人都知道FDA是保护人民的，保护人民免受坏药之害，免得有婴儿长出鱼鳍状的胳膊。

朗曼：他在网上对一帮商学院的孩子们做宣传。还写了一本有关炒股的书，受到了追捧。

制药行业大公司：好吧。或许他能说服智利政府取消药品管理局。要是让这些人看看服用萨立多胺（一种安眠药，会引起婴儿畸形）的孕妇生出的畸形儿童，他们会怎么说呢？

朗曼：他会说今天的FDA绝对不会批准阿司匹林上市，因为它也会导致婴儿畸形。然后他会说，FDA还会禁止任何人宣传阿司匹林可以把心脏病发病率降低40%。事实上，人们喜欢他这种人的存在。明白吗？

第二阶段

尽管在药品管理的问题上水火不容，罗杰和维克多依然是彼此欣赏的好朋友。不论什么时候见面，维克多都会拉着他的手说："罗杰，我们来改变这种愚蠢的流程吧，你最近和大型制药公司交流时提到过我吗？"

罗杰马上调整节奏。"哦，不是那样的，维克多，"他总是说，"你要意识到，并没有硬性要求必须经过20年时间才能通过认证。制药公司和管理局这样做是为了确保药品安全。"

他这是典型的业内人士说法，无论是工业界、政党还是专家，沉迷其中之后都会为其百般辩护。罗杰是茶隼信息有限公司的编辑兼任事股东，这家公司旗下有多种杂志，都是投资制药行业的必读之物。前文中的"制药行业大公司"确有其人，他是一家大型制药公司的高管。为了避免麻烦，我们隐去了他的名字。

交易者学徒

"维克多，挂号信！"

"不会又是和我们唠叨那些陈年旧事的吧？"

我的办公室主任罗布把信递给我，说："不是。这是那个面试被你拒掉的中国人。你当时认为他对美国股市的理解还不够透彻。"

"他想要什么呢，难道要我给他补偿一张回家的头等舱机票？"

"他说他读过你图书馆里的那些书，19世纪的很多投资者在华尔街都是从学徒做起的。他们免费做卑贱的工作，直到证明自己的能力之后，才会得到操盘交易的机会。他想做你的学徒。这是他的电子邮箱。"

我在电脑上敲出这个邮箱地址，在邮件里写道"来吧"，然后把邮件发送给了张石。

几天之后，张石来到了我们的交易室。他毕恭毕敬地称我为"阁下"，办公室的交易员们对此都感到稀奇，大家调侃称他为"先生"。

我给张石安排的第一份工作，是根据前两个月的内部交易程度，给罗素2000健康指数中150家公司5年来的每月股价进行分类。

张石用行动证明自己是一个称职的学徒。他的生物学背景和其他诸多贡献在本书中都有所体现。更重要的是，来到我这里几周之后，他在德国股市的48次试水交易有46次成功。其他交易员排成一队，向他鞠躬表示敬意，尊称他为"大师"，尽管他极力反对大家这么称呼。

看不见的牺牲

吉姆·洛里曾在证券价格研究中心担任主管，35年前，他在芝加哥一所中学发表演讲。当时维克多正好到该学校打壁球，于是就旁听了他的演讲。

洛里说："同学们，所有研究过FDA的经济学家都认为，如果加速审批流程，他们的工作将会做得更好。就像乔治·施蒂格勒所说的一样，所有行业管理机构都会优先考虑自身的利益。但是FDA拖延新药审批流程、抬高制药公司研发成本的行为，减少了新的有效药物的供应。"

"可这不是为了安全起见，为了获取更全面的信息，保护消费者吗？"一位学生问道。

"但是，这样做的代价是什么呢？"洛里说："你必须在成本与收益之间找到平衡。让我们来看一看FDA批准或否决一种药物的后果，看看对他们的利害关系如何。"

他在黑板上画出了表14.1的内容。

"FDA的官员知道，如果批准了一种有害药物（1类错误），他们就会受到惩罚；但是如果否决了一种好药（2类错误），却不会受到惩罚。"洛里说："如果不小心让有害药物流入市场，受害者是可以确认的，或许还会起诉他们。

但是如果否决了一种好药，却找不到具体的受害人，甚至都无法确认是否有受害人。因此，有没有同学认为FDA的官员过分看重如何避免1类错误，而不是如何避免2类错误？"

表14.1 FDA决策的利害关系

		药物有效	药物有害
FDA监管者	批准新药	决策正确	1类错误
	否决新药	2类错误	决策正确

"尽管因为FDA拖延、否决好药，许多人丢掉了性命。但是从FDA的角度来看，让坏药流入市场的危害更大。人们总是说经济学家永远不可能达成共识。但每一个研究过FDA的经济学家都得出了同样的结论：FDA应该需要加快审批流程。对FDA这种错误做法的原因，经济学家们的看法也是一致的。"

"有得必有失，管理者必须权衡利弊。萨立多胺在美国没有通过审批，但是如果放到今天，青霉素和阿司匹林也同样得不到FDA的认证。"洛里总结说，"这种过分强调避免1类错误的后果，就是2类错误太多，据估计，每年因此大约会多死5万人。"

就在我们的壁球比赛开始前3分钟，洛里结束了他的演讲："从亚当·斯密到萨姆·佩兹曼（他第一个研究药物审批拖延导致的死亡人数），再到米尔顿·弗里德曼，每一个研究这个问题的经济学家都发现，那些试图矫正市场错误的行为，结果往往适得其反，造成了更加严重的灾难。没有什么比我们现行的药物认证体系更有害、更悲剧了。"

洛里的讲话已经过去了35年，然而这一切并没有发生改变。我找到了几个被FDA延误的药品案例：

磺胺甲嘧啶：FDA认证这种抗菌药花了五年时间，比欧盟的管理机构多了三年。诺贝尔奖得主乔治·希金斯估测，这五年时间的代价是8万人的生命。

β 受体阻滞药：β 肾受体阻滞药可以治疗高血压和心脏病。FDA认为它可能会引发癌症，所以花了八年时间才通过认证。与此同时，根据塔夫茨大学的路易斯·拉萨格纳博士估计，大约有11.9万人因此丧失了救治机会。

氯氮平片：据《新英格兰医学杂志》报道，其他药物无法治疗的精神分裂症，有30%—50%可以用氯氮平片进行有效治疗。人们在1979年就发现了这种疗效，但直到1990年它才得到FDA的认证。制药公司认为，FDA之所以迟迟不肯批准它，是因为约有1%的患者服药后会产生轻微的血液问题。结果，大约有25万名患者无药可医。

洛伐他汀：这种降胆固醇药物可以把心脏病的死亡率降低大约55%，1989年它就在欧洲上市了。但是直到1992年才能在美国使用。因为FDA的拖延，死于心脏病的人至少多了1000人。

灭活甲肝疫苗：这是第一种预防甲肝的疫苗，在欧洲和另外40个国家使用3年以后，才得到FDA的认证。

白细胞介素2：欧盟管理机构于1989年批准使用白细胞介素2治疗肾癌。但是它在三年之后才得到美国的认证。在此期间，有3500位本该治好的患者死亡。

考　验

我像洛里一样用直白的语言告诉女儿，生物科技公司寻求金羊毛的过程中充满了危险。要想把一种产品成功推向市场，需要研发、制造、科学家、医生、顾问和政府工作人员的共同努力。《福布斯》杂志编辑迈克尔·S. 马龙在接受美国广播公司新闻网站采访时，讲述了新药从研发到认证的几个关键环节：

两年前为写一个报道，我跟踪采访了一家生物科技公司，该公司

当时研发了一种新的心脏病药，正在接受FDA的审批。在我的记者生涯中，我曾目睹新产品研发团队推出新产品的酸甜苦辣，也见过因为季度业绩不佳被股票分析师折磨得痛苦不堪的CEO。我还见过一位公司董事长，在股东大会上力推一项合并方案失败之后，几乎要崩溃。

但我并不了解FDA的运作。我采访的那家公司花了两年时间测试他们的新药，又花了几周时间准备提交给FDA的材料。然后，整个公司的高管层都搬到了马里兰州贝塞斯达市附近的一家酒店，在酒店会议室成立了一个信息中心，花了四天时间反复排练，提交材料六易其稿。

与此同时，公司里一片凝重，大家都知道，FDA在国家健康研究院的听证会，将会决定公司的股价和未来的销售额。

听证会就像一场噩梦：发言人在台上战战兢兢，专家组的医生们来自不同机构，各有所好。在漫长而煎熬的八小时之后，终于迎来了最终投票……

这家公司一次性通过了投票。大家顿时欢呼了起来，彼此鼓掌相贺。发言人回到公司之后，迎接他的是盛大的庆典。然而就在几天之后，却有一位专家改变了主意。

这家公司的股票一落千丈，员工士气瞬间崩塌，在此打击之下，整个公司都消沉了几个月。直到现在，他们才重新振作起来。

谁会那么蠢，去买这种风险巨大的公司的股票呢？出人意料的是，很多投资者都愿意承担这种风险。这些人的做法，就像350年前的荷兰人，勇敢投资到美洲探险的新公司。买入这种股票的动机，或许还在于他们认为生物科技将是21世纪的前沿产业，能获得丰厚的投机利润。

然而，更令人惊讶的是，这些公司高管也经常增持自己公司的股票，表示对公司前景的看好。或许，这些人买入股票，不仅仅是因为看好自己的新药能获得认证。还有一个重要的原因在于信息。高管们一定知道，他们花了10年时间、8亿美元之后，大制药公司是否会帮助他们拿到最终认证。他们一定能从公司的科学家和医生那里获知临床实验的进展。他们人脉发达的顾问一定会告诉他们，他们现在或以前在FDA的同事现在动静如何。

人性就是这样，商业总有办法用信息来润滑自己的车轮。他们会通过会议、研讨、信件等多种方式获取信息。他们会聘请顾问，而这些顾问往往对产品的效能有最终发言权。不论双盲实验多么严格，制药公司总有办法了解成功的可能性，所以整个认证流程也就充满了各种微妙。

从信息不对称获利

乔治·阿克洛夫、迈克尔·斯宾塞和约瑟芬·斯蒂格利茨因为对信息不对称的研究，分享了2001年的诺贝尔经济奖。他们的研究分支被称为信息经济学，他们研究了人们在进行买卖决策时需要多少信息。他们的研究焦点是信息不对称的场景，在这种场景下，卖方和买方所拥有的信息是不同的。

阿克洛夫使用了卖二手车的例子。卖家知道车况好坏，而买家如果总是担心上当的话，二手车价格就会下跌。类似的，斯蒂格利茨发现，投保人比保险公司更了解自己患病的可能性，以及躲避灾难的能力。

斯蒂格利茨和大多数经济学家一样，更关注不完整信息和不对称信息是怎样扭曲市场竞争的，而且他认为，这种不对称只能通过政府行为来矫正。2001年9月11日世贸大厦遭遇恐怖袭击以后，斯蒂格利茨站出来督促政府应该加强对机场的保护。我们在此不担心这种政府干预会阻碍竞争和创新，如果政府允许航空公司通过提供额外安保提升竞争力的话，我想我们会乐意多花15美元，去搭乘配有武装人员保护的航班。

现在再来看那些生物科技公司和制药公司的高管，他们完全了解自己的产品通过FDA认证有多难，如果他们认为自己的产品很有可能被否决的话，还会如此勇敢地买入自己公司的股票吗？我想他们不会的。而且，因为他们的财富有很大一部分是和公司股票与期权捆绑的，我想如果他们不看好公司前景的话，是不会继续花钱买股票的。

不过，我们不会把内部人员卖出股票看作做空一家公司的信号。因为我们并不推崇做空某一家公司。我们在第9章中说过，想要通过做空超越一百年1500000%的收益率实在很难。至少以我们了解的情况来看，没有人能做到这一点。

根据上市公司内部人员的行为来进行交易同样有风险。有些高管在增持自己公司股票时，或许只是在自欺欺人，公司状况并不好。更有甚者，他们可能会通过增持股票来给公众施放烟雾弹。一个高管可能会先买很少的股票，然后踩准时间，利用公众信息的滞后性，再大笔卖出股票。他或许会像安然公司前CEO肯尼斯·莱一样，把大量卖出公司股票作为一个"长期计划"，却根本不将之公布于众。不过，从上市公司的财务报表整体来看，内部人员增持算是有利信号。

尼德霍夫、肯纳和张石的实验

在FDA的严格认证流程中，需要由指定机构的认证专家对新药进行双盲实验。受此启发，我们也想体验一下这种严格的论证过程。不过，我们既没有8亿美元资金进行双盲实验，也不能拖延18年再来进行财务决策，所以我们就走了几个捷径，还请认证各方高抬贵手。

制药公司在向FDA提交材料时，往往会拍拍马屁，恭维FDA的专业造诣和公正无私（是不是该研究研究为什么这种奴才做法如此盛行？），我们也如法炮制，称赞FDA的药品认证检验标准很高，参加双盲实验的患者必须没有实验病症之外的其他病症，而且实验地点也由FDA的专家选择，并全程监督。

尽管我们坚信，这些严格的要求和其他一些被我们忽略的要求，其实与病人服药的关系不大，一味追求这些结果，只会让更多病人得不到及时有效的治疗。但我们还是努力遵循FDA的精神，在我们的工作中尽可能严格要求，好为读者提供合理的结果。

为了检验生物科技公司高管买股票对投资者有好处的理论，我们在维克多的助手张石的帮助下进行了一项综合研究，对罗素2000健康指数1996年到2000年的数据进行了研究。研究共分为三个阶段。第一阶段，研究这种做法的安全性。我们分析了50家在2001年有高管买股票的公司，结果显示，这些公司的全年股价平均涨幅比整体指数高20%。

指导我们研究的顾问指出，这种结果容易受2001年特殊因素的影响，他们建议我们对六年的数据进行更全面的分析。这令我们开展了第二阶段的研究实验。按照FDA的材料提交要求，我们筛选了1000家好公司，最近两个月他们的高管曾增持过自家股票。然后跟踪这些公司在之后12个月里的股价变化。虽然这不是双盲实验，但我们选择了1800家有高管减持自家股票的公司作为对照。（有的公司在几个月里发生了多次高管买卖股票事件，我们将每个月的情况作为一个单独的研究对象。）

对好坏两种公司（高管买入或卖出自家股票）六年情况的总结参见表14.2。

第二阶段的研究结果令人非常振奋，尽管每年的数据都在变化，大多数时候每年的实际涨幅都很不确定。但是请注意，1998年和1999年两种公司的涨幅差距分别为30.2个百分点和39个百分点。除了这两年之外，其他年份的结果似乎相当随机。

按照医药实验的传统，我们决定亲自做实际实验。从2001年10月25日开始，我们的实验过程被CNBC"财富"直播，我们筛选了10家高管增持的公司作为投资标的。一个月以后，这些公司大都涨势良好，如表14.3所示。

表14.2　跟踪生物科技公司高管买卖股票

年份	高管增持的公司平均涨幅（％）	高管增持的公司数量	高管减持的公司平均涨幅（％）	高管减持的公司数量
2001	−3.4	80	4.9	124
2000	3.1	209	−6.8	480
1999	149.0	197	109.8	278
1998	50.3	207	19.1	280
1997	8.2	140	−5.9	244
1996	30.9	15	20.1	14
加权平均涨幅	49.2		22.6	
总交易家数		848		1420

表14.3　高管增持的公司股价涨势良好

公司	2001年10月25日至11月21日股价涨幅（％）
考瓦斯公司	−0.4
德纳维制药	64.4
劲因科技	−10.1
健赞公司	1.1
吉尔福德制药	15.6
印金制药	30.4
大规模生物科技	45.8
专业制药	54.2
三维制药	19.9
三角制药	−2.9
平均	25.1

数据来源：尼德霍夫投资公司

　　一个月25%的涨幅实在太高，我们立即把这些公司的股票卖出，落袋为安。

第十五章 / CHAPTER 15
看懂财务报表关键指标，识破上市公司骗局

根据《船长与小金凤花》的二重奏音乐，写作了这样一首歌词：

世间万物表里不一，
公众往往顾此失彼。
华尔街大肆鼓吹，
股价上涨不已。
时机一到，高管就跑。
他们的手法一贯如此。

并购不过是为财务耍花样，
分析师也只是为虎作伥。
盈利预测早已被修改，
高管们有机会从中发财。
就算这样，
也没有资金离开。

存货清单暗藏玄机，
操纵收入易如反掌。
发布声明遮掩底线，
增长朦胧现金流下降，
所以股价从来不公。

把债务放在离岸小镇，
然后去借更多钱。
也不扣期权成本。
公众像是被戏耍的笨鹅。
所有这一切他们心知肚明。

最糟糕的是减记。
高管们度假旅游，
发奖金，然后破产。
只有傻瓜才去抢劫。
他们只需要造假骗钱。

大领导像国王一样退休，
艾略特·斯皮策恣意行乐。
粉饰盈利，掏空账本，
留下的人必将被坑害。
现在我终于明白，
道指即将一泻千里。

在过去，人们看到公司高管和会计人员的照片，一般他们都是在绿蔷薇酒店参加某个重要的会议，而不是在受到企业欺诈指控前的昂首阔步。

那时候，警方的罪犯名单中，更多的是银行抢劫犯，而不是公司高管，比如阿特尔斐亚通讯公司、安达信、安然、利快国际生活馆、伊姆科隆、泰科和世通等公司的高管。那时候，研究上市公司财报的人还是证券分析师，不是检察官。那时候，公司的收入表比资产负债表重要。

但是在21世纪的头几年，所有这一切都发生了改变。高管们的形象变成了骗子，鸡尾酒会上的魅力异性不再围着风险投资资本家转，在电视中鼓吹牛市的分析师被大家尽情嘲笑。

没错，对于投资者来说，学习如何发觉诈骗比学习科学管理更加重要。研究资产负债表比研究收入表更重要。在负债表中，"现金与现金等价物"才是王道。上市公司可以随便说，随便吵，可以随便吹嘘利润，但是如果公司业务盈利没有体现为现金流的话，那就得小心了。

我们发现了四个问题，有助于区分真相与谎言、正确与谬误：

1. 这家公司是否发布了回购股票声明？在我们检验的所有周期中，回购声明都意味着后期将有巨大收益。

2. 这家公司是否分红？至少在20世纪里，分红回馈股东意味着长期超额收益。

3. 库存和应收账款变化如何？如果这两者都在减少，那就是个好兆头。反之则是坏消息。

4. 这家公司是否纳税？这个底线似乎很奇怪。但是如果这家公司利润很高，那它就必须向国家纳税，如果纳税很多，就可以证明它的盈利是真实的。

这几条标准并非在所有时候都灵验。从非常久远的时间周期来看，分红多的公司要比分红少的公司好。但是在20世纪90年代或者2002年，情况并非如此。回购股票可能意味着一家公司愿以真金白银表达对股东的善意，但有时候，公司把这些钱再投资才是最佳选择。应收账款、库存、纳税额的意义可能更为长远，特别是结合股票回购或分红来看时尤为如此。

我们将在本章逐个讨论这些问题。但是首先，我们要详细介绍一些会计知识。你不必彻底精通这些内容，一个投资者只要知道从应计利润中计算现金利润，这辈子就足以吃饱饭了。

现 金

现金是负债表中的第一项。翻翻一家公司每年的现金流审计报告，你就能搞清他们的现金是在变多还是在变少。但是这些现金来自哪里，又用到了哪里呢？

概括来说，现金流是为了显示企业收入和支出对现金的影响。从长远来看，如果一家公司想要生存，它就得有能力产生现金流。如果一家公司的运营总是在流出现金，谁还会想要它呢？

用来跟踪这些现金增加、减少的记录，就是账目。账目的左侧是借方，右侧是贷方。财务记账设计的规则是"有贷必有借，借贷必相等"。这就是所谓的"复式记账法"。

所有大公司都使用复式记账法系统，这是为了反映经济活动对两个以上账目同时产生的影响。例如，如果你去买了一箱麦片，你的现金就会减少，库存麦片就会增加。资产或费用的增加属于借方，负债或收入的增加属于贷方。

维持借方与贷方之间平衡的公式为：

总资产 = 负债 + 所有者权益

为了让公式两边始终保持相等，公式左边发生的所有变化，必须在右边有相等的变化。任何一条账目左侧的增加，必须有其他账目左侧减少，或者右侧增加。

如果我们把公式左边的总资产分解为现金资产和非现金资产，就可以得到以下新公式：

现金资产 + 非现金资产 = 负债 + 所有者权益

这样我们就能看出，任何非现金资产的增加，都必须有现金资产减少或者债务增加来平衡。任何非现金资产的减少，都必须有现金资产增加或者债务减少来平衡。

通过查看引发账目增减的交易，会计或者受过相关教育的读者就可以区分企业的现金流与净收入了。它们都是一种汇总，都会体现在现金流报表上。所有上市公司都必须在年报中向股东报告这项内容，从1987年开始，美国的上市公司还需要向证券交易委员会提交这些材料。

表15.1是通用电气2001年和2000年的部分财务数据。

表15.1 通用电气财务账目摘选

	2001年年底（百万美元）	2000年年底（百万美元）
库存	8565	7812
应收账款	9590	9502
销售额	125679	129417
净收入	13684	12735

数据来源：彭博社

请注意，这只是部分数据，我们没能向通用电气验证这些账目，因为该公司拒绝接受我们的采访。两年相比较，他们的销售额降低了37亿美元，净收入却增加了9.49亿美元，这确实值得赞扬。不过，在这9.49亿美元中，有7.53亿美元来自库存的增加，还有0.88亿美元来自应收账款的增加。扣掉这8.41亿美元之后，通用电气2001年净收入的增加其实只有1.08亿美元。

会计和分析师通过精确的方法，对所有资产和负债账目进行计算，分析现金收入与应计收入之间的差异。（我们再次强调，这只是通用电气财务报表中的一部分，该公司在2001年实际产生的现金流为322亿美元，2000年为227亿美元。报表中其他账目的现金流导致了这种差异，比如保险债务与储备金增加了92亿美元。）由于没有和通用电气公司直接交流，我们不想对这些账目发表评论，但我们或许可以推测，通用电气的股价在2002年跌了47%，或许与这些账目有关。

回　购

现在我们来看股票回购与分红，这是上市公司向股东回馈现金的两种主要方式。

没有什么比分红和股票回购更能反映上市公司的情况。一家成长型公司或许会选择把钱投入业务。若一家公司发现自身业务的收益率低于股东自己理财的收益率，它就要考虑是否应该把多余的资金派发给股东。更重要的是，在充满不信任和欺诈的投资环境中，派发现金表达出的诚意远远超过口头承诺。一家能给股东派发现金的公司肯定不会浪费钱进行无意义的并购、修建豪华大楼、乱发奖金，或者进行其他奢侈活动。

就像我们在CNBC"财富"专栏的读者保罗·菲尔斯所说的一样："你可以伪造或者夸大盈利，但是要回购分红的话，你必须得拿出现金来。"

从20世纪80年代中期开始，分红的上市公司开始减少，回购股票的开始增多。根据莱斯大学的古斯塔沃·格鲁伦和康奈尔大学的罗尼·麦克里发表在《金融时报》的文章，在2000年，上市公司用于回购股票的资金和用于分红的资金一样多。

回购股票有以下三种优点：

1. 释放信号。通过回购股票，公司可以向股东发出强烈信号，告诉他们公司认为当前股价被低估了。

2. 提高每股收入。在其他条件不变的情况下，股票总数减少，将会增加每股的平均收入。

3. 操作灵活。如果某一年多分红，第二年减少或者不分红，就会被投资者看作极坏的消息。但是回购股票是一次性事件，之后不再重复也无可厚非。

莱斯大学的戴维·伊肯波利教授、欧洲工商管理学院的金融学教授特奥·沃梅伦和伊利诺伊斯大学的金融学教授约瑟夫·拉格尼沙克联合进行的研究，被认为是有关股票回购的经典研究。他们于1995年发表在《金融经济学学报》上的论文，认为回购自身股票的公司的平均涨幅要比市场平均水平高4个百分点。对印度、英国和加拿大上市公司的研究也证实了他们的发现。

至少有两个人实践了他们的研究成果。戴维·弗里德的《回购通讯》被《赫尔波特金融文摘》列为最好的金融报刊之一，后者是业界公认的权威评级。沃梅伦教授自己为比利时KBC银行管理的回购基金，从1998年7月成立到2002年4月累计涨幅高达40%。

2002年4月，我们亲自验证了他们的研究结果，我们汇编了2000年以后宣布回购股票的标普500成分股，并跟踪它们在发出回购公告之后一年的表现。我们发现，这224家公司的股价涨幅比标普500指数的平均涨幅高了30个百分点，这只有一亿分之一的随机发生概率。

2002年10月，我们又增加了15个宣布回购股票的公司。它们与标普500指数的差距缩小到了6个百分点，但依然是不小的差距。

我们公布了自己的研究发现之后，很多读者写信说，他们担心这些公司最终不能履行回购承诺。这种担心是多余的。一家上市公司发布回购声明，说明管理层认为当前的股价被低估了。如果在此刺激之下，股价立即大幅上涨，那么不论公司最后有没有回购，都达到了抬高股价的目的。而且我们并没有发现任何证据，能证明实际实施回购与否会对股价产生巨大影响。（投资者可以从上市公司的季度财报中查看连续几个季度的股票总数情况，判断它们到底有没有实施回购。）

分 红

当共同基金的业绩惨不忍睹、每一周都有新的会计丑闻传来时，最令人欣慰的事情莫过于股票分红了。这些钱不仅能缓冲股价下跌带来的损失，连续多个季度持续分红还能说明公司的财务实力，这种公司财务造假的可能性更小。对于股东来说，分红是看得见摸得着的，这起码能让他们对自己的资产有一些控制感。

老一代的投资者对此体会最深。一位名叫帕特里夏·K. 施瓦巴赫的读者给我们写信说："我那已经过世的岳父只看重自己股票的分红，而不在乎它们的股价。在市场萧条的时候，他一点也不担心。在那些时候，他只是不买新车新游艇而已。他只在乎分红的确定性。他在50岁退休，90岁去世，过着非常幸福的生活，他的投资净资产最后翻了10倍。"

可惜的是，稳定分红的上市公司比例从20世纪70年代的70%下降到了2000年的20%。这部分归咎于美国的税收政策。平均来说，这些利润留在公司只需要交20%的税，分给股东却需要交40%的税。如果把这些钱留给公司，进行明智的投资，或者回购自己的股票，投资者就可以一起享受20%的税率。因此，美国上市公司的利润留存率，也就是公司留存利润与分红的比例，从20世纪50年代的30%上升到了如今的70%。

但是这种税率差异并不是管理层面对的唯一诱惑。美国国会允许上市公司用债务利息抵消纳税，却不肯减免分红税率。这就相当于鼓励公司借债。结果，当评级机构和投资者们为债务累累的财务报表发愁时，某些公司，比如安然公司，却在利用模糊甚至欺诈的会计手段掩盖债务。

此外，如果一家公司总是向股东分红，每股的价值就会下降，管理层的期权价值也会随之减少。在过去50年里，管理层期权报酬的增加，也是导致分红减少的原因之一。

　　我们希望能从一个全新的视角来看待这个问题，分红是否真正预示着股价的上升。出于习惯，我们又翻开了分析了101年股市数据的巨著《投资收益百年史》。

　　这本书的三位作者，迪姆森、马什和斯汤顿，研究了每年初分红最多的30%的公司，和分红最少的30%的公司，对比观察它们的股价变化。从1900年到2001年，高分红公司的年均涨幅为12.2%，低分红公司的年均涨幅为10.4%。

　　每年相差2.2个百分点，这看似不多。但是在这么长的时间积累之后，差异就非常巨大了。在这101年的最开始，如果你把1美元投入那些高分红公司，最后将变为4948美元；如果投入了那些低分红公司，则只能变为1502美元。

　　不过，进入20世纪90年代以后，高分红公司的这种巨大优越性却开始逐渐消失。为了确定这种情况的发生。我们更新了《投资收益百年史》中的数据，加入了2000年和2001年高分红的标普500成分股，以及它们在第二年的表现。

　　我们发现，分红最高的10只股票，2001年平均上涨8%，同期标普500指数下跌10%，纳斯达克指数下跌34%。但是到了2002年，这种情况并没能持续。截止到10月份，分红最高的10只股票平均下跌了34%，而同期的标普500指数只下跌了24%，纳斯达克指数也不过下跌了34%。

　　扩大样本量，分红最高的30只股票，情况也类似于此。这些股票在2001年变化幅度较小，在2002年前10个月却平均下跌了25%。如表15.2所示。

　　买入高分红股票的一个巨大风险在于，它以后可能会不分红。福特汽车、德能公司、百路驰、越洋钻探、奎斯特通讯等公司在2002年减少或取消分红之后，股价跌幅都超过了40%。另外，公司持续分红，也是管理层在暗示他们缺乏有效利用这些资金的能力，所以只好把这些钱还给你。

表15.2　分红最高的10家公司的股价表现（2001年、2002年）

公司	2001年底分红	2002年前十个月股价表现（%）	公司	2000年底分红	2001年股价表现（%）
梅溪木材	10.05	−27.1	世博国际	12.06	−1.8
德纳公司	6.77	−23.7	杰西潘尼	10.47	155.79
福特汽车	6.68	−46.6	罗克韦尔自动化	8.48	−15.51
杰西潘尼	6.44	−45.5	德纳公司	8.1	−3.34
罗克韦尔自动化	6.34	−10.4	福特汽车	7.68	−29.27
CMS能源	6.08	−70.0	华丽公司	7.33	116.65
柯达	6.01	−10.8	温迪克西百货公司	7.09	−23.52
阿莫林公司	6	−1.8	通贝电气	6.92	34.92
雷诺烟草	5.86	−39.1	美联银行	6.9	16.47
中点能源	5.66	−67.4	南方公司	6.6	31.95
	平均值	−34.24		平均值	8.16
	标准差	23.59		标准差	1.77

提高分红

接下来，我们看看那些发起或提高分红的公司。学术界认为提高分红与股价没有关系。但是我们通过科学研究，审查了这种看法。我们对2002年上市公司提高分红的一项初步研究，就与学术界的观点恰好相反。

我们从标普500成分股中选取了120家公司，它们在2002年提高了分红，在10月中旬，这些公司的股价平均跌幅为14%。还有22家公司减少了分红，它们的平均跌幅为20%。从一般统计学的角度来看，这个差异还是很大的。还有一些公司是第一次分红，它们的平均表现也超过了标普500指数，如表15.3所示。

表15.3 新开始分红的公司及其股价涨幅

公司	股票代码	宣布分红日期	12个月以后股价涨幅（％）	涨幅超过标普500指数多少个百分点
美源伯根	ABC	2001年10月31日	12	28
联邦快递	FDX	2002年5月31日	无数据	无数据
高盛公司	GS	1999年6月24日	32	22
的康金融服务	JHF	2000年11月13日	32	49
美德维实伟克公司	MWV	2002年1月13日	−17	0
大都会人寿保险	MET	2000年10月24日	10	29
孟山都	MON	2000年10月18日	49	72
百事可乐	PBG	1999年4月29日	7	−3
信安金融	PFG	2002年10月25日	无数据	无数据
奎斯特	Q	2001年5月2日	−87	−73
雷诺烟草	RJR	1999年7月28日	5	−2
罗克韦尔柯林斯	COL	2001年7月2日	6	29
联邦快递	UPS	1999年11月18日	−9	−9
伟世通	VC	2000年7月14日	24	43

注：收益不包括分红再投资

数据来源：彭博社

我们总结认为，在股市中没有一招鲜。过去涨得好的股票，在2002年的表现并不怎么样。那些提高分红的股票在过去的表现很糟糕，但是在2002年势头很好。

分红收益与股市

我们常常听到某些价值投资权威说，相对于股票分红来说，股价显得太高了。太平洋投资管理公司的证券专家比尔·格罗斯，根据过去100年的分红收益数据以及2002年9月份的分红增长情况，认为道指的合理位置应该是5000点（当时为8500点）。

这样的看法简直太天真了，我们听了都为他感到脸红。它完全忽视了一个事实，上市公司回购股票花的钱不比分红少。它还忽视了一个事实，过去10年的基准利率是1950年以来的最低水平，这意味着股市分红不必很高，就足以保持很强的吸引力，如表15.4和表15.5所示。

表15.4 美国10年期国债的历年年底收益率（1962—2001年）

年份	收益率（%）	年份	收益率（%）	年份	收益率（%）
2001	5.051	1987	8.859	1973	6.902
2000	5.112	1986	7.223	1972	6.412
1999	6.442	1985	8.986	1971	5.892
1998	4.648	1984	11.514	1970	6.502
1997	5.741	1983	11.801	1969	7.882
1996	6.418	1982	10.389	1968	6.162
1995	5.572	1981	13.982	1967	5.702
1994	7.822	1980	12.432	1966	4.642
1993	5.794	1979	10.332	1965	4.652
1992	6.686	1978	9.152	1964	4.212
1991	6.699	1977	7.782	1963	4.142
1990	8.067	1976	6.812	1962	3.852
1989	7.935	1975	7.762		
1988	9.137	1974	7.402		

数据来源：彭博社

表15.5 标普500成分股分红收益率（部分年份）

年份	分红收益率（%）	年份	分红收益率（%）
2001	1.4	1990	3.7
2000	1.2	1980	4.5
1999	1.1	1970	3.4
1998	1.3	1960	3.3
1997	1.6	1950	7.2
1996	2.0	1940	6.3
1995	2.2	1930	3.5
1994	2.8	1920	4.3
1993	2.7		

数据来源：彭博社，标普证券价格指数记录，《投资收益百年史》

我们再拿出笔纸来算一算，平均每股分红减少的时候，标普500指数的走势如何。从1938年到2002年9月，标普500成分股的分红只有六年出现了下降。表15.6展示了这些年份及其次年的标普500指数走势。

表15.6　分红减少年份及次年股指走势

分红减少年份	分红减少比例（％）	标普500指数涨幅（％）	次年标普500指数涨幅（％）
1938	−37	25	−5
1942	−16	12	19
1951	−6	15	12
1958	−3	38	8
1970	−1	0	11
1971	−2	11	16

数据来源：尼德霍夫投资公司

在分红减少的六年里，标普500指数的平均收益率为17%，次年的平均收益率为10%。如果把分红计算进去，收益率还会提高5个百分点。所以，所谓分红不提高股价就不会上涨的说法，显然是错误的。

现金指标

2002年，报纸上充斥着会计欺诈的曝光与忏悔，舆论中弥漫着公司破产的消息，一位投资印度公司的朋友告诉我们，那里的财报造假情况更为严重。想要了解一个公司的真实财务情况，唯一途径就是看它们到底交了多少税。

在调查中，我们发现很多酿成会计灾难的美国公司，比如世通公司和海底电缆公司，它们直到破产前夕，还在吹嘘自己的盈利。不过，现在看起来，当时它们其实已经露出了马脚。与这两家公司实际缴纳的税款相比，它们报告的税前收入（不考虑利息、贬值和折旧）都太高了。

我们想知道，一家公司实际纳税额与报告利润的比例，能否作为辨别它是否存在财务造假的线索。毕竟，几乎不会有公司会为捏造出来的利润纳税。

以前拉斯维加斯的黑社会都知道这一点。苏珊·伯曼在《拉斯维加斯女郎》一书中写道，赌场老板会把他们赚的钱分为三份，自己留一份，上交政府一份，还有一份留给那些黑社会老大。因为没有给对方交钱，巴格西·西格尔被黑社会揍了一顿。这些人认为，巴格西不给他们交钱，要么是没有经营好"他们的资产"，要么是自己私吞了。

上市公司向政府报告一个收入数字，向公众报告另一个收入数字，这并不违反原则，也没什么值得怀疑的。它们眼前有两个截然对立的目标：向政府报告的利润要尽量少，以便少缴税；向公众报告的利润又要尽量多，以便支持股价。美国国税局有一套计算公司收入和纳税基数的方法，证券交易委员会也有一套计算方法，而且这两种计算方法之间有很大的差异。

一家公司的可纳税收入与报告给股东的收入有差异，这可能有很多合法理由，比如使用哪种折旧方法、如何对待可摊平的无形资产、怎样记录收入、是否把股票期权列为开支以及开支多少，等等。

在会计领域中，税务会计是技术含量最高、最有争议、最模糊的领域。比如很多成长型公司都喜欢延迟纳税。因为他们总是在花钱（比如添置电脑或卡车）。至于什么时候才会真正缴纳这些税款，按照两种计算方法得出的结果往往不一样。这种时间上的差异有时候也会影响公司的财务报表。

我们似乎需要进行一些简单的计算。我们使用30只道琼斯工业股票，对比了他们财报中声明的税前收入和现金流中的纳税金额。我们把这些公司分为高纳税公司和低纳税公司，并对比它们的股市表现。结果如表15.7和表15.8所示。

你或许会认为低纳税公司更擅长避税，或者拖延纳税时间，这说明他们更擅于经营，因此股票表现会更好。但我们的统计结果显示，情况恰恰相反，同等收入情况下，低纳税公司的股票表现更差，这有点违反直觉，但也意味着需要更加深入的研究。

表15.7 高纳税公司

公司	股票代码	2001年税前收入（千万美元）	纳税金融（千万美元）	收入/纳税比	2002年1—9月涨幅（％）
惠普	HPQ	3200	1159	2.8	−37.6
埃克森美孚	XOM	29000	9855	2.9	−13.8
家得宝	HD	5700	1685	3.4	−45.5
宝洁	PG	7000	1701	4.1	13.4
沃尔玛	WMT	13400	3196	4.2	−17.7
波音	BA	6500	1521	4.3	4.3
强生	JNJ	9500	2090	4.5	−11.8
可口可乐	KO	6200	1351	4.6	3.4
菲利普莫里斯	MO	18000	3775	4.8	5.8
默克集团	MRK	11500	2300	5.0	−18.8
迪士尼	DIS	4600	881	5.2	−32.0
麦当劳	MCD	4000	774	5.2	−13.4
3M公司	MMM	3300	520	6.3	3.3
美铝公司	AA	3500	548	6.4	−30.0
卡特彼勒	CAT	2500	379	6.6	−17.8
				平均涨幅	−13.9
				标准差	17.5

表15.8 低纳税公司

公司	股票代码	2001年税前收入（千万美元）	纳税金融（千万美元）	收入/纳税比	2002年1—9月涨幅（％）
IBM	IBM	16100	2279	7.1	−43.8
英特尔	YNTC	8900	1208	7.4	−43.8

公司	股票代码	2001年税前收入（千万美元）	纳税金融（千万美元）	收入/纳税比	2002年1—9月涨幅（%）
西南贝尔通信公司	SBC	20000	2696	7.4	−35.0
联合科技	UTX	3700	497	7.4	1.4
杜邦	DD	3500	456	7.7	−5.1
国际纸业	IP	3300	333	9.9	−5.5
微软	MSFT	13000	1300	10.0	−30.4
美国运通	AXP	6800	545	12.5	−8.5
通用汽车	GM	23000	1843	12.5	−12.3
花旗集团	C	31600	2411	13.1	−37.7
霍尼韦尔	HON	1100	79	13.9	−8.7
柯达	EK	1900	120	15.8	0.9
通用电气	GE	27400	1487	18.4	−24.4
AT&T	T	15600	803	19.4	−49.2
摩根大通	JPM	11200	479	23.4	−32.3
				平均涨幅	−22.3

为了确保我们得到的结果不是偶然产生的，我们对50只标普500成分股进行了同样的统计。如表15.9所示，高纳税公司的股票表现明显比较好。

表15.9 标普500指数样本

50只样本股	
高纳税公司	
平均涨幅	−15.7%
标准差	24.9%
数量	25
低纳税公司	
平均涨幅	−31.0%
标准差	24.6%
数量	25

我们的研究并不深入。很有可能在其他时期、其他环境下，低纳税公司会在强大现金流的支持下，获得更好的股市表现。

库 存

资产负债表中蕴含着丰富的信息，但你必须知道怎样去挖掘。我们发现，最宝贵的信息就隐藏在第四行，在现金、可兑换债券和应收账款的下面一行，那就是库存。

一家公司的库存是否增加了？如果是的话，其股票很可能会下跌。

库存是否减少了？如果是的话，股票很可能会上涨。

这和人们的通常看法非常一致。会计账目中的库存伎俩，和21世纪一样新颖，也和股票交易一样古老：如果一家公司给存货定价很高，就能大幅增加账面收入。但是这些芯片、路由器和配件们，哪怕在资产负债表中价值几十亿美元，到最后也极有可能以很低的价格清理。

你可以忽略它，但是市场绝不会忽略，尤其是在市场萧条、人心涣散的时候。

披露库存大幅增加之后股价暴跌的故事很多。例如，英伟达公司的库存价值从2001年1月的0.904亿美元上升到了2002年1月的2.14亿美元。库存增加了137%，而同期销售额只增加了86%。显然，英伟达认为2002年的销量会有大幅提升，所以才准备了这么多存货。但是无论如何，2002年前十个月，该公司的股票还是跌了89%。

再来看看泰乐公司，它的股票在2001年跌了74%。该公司在2000年年初的库存价值为1.86亿美元，到2000年年底增加了131%达到4.28亿美元，而同期销售额只增加了46%。2001年，销售额又下降了35%。

2000年的摩托罗拉为我们提供了一个非常有价值的例子。该公司当年的库存价值从37亿美元增加到52亿美元，增加了40%；而销售额从331亿美元增加到376亿美元，只增加了14%。该公司的股票在2001年下跌了26%，似乎不算很多。但是我们要注意到，市场对此情况似乎早有预测，摩托罗拉的股价在2000年就已经跌了60%。

1999年底宣布库存增加、2000年股价大跌的公司特别多。亚马逊的库存从3000万美元增加到了2.21亿美元，暴涨了650%。尽管它的销售额也从6.1亿美元大幅增加到16亿美元，涨了170%，或许这就是该公司管理层增加库存货物的理由。但是市场并不接受这样的解释，亚马逊的股价在2000年暴跌了80%。

表15.10总结了这几家公司年底库存变动和次年股价变化。库存增加意味着销售遇到了麻烦，这似乎是一个常识。我们大部分人都见识过这样的情况，开始过度乐观估计存货的价值，最后却发现只能以非常低的价格卖出，特别是那些产品更新速度很快的行业。

表15.10　库存与股价变化对比

公司	年份	年底库存价值（百万美元）	库存变化（%）	销售额变化（%）	第二年股价变化（%）
英伟达	2001	213.9	137	86	−84
泰乐	2000	428.3	131	46	−74
摩托罗拉	2000	5242	41	14	−26
亚马逊	1999	220.6	650	169	−80

数据来源：彭博社

不过情况并没有这么简单。很多公司库存增加的同时，销售额也在大幅提高。这种公司在第二年的股价表现往往很好。另外，很多库存大幅减少的公司，销售额也大幅降低了。这种公司产生不了多少利润，也成不了股市明星，股价表现只能是惨淡结局。

我们的专栏读者和其他所有严肃的投资者都知道，故事说明不了任何问题。库存增加的股票后市表现极其分化，并没有统一走向。要想解决这个问题，需要通晓会计学、统计学和投资实践的专家来进行系统的、科学的调查研究。

幸运的是，哥伦比亚大学会计学和金融学教授雅各布·托马斯和他的学生、伊利诺伊斯大学教授张怀已经联手完成了这样一项研究。

货架空，股价升

托马斯和张怀在论文《库存变化与未来收益》中指出，上市公司的应计收入超过实际收入一段时间以后，股价往往会下跌。应计收入，是年报和盈利公告中报告的收入，这两者都是公开发布的。应计收入与实际收入的主要区别在于，只要签署了销售合同，就可以记入应计收入，并计算相应的费用支出。而现金收入，则必须在实际收到或支出账款，才能列为收入或支出。从1988年开始，美国的上市公司必须综合应计收入与现金收入来调整财报中的现金流，这是上市公司必须向审计部门提交的四份财报之一。

越来越多的投资者和分析师开始关注现金流报告。托马斯来自印度，张怀则来自中国，他们通过系统检验，发现现金流报告对预测股价最为重要，从而为金融分析做出了重大贡献。他们分析了1970年到1997年间的39315家公司，最后总结道："我们发现，现金流报告与未来收益之间存在稳定的、实质性的关联，而库存变化则是其中的主导因素。"

库存减少最快的公司，"股价+分红"收益比所有上市公司的平均水平高4个百分点。另外，库存增加最快的公司，"股价+分红"收益却比平均水平低7个百分点。在他们研究的28年中，有27年的情况都是如此。根据统计学知识，随机发生这种现象的概率只有千分之一。

令人惊讶的是，如果再把第二年的收益考虑进来，这些库存减少的公司的收益率还将提高4个百分点。

资产负债表中的另外两项内容对未来收益也有很大影响，尽管没有库存影响那么大。它们分别是折旧（越高越好）和应收账款（增速越慢越好）。这两项数据较好的公司，未来平均收益要比市场平均水平高4个百分点。

为什么库存变化如此重要呢？两位教授为我们提供了三条解释：

1. 需求变化。高库存可能意味着需求下降、未来盈利能力堪忧。

2. 产量过剩。对于制造业公司来说，产量超预期可以降低当年的平均生产成本，从而使卖出的产品单件成本更低、利润更高。但是为了消化库存，它们第二年就又得减少产量，这样平均生产成本就又会增加，单件利润重新下降。

3. 虚报库存。有的公司或许会用库存来操控盈利数据。可供销售的产品成本，是由上个生产周期的库存与当前生产周期的生产或外购成本决定的。在财年结束时，我们要么把可销售库存的成本摊入已销售货物的成本，要么把它们列为库存。如果你更侧重于后者，那么已销售货物的成本就会降低，盈利就会增加。等到第二年减记库存的时候，利润就会骤减。

教授们认为，操控盈利数据的可能性最大。不过，他们并不认为库存增加完全是因为操控盈利引起的。"不妨考虑一下这样的情景，"托马斯在写给我们的邮件中说，"思科公司八年以来一直在生产路由器等产品。需求可能突然减少，但他们认为自己可以逾越这一困难时期。本来，情况差到一定地步，他们就应该减记了一部分未销售库存，但他们出于乐观没有这样做。结果到第二年，他们终于承认市场不振，减记了库存，导致当年的收益率下跌。你能说他们这样不忍减记是操控利润吗？有些人不认为这是操控利润，只是简单地把它看作对前景的理性乐观。"

张怀生于中国，本科毕业于北京大学，然后到美国攻读博士学位。"我刚到哥伦比亚大学攻读会计学博士时，对会计数据还是盲目相信。"张怀告诉我们，"但在四年以后毕业时，我已经养成了怀疑的习惯。GAAP的灵活性很大，如果一家公司业绩没有达到分析师们的预期，在投资者的指责压力下，公司管理层就可以调整盈利数据。我与杰克合作的论文研究结果，印证了通过库存操控盈利数据、误导投资者的情况。这进一步证明了我的世界观：会计是肮脏的。"

上市公司的现金流报表中有很多宝贵信息。但是在实践中，一般投资者很难读懂报表中的所有信息，即使是资深会计师也承认这很难。托马斯被公认为会计领域的大师，连他也说："梳理现金流报表及其附录是痛苦的，但也是很有收获的。而且现在并没有简易办法能替代传统方法。更不幸的是，报表中披露的信息往往隐晦不详，多有人为扭曲之处，我们大部分人即使看了一遍又一遍，还是会感到一头雾水。"

数据变动之谜

托马斯和张怀的研究是根据标普公司的Compustat数据库进行的。尽管这些数据被广泛运用，但是鉴于其数据都是回顾性的，我们认为它难免会有幸存者偏差，因此对它格外慎重。

麻省理工学院的教授安德鲁·罗是这个领域的专家，经常在最重要的场合讲话，他指出Compustat的数据是经过"回溯调整"的，这为研究人员造成了一些潜在问题。"在Compustat的数据库中，今天看IBM公司在1997年净资产和上个月看到的数据可能都不一样。"罗告诉我们："Compustat每个月都会进行数据整理，包括现在这个月。不信可以做以下实验（我确实做了）：这个月，记录Compustat数据库中所有2001年10月份的数据；下个月，再做同样的记录。然后对比这两份应该一模一样的文件。你将会发现至少200处不同之处。这还没有触及它的数据质量、覆盖完整度和无休无止的更新。"

另一个潜在问题是，托马斯和张怀在选定论文中的几项数据之前，检验了资产负债表中的很多条目，以及它们的计算方法。从统计学角度来看，这种方法是有问题的，因为很多条目之间存在关联性，而且同一条目的连续几年数据也存在关联性。

托马斯承认，Compustat数据库的调整是一个隐患，但是他说这在最近十年并不是问题。"据我所知，最近一次大规模调整数据是在20世纪70年代。"他补充说，"在我看来，两个大问题在于：为什么直到下个季度的财报出来之后，市场才开始矫正这样明显的股价扭曲？现在是否依然存在这种股价扭曲？"

当你想要一个科学的说法时，会求助于谁呢？没错，要找数学工具。我们对近年的情况进行了简单计算，看库存和应收账款的变化是否真会导致股价的反向变化。

道琼斯工业指数

因为这是一项探索性研究，我们希望从相对均衡的样本中选取数据。因此，我们选择了道琼斯工业指数的30只成分股。这些公司本身都很重要，它们的总市值占据了美国所有上市公司总市值的28%。

我们选择了1998年库存和应收账款最多和最少的五家公司，然后对比它们在1999年的股价表现。然后，我们还对比了1999年库存和应收账款最多、最少的五家公司在2000年的股价表现，如表15.11所示。

表15.11　**总收益率**（股价变化＋分红再投资）

	2000年（%）	1999年（%）
库存增加最多的5家公司	−7	−17
库存减少最多的5家公司	−1	12
应收账款增加最多的5家公司	−1	−18
应收账款增加最少的5家公司	4	6

结果表明，在库存和应收账款大幅增加的次年，股价表现确实很糟糕，

收益率大约为-10%。

对于那些库存和应收账款减少最多的公司来说，第二年的股价表现则非常好，平均收益率可达5%。

因为我们只计算了20家公司，结果有很大的不确定性，还会随着不断变化的市场周期而变化，这些结果只有5%的可能性会保持不变。

但是不论如何，我们还是总结认为，如果你想在股市中赚钱，就必须研究应收账款和库存变化。

综合验证

那些能够辨别真正好机会的人，从来都是收益最多的人。然而最明显的买入信号，比如公司回购股票和内部增持，却常常会误导投资者。用我们最喜欢的科幻小说《人体异形》中的话来说，不止一家看似符合我们买入标准的股票，"只是外观、言语和行为"像那些真正有价值的好股票。

我们设计了一套新系统，来扫除这些冒牌货。我们首先思考了生活和自然界中的冒牌货。1890年代冒险家路易斯·德·鲁日曼的故事对我们尤为启发。萨拉·伯顿写过一本有趣的书：《冒牌货：六种骗子——真实的骗局》，书中写道，鲁日曼说，他让食人族相信自己拥有超自然能力，从而在广袤的澳大利亚腹地生存了30年。最终，他设法回到了伦敦，并把自己的传奇故事卖给了《大千世界》杂志。

故事的开头就引发了轰动。德·鲁日曼骑海龟的故事被很多人指责为荒谬。"我曾抓捕、对付过几千只海龟，"一位澳大利亚人说，"可从未见过哪只海龟背上碰到东西时不会沉下去。"一位支持德·鲁日曼的人说："我也曾抓过海龟，还知道有一位海军学员抓到一只海龟后骑了10分钟。"1906年，这位自称食人族酋长的主人公在伦敦娱乐城演示骑海龟，以此来驳斥质疑者。不过，即使到这时候，还是有记者调查曝光，揭露德·鲁日曼不过是位想象力丰富的男仆，原名叫作路易斯·格林。

在阅读德·鲁日曼的故事时，我们意识到只有试验更多的海龟，才能避免被骗。当我们读到貌似清白的植物的凶险骗术后，这种想法就更加强烈。

欧洲兰花不仅形似蜜蜂，散发出的味道也极像雌性蜜蜂，所有这些不过是为了吸引雄性蜜蜂前来传粉。当雄蜂兴致勃勃在诱惑性的兰花上爬行一圈之后，便认出了这是个冒牌货，不再信任这种味道，但后边还有100种其他兰花在使用类似的骗术，等着它去传粉。

"在走过四五种不同植物之后，蜜蜂就会学聪明，这一大群味道都是没用的，然后就不会再去找这些兰花了，"戴维·爱登堡禄在《植物私生活》中写道，"但是到这时候，兰花也已经实现让蜜蜂帮忙传粉的目的了。"

投资者也面临类似的骗局。上市公司会通过回购股票、内部增持等手段来吸引投资者，随后却爆出隐秘债务、业绩浮夸，或者会计作弊等丑闻。经历过几次这样的骗局之后，投资者或许就会放弃整个股市。但是到这时候，他们已经为股市做出了贡献。

有些植物的骗局更加致命，它们伪装成捕食者的食物，然后吃掉对方。东南亚捕虫草的形状像是高脚杯、酒瓶、水杯或者香槟酒杯。它们通过分泌丰盛的花蜜，诱惑昆虫进入其中，然后用酸液消化这些昆虫。

为了避免被我们选择的股票愚弄、诱骗甚至生吞，我们决定在买入股票之前要再三确认多种信号。我们这样做的生物学基础是，任何生物都不会花费太多能量去伪造多种假信号，希望上市公司也是如此。

三种信号

我们选定了三种我们感觉特别有效的信号：

1. 回购公告。

2. 库存大幅减少。

3. 应收账款大幅减少。

如前文所述，从2000年年底到2002年10月份之间发布回购公告的公司，股价平均表现超出标普500指数6个百分点。道琼斯工业指数中1998年、1999年库存减少最多的五家公司，股价平均表现比库存增加最多的五家好10个百分点。

在选择这几种信号之前，我们进行了很多测验。发布回购公告的公司表现太好，以至于其他标准用处不大。例如，我们发现只要是在2002年发布了回购公告的公司，同时进行内部增持的公司股票表现和没有增持的差不多。

我们的探索性研究表示，在2002年前三季度有93家公司在宣布回购股票的同时，宣布了库存和应收账款的减少，它们的整体表现略好于其他只回购股票的公司。表15.12描述了这种信号。

表15.12　回购股票同时宣布库存和应收账款大幅减少的公司股票表现

回购股票的公司	超出标普500指数平均涨幅的百分点数
10家库存减少最多的公司	3
10家应收账款减少最多的公司	1

以后专买同时表现出这三种信号的股票，或许是个不错的主意。但是在实际运用之前，我们还要进行更多的研究，看它是否具有统计学意义。当我们在CNBC的"财富"专栏中发布这些发现时，有些读者冷嘲热讽。因为他们认为维克多长期以来都是靠低吸高抛赚钱的，研究财报或分红不是他的强项。一位读者写信说："投机分子把分红当作投资标准！简直是滑天下之大稽！"

他们这些话也不无道理。然而，多了解资产负债表决不是坏事。如果说如今的投资者还有什么共识的话，那就是我们需要透明、真实的财报，来重建对美国上市公司的信任。

以前市场流行玩花招满足市场预期的做法，比如出售一部分业务来增加业绩，如今这个时代似乎要走向尽头了。但是很显然，某些公司还没有感受到这个趋势。

例如，通用电气在2002年9月25日宣布，该公司有望实现第三季度的盈利预期。市场一片欢呼。通用电气的股价当天上涨了4.3%。第二天，又传出会议消息说，要卖掉一个全球交互服务部门才能实现这一目标。投资者一片失望，通用电气的股价又跌了2.3%。到星期五，当他们指出通用电气之前欠买家的贷款，还有10%的利息时，人们彻底放弃了对通用电气的信心。短短一周之间，两次会议的消息让通用电气的股价下跌了9%，让这家当时全球市值最高的公司贬值了250亿美元。

通用电气这次出售或许有很好的理由，但是因为该公司拒绝接受采访，还建议我们不要再联系他们，所以我们完全无法解释这件事。唯一清晰的是，通用电气的这一决策让股东损失惨重。

尽管人们早就知道通用电气操控利润来满足分析师的预测，但该公司直到最近才臭名昭著。卡罗尔·卢米斯于1999年8月在《财富》杂志上发表文章说，在看到《华尔街日报》刊登的头版新闻，报道通用电气CEO韦尔奇及其团队在1994年运用多种手段"平滑"净收入时，美国国际集团、灿邦国际和信诺集团公司的老总都疑问说："每家公司都这么干。怎么他们就上头版了呢？"

1998年9月，美国证券交易委员会主席亚瑟·莱维特向操控利润宣战。在纽约大学的一次晚宴演讲中，莱维特讲到，很多高管和审计者在"眉来眼去"，他们为了实现或超出市场盈利预期，煽动市场资本抬高股价，提升自己手中的期权价格，不惜操控利润，这令在场的很多人放下手中的刀叉，认真笔记。莱维特要求上市公司和华尔街停止使用会计花招：不要减记大笔的重组费用、未来运营费用或"当前研发费用"来增加未来收入；不要隐藏利润到以后使用；不要在发货之前确认销售；不要再去琢磨怎样撒谎来迎合GAAP会计准则。

长期以来，这种"业绩超预期"的游戏深受上市公司和华尔街的喜爱。不论经济是繁荣还是衰退，不论是遇到利率调整还是恐怖袭击，标普500成分股中总有60%的公司能"超过"分析师的预测。以下是标普500成分股从2000年到2002年间的业绩超预期比例：

2002年第二季度：60.1%

2002年第一季度：62.1%

2001年第四季度：55.3%

2001年第三季度：51.2%（尽管期间遭遇了9·11事件，美国股市停盘两周）

2001年第二季度：55.2%

2001年第一季度：54.4%

2000年第四季度：51.0%

2000年第三季度：58.2%

2000年第二季度：63.7%

2000年第一季度：70.7%

问题不在于他们是否"眉来眼去"，而在于他们在收割利润之前打算把股价抬多高。

我们想知道，现在还有多少公司在面临这样的选择，考虑是否要把多年以前得到的子公司或资产变卖，以此来迎合市场盈利预期。我们希望他们能从通用电气的例子中汲取教训。不然的话，它们也终将有一天，会把自己的信誉置于险境。如果他们的反应符合新的市场标准，就必然会取得成功。不然的话，投资者将不会再信任他们发布的任何官方公告。

在政坛也可以看到类似的转折点。如果如果一位官员言行不一，差距太大，连支持者都无法接受，那么他的支持率必然会很快下降。

不幸的是，在信誉严重受损的时候，光靠一句要改变的承诺是没用的。从2002年7月中旬到10月，在人们强烈呼吁上市公司更透明地公开运营费用的呼声下，至少有50家公司承诺要把期权列入开支。我们对比了这些"要透明"的公司与标普500指数的涨幅，发现它们实际上比大盘指数还落后3个百分点。在此期间，这52家公司平均下跌-9.6%，而标普500指数只跌了-6.4%。

维克多的父亲阿蒂·尼德霍夫曾说，如果让深陷困境中的人选择现金与建议，他们总会选择现金。他的智慧到今天依然适用。时事艰难时，当然是现金为王。我们希望本章中提到的这些指标能给读者带来帮助。

第十六章 / **CHAPTER 16**

结 语

> 在我看来，我应该热心欢迎所有穿越艰苦环境的人的帮助，不论对方是探险者、移民、传教士，还是士兵，我要搜集、整理这些人在不同环境中的经验，研究它们的原理，并把它们归纳浓缩为"旅行的艺术"。
>
> ——弗朗西斯·高尔顿，《旅行的艺术》

经常有读者问我们四个问题：

1. 你们在工作中是否使用某种技术指标？

2. 你们从哪里结交了这么多厉害的哲学家和科学家？从他们的工作描述来看，也不过是平平常常的人，但是他们对市场的见解非常犀利有用。

3. 你们怎能对艾伦·格林斯潘如此出言不逊？难道你们就如此乐观，丝毫意识不到股市泡沫的存在吗？

4. 在读完你们这本书之后，能否再给我们推荐几本好书？

现在，我们将一一回答以上问题。

技术指标

如第3章所说，市场上有很多种不同的技术指标，不管在什么时候，总有那么一两种看似有用。因此，我们要这样回答这个问题：几乎所有技术指标都是未经科学检验的，而且大部分都是模棱两可、无法检验的，所有技术指标的结果都完全符合随机概率。然而，那些发现某种指标在某个时期有用的人不会接受我们这种说法。

为了说服这种人，我们又采取了另一措施。可以毫不夸张地说，维克多浸淫股市40多年，是检验任何指标或方法的不二人选。在这么多年时间里，他在业界备受尊重，有很大的影响力，常常有技术分析师找他请教咨询，或者请他检验自己的投资系统。当他为索罗斯工作，负责评估投资系统时尤其如此，因为如果哪个系统被他看上了，可能就会有几十亿美元的资金砸进来。

在过去40年里，维克多亲手实时记录了15到20个市场的每小时变动。他从1965年开始，写下了多本记录，其中一本曾在日本的电视访谈节目中展示过。在日本，被打败的武士要去富士山朝圣，寻求指点和支持；而如今，维克多则从自己以前的记录本中寻找指南。

维克多曾有幸在三所大学学习，即哈佛大学、芝加哥大学和加州大学伯克利分校。这些高校对股价变化进行了大量的开创性研究。在他获得博士学位的芝加哥大学，研究人员开发了一套数据库，几乎被所有研究股市行为的人所采用。在证券价格研究中心，12位诺贝尔经济学奖得主中有10位与芝加哥大学有关联，他们的研究成果包括布莱克—斯科尔期权价格模型、米勒—莫德格利尼在资本消耗和分红方面的科研贡献、阿利伯的外汇研究、卢卡斯的理性期望理论。在1987年股灾中名噪一时的投资组合保险理论，就是维克多在加州大学学习时提出来的。

除此以外，他还非常擅于吸引聪明人加入自己的团队。几乎所有这些人都很称职。例如，与维克多合作了20年的理查德·泽克豪泽，如今被认为是行为经济学的领袖。在那20年里，他一直想发挥自己在学校精算师考试第一名的专业特长，在证券分析和研究中有所成就。正是因为维克多与其高智商搭档及同事们合作，我们是有能力实施、使用那些可能有价值的技术分析手段。

所以，我们并没有使用某种技术分析系统，也就意味着我们在经过严格比较之后，认为它们都存在缺陷。因此，投资者在咨询了我们对573种技术指标的看法之后，应该就没必要再研究它们了。

我们从哪里找的专家

我们的专栏，还有这本书中的相当一部分价值，来自我们结交的各行各业的专家、技术高手以及全世界与我们交流沟通的热心读者。

我们在2000年1月份开始合作写股市专栏的时候，我们就意识到仅凭两个人，无论多么渊博，也不可能掌握有关市场的所有信息。20世纪的最大教训，就是计划经济体制会导致贫困，但是数百万人的品味、爱好、技术和见解综合起来，却能调动全世界的商品，让它们走进千家万户的货架和餐桌，创造出繁荣的美好生活。

因为在网上写作，我们决定充分利用这种媒体。哈耶克的精辟观点认为，自由市场之所以表现最好，是因为它能调动大多数人的知识、智慧和技能。我们在实践中运用了他的观点，向千万读者征求意见，也得到了超乎想象的收获。

经常有各个领域的专家给我们写信，提出建设性意见，教我们如何改进专栏质量，把更多尖锐而有价值的信息传递给读者。我们把他们的鞭策当作荣誉，因为它们鼓励我们做得更好。

纽约州立大学心理学专家布雷特·斯蒂巴格给我们发来了第一记鞭策，

他后来成了我们的难得好友。2000年2月25日，就在纳斯达克指数达到5048点的峰值前两周，布雷特给我们写信说：

> 首先，你们写的专栏深入浅出，发人深省而又明白易懂。你们用音乐类比市场是完全正确的。
>
> 从投机的角度来看，假设流行音乐每分钟的节拍和股市的价格变化之间存在重大关联。从20世纪30年代大萧条之后的布鲁斯，到40年代的低吟，从50、60年代的摇滚乐，到60年代末、70年代初的迷幻音乐，从70年代后期的迪斯科，到80年代的新浪潮，再到现在的电子舞曲（可达每分钟150拍），我们能看到音乐激情的不断上升。我们该如何解释20世纪舞曲的复苏呢？

在3月2日的一封后续邮件中，他又补充说：

> 市场的音乐节奏越来越快，至少在纳斯达克市场是如此。但是即使在伊比沙岛的俱乐部，凌晨四点的音乐节拍太快的话，他们也会调整节奏，改为罗伯特·迈尔斯的迷幻舞曲。我想，这是以前的A—B—A结构……我们还必须看看，舞者们会不会开始摇摇晃晃，尽情狂舞。

我们给布雷特回信说，我们随时恭候他的鞭策。第二天，他给我们发邮件说：

> 今天可真是个大日子。首先收到了你们谦虚的回复邮件。回到家之后，我打开车库就看到了两个孩子画的涂鸦，上边写道："热烈恭喜鞭策奖得主！"即使是最冰冷的投资者，目睹此情此景也会心软吧。

我们在专栏中讲述了这个故事，还特意提到了布雷特博士的两个孩子。之后收到的邮件简直要融化我们的小心脏：

"真希望你们能一直把专栏做下去，"布雷特博士写道："我带马克雷在电脑上看了你们的文章。当他看到里边出现自己的名字时，一下就睁大了眼睛。他问我说：'是不是全世界上这个网站的人都能看到我的名字？'

'是的。'我说。

他转过头来，仰头看天。惊讶地喃喃自语说：'我出名了！'

这真是难得的一瞬间。"

一位名叫多恩·斯塔里卡的读者从他写的新书《股市魔鬼字典》中摘录了一部分，寄给我们。这是幽默的杰作，简直比安布罗斯·比尔斯的《魔鬼词典》还要好。他这样阐述股市中的术语：

均衡投资组合：一种在投资生涯结束之后继续发挥作用的破坏性策略。

买入机会：一只股票突然意外贬值的时机。

逆向操作者：与赢家作对的赌徒。

调整：对假景气的一种讨厌补偿。当某些（或者全部）股票价格同时下降时，就说股市在"调整"。这也就是暗示更高的价格是错误的。与"反弹"相对。

分红：倒数奖。

股票：通过买股票获得一家公司的所有权。股东没有参加部门会议、公司聚会和培训交流的义务，却可以享受公司的成功。股东也不需要参加面试，所以你不必担心如何掩盖自己的口音，也不必去借别人的西装打扮。

特许经营权：从一家公司的市场资料中挑出来的信息，投资者认为这是竞争优势的证据。

商誉：股票价格与实际价值之间的差价。

利率：可以解释股市中所有事情的万能良药。

原始股：买入一家新公司股票的最低价格。直到解禁期结束，或者人们识破了这家公司的真面目。

康德拉捷夫：根据康德拉捷夫波浪理论，市场周期中的上升趋势会持续五六十年，我们在此期间采取所有抵抗行动都不过是螳臂当车。这套理论解释了为什么直到现在，21世纪初，我们才最终从悲惨的萧条中恢复过来。

Linux操作系统：20世纪后期集体主义精神在互联网上的一种实践。

解禁期结束：一个有大量股票涌向市场的时间点。参见"供应与需求"。

动量投资：根据一种理论进行投资，该理论认为上涨的事物会一直上涨。

低价股：价值非常低的股票，甚至比其价格还低。

颅相学：一种科学，其目的是根据一个人的面相来判断他的行为特点。现在已经没人信了。参见"技术分析"。

投资组合：一个投资者当前错误的详细列举。

反弹：对意外下跌的糟糕补救。当一个板块的股价同时上升时，市场称之为"反弹"。这暗示之前由于"调整"而下跌的股价是错误的。与"调整"相对。

止损：股价低于这一位置之后，就会开始持续反弹。

供应与需求：对所有股价现象的一种正确解释。

共振：如果一只股票因为管理不当或者证券管理委员会的调查而贬值，同一板块的其他股票也会"出于共振"而下跌。参见"买入机会"。

技术分析：投资者为了预测市场走向而进行的一种占卜行为。参见"颅相学"。

抄底：一种投资决策。其支撑理论是有跌必有涨。

价值投资：一种投资决策。其支撑理论是长期下跌必会涨。

我们把布雷特博士、斯塔里卡和其他专家的来信发布在网上，就形成了一个小范围交流群。

随着与我们交流的投机者群体越来越大，一位名叫詹姆斯·科尼列斯·戈德坎普的读者建立了一个通讯录，可以让所有读者看到每个人与我们的交流信息。大家的交流，催生了很多友谊与商业联系。一年夏天我们举办了一场读者会，好让大家面对面交流。这场活动充满快乐，成果丰硕，后来延续成了一个传统。

我们自己从这些交流中收获颇多。我们为CNBC "财富" 专栏写的文章，很多观点都来自群里的朋友，有的署名了，有些是匿名的。有些朋友还曾为我们撰写客座专栏。看到布雷特博士在威利出版社出了新书，还在CNBC "财富" 专栏开辟了自己的专栏，人气甚至超越了我们的专栏，我们由衷地感到高兴。

正是布雷特博士，在2002年为我们的投机者群做了最有力的阐释：

> 这个投机者群的守护神不是维克多·尼德霍夫，尽管他与我们很多人都关系密切。真正的守护神是弗朗西斯·高尔顿。高尔顿是现代统计学之父，也是经验主义的大师。他收集了数千人的数据，来探索基因对人类智力的影响。他不像现在某些平等主义者那样，直接就宣布一条真理或者基本原则。他总是先收集数据，然后努力解释他从数据中观察到的规律。
>
> 投机者群的核心和灵魂，就是经验主义。这是一种对探索发现的渴望。这是一种对人类通过辛勤努力理解世界的喝彩。在感悟市场的过程中，我们进行了英雄史诗般的探索：与各种强大力量作斗争的同时，也有成功的喜悦。那些力量包括：市场的复杂性，我们自身情感的固执，还有智慧的较量。要想打败这些力量，只能依靠人类的大脑，靠它把数据转化为信息的能力。

到2002年，我们的投机者群已经发展到世界各地的200名成员，从南非到斯洛伐克再到硅谷，都有他们的身影。虽然我们也经历过人员变动，也遇到过观点分歧，但这个群已经衍生为一所非正式的投机者学校，一个独一无二的量化分析市场的论坛。

再谈不断变化的市场周期

投机者群的一大功能，就是能让我们始终跟上不断变化的市场周期。

一位名叫马丁·奈特的读者，他把不断变化的市场周期描述为牛顿冷却定律中的一个变量。牛顿观察到，一个物体的温度变化，取决于它自身的温度和周围空气的温度，两者之间差异越大，变化就越快。奈特指出，市场周期也遵循牛顿的冷却定律：市场的规律性越强，实际情况与随机概率差异越大，股市吸引的资金就越多。这些资金会打破规律，使其更加随机，或者更加均衡，就好像一个房间里的温度会因为对流逐渐统一一样。但是新的热源又会制造新的对流。奈特的观点的美妙之处在于，它为市场周期的变化速度提供了一种量化估计方法。

奈特是一位住在加州的英国人，今年38岁，他是一位谦虚的统计学大师，喜欢把行为金融学运用到自己的投资中去。他在2001年取得了77%的收益率，在2000年取得了33%的收益率，尽管他说自己少赚一点就心满意足了。

我们还遇到了另外两位天才，他们发现了如何应用不断变化的市场周期。第一位在1986年底给《经济学人》杂志撰稿预测。这位匿名作者将市场周期看作一场游戏中的变量。在这场游戏中，每十年都在重复一个市场周期，人们都认为某种产品能赚钱（随便举个最新的例子，比如办网站和能源衍生品交易），都为了逐利蜂拥而来。结果到了第二个十年，由于参与人员太多，市场竞争日趋激烈，价格也开始下跌，原本利润丰厚的产品变得滞销，业内人人亏损。"就这样，人们以为恒久不变的那些领域，恰恰是变得最厉害的。"这位作者称之为"反向定律"，他同时预言，假如别人都不信他说的话，读者们就可以靠这个发财了。

2002年7月13日，我们收到了孜孜不倦的布雷特博士的一封信，他在信中完美总结了他和我们对不断变化的市场周期的思考过程，在此我们将这封信全文引用如下：

再谈交易系统的复杂性

在我看来，人们对股市和证券指数市场有三种基本看法：

1. 它们是随机的，完全不可预测的。这是基于有效市场假设的观点，按照这种观点，下功夫研究市场走势、分析个股只不过是浪费时间。从长期来看，把钱投资到多元化的指数基金中，是享受市场长期积极收益的最佳方式。

2. 它们是可预测的。这是大多数技术分析师和交易系统开发者的观点，他们相信自己能够挖掘出市场的重复性规律，并靠这个赚钱。他们认为，这些规律在市场中根深蒂固，是对人性（例如贪婪和恐惧）或自然规律（例如斐波那契数列）的反映。

3. 它们的可预测程度是在不断变化的。这是构建市场模型，并根据不断变化的周期调整模型的人的观点。这些人把可预测性本身看作一个变量，随着市场的不断变化，市场的可预测程度也在不断变化，有效预测所需要的要素也在不断变化。

对于持第三种观点的人来说，任何交易系统都至少存在两个概念层次。第一层的系统包含一组预测，以及这些预测与市场结果之间的假设关系。第二层次的系统包括一组修改第一层系统的方式，即在何等条件下进行何等修改。

再说简单一点，认为市场周期在不断变化的交易者，他们需要的交易系统至少要包括：（1）一个交易模型；（2）一个修改模型的方法，以便让该模型始终与不断变化的市场状态保持同步更新。

当然，还可以提炼出第三个层次来，那就是如何根据市场变化来更新修改交易模型的方法。

通过这些复杂的层次概念，交易系统才有了强大的适应性。事实上，持第三种观点的交易者不可能遵循某种单一的交易系统，因为不断变化的市场周期会迫使他们不断改变交易方法。

尽管如此，对交易系统的讨论主要还是集中在第一层次上（买点/卖点/止损），而不考虑如何在不断变化的市场环境下调整它们。如果不考虑交易系统的第二层次，交易者有可能在某种市场环境下表现很好，但在其他环境下都收益惨淡，这也是大多数交易者的现状，他们在1990年代赚钱不少，如今却举步维艰。

从进化论的思维来看，在不同层次建立多种交易系统的交易者，适应市场环境的能力更强。

不同类型市场有不同的交易系统，这种想法比那种一套系统走天下的想法适应性更强。让·皮亚杰认为，复杂性的增加是成熟思想的标志。这可能也是成熟交易者的标志。

钓 鱼

2001年夏天，我们发现自己正在经历一场世界范围的大衰退。这时候要是有哪个经纪人过来觍着脸说："先生，已经按照您的报价满仓了。"我一定要赏他一记耳光。受小说《白鲸》的启发，我们认为这时候最好休息休息，去钓个鱼什么的。闲暇之余，我们开始寻找牛市熊市通用的规则。鉴于大家之前的热烈讨论，我们邀请投机者群的成员发表意见。来自四面八方的意见一如既往地震惊了我们。交易者能从钓鱼中学习到什么？以下便是我们的一些讨论结果：

湖畔反思

——约翰·兰博格，工程师，发明家；马克·M.麦克纳伯，弗吉尼亚理工大学金融学教授

1. 在鱼觅食的地方钓鱼。了解市场的热门板块。

2. 不要在游人如织的地方钓鱼。你可能挤不到自己想去的地方，即使到了，吵闹的人群也会把鱼吓跑。如果每个人都有同样的炒股理念，容易钱早就被赚完了。

3. 保养好渔具，准备足鱼饵和鱼钩，还要有更多的耐心。选择你最好的想法、最好的时机炒股，但不要用杠杆投资。

4. 不要制造噪音，那样会把鱼吓跑。桃李不言，下自成蹊，你何必要多嘴呢？

5. 不要在没有鱼的地方钓鱼。要了解湖水的情况和你想钓的鱼的习性。电子探测器可以帮你找到鱼，却无法让它们咬钩。别人都不买的股票，你为什么要买呢？空手接飞刀可能会让抄底的人死无葬身之地。

6. 哪怕你做了最好的准备，有时候鱼就是不上钩。不要灰心，回家好好享受这一天吧，换个时间继续来。即使是最好的交易者，也只有60%的正确率。你只要把握住几次最大的机会就好。

7. 有时候你会发现自己其实是在学养鱼。做的饵要让鱼喜欢吃，还要把它们抛到水里。装备出问题了尽快解决，然后再把鱼钩抛回水里。当你的股票进入上升期之后，拿住了。

8. 有大鱼咬饵时，抓牢鱼竿，绷紧鱼线，等鱼扑腾累了再把它钓上来。把盛鱼的网兜放远一点，不要着急卖出盈利的股票。

9. 若有非常大的鱼挣脱了你的鱼钩，挣断了你的鱼线，要继续追赶。它

怎样钓鱼（画家：海·辛特梅斯特，1937年）

或许还在这片水域，所以随时要在船上准备一套备用渔具。如果市场暴跌让一些股票跌到了谷底，就要准备好搏反弹。

　　10. 要知道什么时候回到岸上，特别是当白浪涌起、乌云浮现的时候。

如果市场变得过于疯狂，就把股票卖掉回家数钱吧。

我在河边钓鱼时领悟到的市场规律
——邓肯·库克，投资者

北梭鱼是出了名的胆小。受到惊吓时，它们能以30英里/小时的速度逃跑，还能做出急转弯来躲避捕食者或垂钓者（恐慌）。诱使它们逃跑的可能是内在感觉，也许是水中的捕食者或外部垂钓者（市场震动）。

但是它们总会随着潮水回到原来的地方，因此我们也就经常能钓到它们（市场周期）。

想要抓到它们需要练习、研究，以及有条理、严格的执行。当然，这其中充满了趣味和挑战（收益）。

钓鱼与风险
——帕特里克·波义耳

在夏天的大部分周末，我都会去科德角的海边钓鱼。当我还是新手的时候，很快就学会一件事，把钓鱼竿的线轴固定好是非常重要的。它或许比选择饵料、选择地点、定位鱼群等事情更重要，因为预测某一天鱼想吃什么是很难的。

线轴的固定位置，决定了鱼线的松紧。如果线太紧，鱼用力挣脱的时候，鱼线就会绷断；如果线太松，你可能什么都钓不到。

这和生活中的很多事类似。比如一个投机者要决定自己应该在一笔交易上冒多大的风险。寻求一个平衡点很重要，不论是对待信念、想法还是我们的财富，都不要太固执。另外，也不要太过于放松，不然你就会失去控制。要利用经验和科学来实现平衡，试着拉一拉鱼线，看它的松紧是否合适。

你们怎能对艾伦·格林斯潘如此出言不逊

在交流的过程中，大部分人不同意我们把美联储主席艾伦·格林斯潘描述为一个思维保守的破坏性人物，把他看成2000—2001年股市危机的导火索。但这只是我们的一部分看法。我们还认为，虽然是无意的，但他也是导致世贸大厦遇袭的部分原因。

我们还发现，大多数人都将他看作戳穿纳斯达克泡沫的英雄。很少有人同意我们的看法，认为他的行为是肆无忌惮的傲慢做法，企图对股市施加影响。在我们看来，他的行为最令人反感之处在于，他完全知道，如果他事先就说出自己的企图，一定会遭到公众的强烈抵制。

纳斯达克市场的火爆有泡沫和错误吗？肯定有。但是市场自身能解决这些问题，市场不需要中央计划权威的插手，就有很强的自我调整能力。很多曾经耀眼的互联网明星股票，如今已经回归本原。投资者无疑已经调整了他们对电信、计算机股票的预期，1999年炒作资金把它们的价格推上天之后，就注定会有这样的结局。

美联储的干预导致了一种反市场、反科技的文化基因蔓延。那些在整个20世纪90年代一直鼓吹熊市的人们突然找到了新天地。这导致了十年来的第一次衰退，以及这一代人所经历过最严重的市场下滑。

推荐书目

以前，在有人请求推荐投资书籍时，维克多一般会推荐理查德·威科夫在1900年代出版的《华尔街杂志》，甚至1870年出版的《亨氏商人杂志》，这两本书是真正难得的财富。我们认为，既然在这两本不朽著作之后并无其他可圈可点之作，那么给大家推荐这两本书也不错，起码可以让大家了解了解投资领域的起源。

　　但是现在情况发生了变化。我们会毫不保留地推荐《投资收益百年史》，我们在第9章详细介绍过的书。这本书列举了101年来16个国家的市场收益率，包括英国和美国的股市。它还将这些收益率与短期国债利率、长期国债利率、通货膨胀率、货币汇率等进行了比较。收益也被分解为股息分红、权益风险溢价和规模效应等几个部分。

　　作者以此为基础，触及了每一个投资话题，包括蓝筹股 VS. 成长股、小盘股 VS. 大盘股、季节性因素、资金成本、不同国家股市之间的关系、利润与分红的增长、分散投资的好处、股价模型的准确性，以及对未来收益率的预测。

打败种荚人和悲观主义

　　根据杰克·芬尼的小说改编的电影《人体异形》，一直是我们最喜欢的恐怖影片之一。维克多曾看过1954年的原版，后来又陆续重拍了两次，他也看过一版。2002年的市场暴跌让我们重读此书。这的确是本杰作，除了《投资收益百年史》以外，我们强烈向所有想在当今市场环境中赚钱的人推荐此书。书中故事讲述了丧失希望、消极接受现状的危险。如果你屈服于别人的思想，停止主动思考的话，那些入侵地球的种荚就会寄生到你身上。

　　小说中的英雄迈尔斯·本奈尔是一座小镇上的医生。他面对的情况是，家人朋友之间出现了大量明显的精神异常状态。相继有人告诉他，自己的亲戚、老师、朋友和以前不一样了。然而奇怪的是，这些人后来又到诊所告诉他，现在又感觉一切正常了。

　　唯一的庆幸是，迈尔斯聪明的朋友杰克·贝里克认为这不正常。他在地下室找到了一具模型似的尸体。他把这具尸体放在台球桌上解剖，邀请迈尔斯前来察看。杰克和迈尔斯发现，这具尸体面目空白，就像一张没有曝光的胶片，什么表情都没有。"真相大白，"杰克说，"它有嘴巴，有鼻子，有眼睛，有皮肤，还有骨架。但是没有线条，没有细节，没有特征……它就像一个毛坯模型，等待最后的涂彩上色。"

迈尔斯遇到问题时经常向曼尼·考夫曼博士求助，曼尼是相邻社区一位德高望重的精神病医生。考夫曼博士告诉迈尔斯，"人类的思维意识是一种奇怪而神奇的东西"，他和杰克看到的不过是一个假人。迈尔斯听了将信将疑。但是曼尼平时发表观点十分谨慎，这样旗帜鲜明的观点令他深感困惑。后来，迈尔斯突然意识到，给他提供意见的或许根本不是曼尼本人，而是一个种荚人。

他们后来发现，迈尔斯的怀疑是正确的。曼尼就是一个种荚人。

在新世纪，我们想知道是否有类似的外星人入侵，接管了市场。就在几年前，我们周围还有很多群情激昂的投资者，迫切渴望能从美国的经济奇迹中分一杯羹。现在这些投资者们似乎已经绝望，坚信所谓的经济奇迹不过是个谎言。他们众口一词，看起来像是一个人。但他们从前分明不一样。受迈尔斯的例子启发，我也向一位市场心理学家布莱特·斯蒂恩博格求助。听到他对危机与机会的分析，我长舒了一口气。因为我意识到，他不像曼尼，他没有沦为种荚的牺牲品。

"我们面对的敌人，不仅要攫取我们的身体，"他说，"他们还要掠夺我们的思维。在所有投机成功的背后，都有一套外向性格+乐观情绪+冒险精神的组合。我们研究发现，那些对周围世界兴趣浓厚的人，往往在生活中精力更加旺盛，他们也更有可能谨慎地去冒险。"

"然而我们现在看到的情况并非如此，"他继续说，"投资者们现在的反应，恰好对应心理学家亚伦·贝克在消极人群中发现的心理状态：弱化对自己、他人和未来的积极情绪。"

"这怎会掠夺人们的思维呢？"我问道。

"它是傲慢的文化基因，"斯蒂恩博格博士回答说，"正是这种文化基因告诉希腊人，不要飞得离太阳太近，以免重蹈伊卡洛斯的悲剧。现在投资者头脑中并不是简单的熊市思维。在正常的熊市思维中，熊市会来也会走。他们现在的思维，是认为自己就该遇到熊市。"

说到这里，斯蒂恩博格博士拿出一份《商业周刊》，翻开一篇题为《被出卖的投资者》的文章。文章讲述了本该保护投资者的上市公司董事会、券商和会计事务所是如何年复一年地令投资者失望，最终让投资者彻底放弃希望的。他指着文章标题下面的内容提要给我们读道："美国人相信股市能让他们赚钱。然后股市泡沫崩溃了，大名鼎鼎的安然公司倒闭了……"

"你看，"他说，"投资者不再认为自己应该得到丰厚回报了。他们感觉自己就像一群骄傲自大的傻子，必须要为自己的愚蠢付出伊卡洛斯那样的代价。这就是现在笼罩市场的思想。投资者不敢再抱任何希望。他们害怕以后还会有更大的灾难，希望越大，失望越大。"

就在那时候，我们意识到芬尼的书可以给今天的投资者一个答案。他们或许会感觉自己像是遭到背叛的迈尔斯，或者遭到背叛的恋人。但这两者之间还有很大的区别。尽管投资者的期望落空会恶化他们与上市公司之间的关系，但这对市场来说是个有利信号。在过去六年时间里，大盘指数触及40天低点之后，第二天的平均涨幅为1.5%。弥漫市场的消极情绪为反弹提供了基础。

在芬尼的书中，迈尔斯和女友贝基面临的形势似乎令人绝望。但是他们没有放弃。"甚至连戒备最森严的监狱里的犯人也逃跑了。我们没有葬送自己的权利。哪怕希望渺茫，哪怕注定失败，我们也要和他们战斗到底。"

希望，以及一些经过实践检验的规律

《人体异形》的结尾是一段充满英雄气概的讲话。迈尔斯和贝基拒绝放弃，他们进行了顽强的抵抗，外星人被迫撤离到了其他星球。小说结尾写道：

"很多人失去了生命，但是我们这些有幸没被寄生、没被俘获的人们，进行了不屈不挠的斗争，这令我回想起了一段战争时期的演讲：我们将在战场上战斗，我们将在街巷里战斗，我们将在山峦中战斗；总之，我们决不投降。"

当熊市的文化基因和小说里的外星人一样最终撤离时，地球世界就会恢复正常。那些认为股票将会归零，把所有财富都投入收益率仅为1%的货币市场的人，最后只能落寞地在小镇广场游荡，无精打采，沉默寡言。在萧条时期，上市公司的死亡率暂时升高，你还会看到有些高管被警方带走，有些公司倒闭。但是到最后，就像杰克·芬尼总结的一样：

　　空置的住宅很快就被填满了，这是一个欢乐热闹的国度，总有新的人们加入小镇，他们大部分都是带着孩子的年轻人。五年以后，或许只要两三年以后，米尔谷就会恢复到原来的样子。人们也会逐渐淡忘过去发生的这一切。

纽约曼哈顿（画家：迈克尔·列伊，1990年）

那些最近买股票的人，钱包空空只是暂时的，长远来看必然会鼓起来。因为美国经济还有活力，会迅速反弹。撑过这段艰难时期之后，活下来的公司将会更加强大、更加健康，买入它们股票的回报也会更加丰厚。在科学新发现的推动下，新的公司和部门也会成立。那些不敢投资的人们，也会和他们的父母在上世纪大部分年头一样，愿意为自己的教育、住房和退休生活而花钱。

在五年之内，或许只需要两三年，低于1000点的纳斯达克指数和低于7500点的道琼斯指数都将成为回忆。那些怀疑投资收获和上市公司的人们，也终将沦为无名小辈。

PRACTICAL
SPECULATION

后　记

某些交易者不会因为偶尔的交易失败而自怨自艾。但是根据我妻子苏珊对我手下的交易员这几年的观察，对于大多数人来说，最近一次交易的成败还是会影响自信心。我也不例外。从1997年开始，我就在努力逆流而上，其中也不乏成功之举。然而，我有时候还是会跌倒。每当这时候，我就感觉自己是全世界最笨的人。在这一点上，我很像我的父亲亚瑟·尼德霍夫。他打手球和网球都很好，但是只要我请他打输赢奖金或者比赛，他就会说："坚决不打。因为我是全世界最烂的选手。另外，我也输不起钱。"

他16岁时就在布鲁克林大学的橄榄球队打球。那时候，如果他们战胜了全美国最好的球队，就能赢得丰厚的奖金，却屡战屡败。据我所知，在我父亲参加的比赛中，他们一次也没赢。他的收获是遍体鳞伤，鼻子受伤12次，肩膀脱臼也有一两次。这导致他后来无法再参与其他需要灵活挥动胳膊的运动，比如网球和手球。因此，他说自己是最烂的选手，也有一点道理，虽然在进橄榄球队之前，他对这些球类样样精通。

我也经常有类似的感觉。尽管在1997年得到了一些教训，但我的逆势交易习惯始终未改。不论大趋势如何，我都总是失败。我也曾努力去改进，然而还是经常失败，比如在1998年和2002年，我在这时候也会退缩，把自己狠狠地打倒在地，像父亲一样对自己说："我说全世界最烂的。"

我叔叔豪伊总是警惕地提醒我，不要屈服于失败主义，因为他一直认为他侄子是人生赢家。我把2003年年初的失败告诉他之后，他这样对我说：

你这种自我怀疑的倾向很不好。你对自己的能力和判断向来都是充满自信的，而且也有充分的理由。虽然我们都很爱你爸爸，但我们并不是他。他自谦之辞不过是种谦虚，而不是真心贬低自己。他知道自己有多大能力，他的能力令人钦佩。同样，我知道我的能力所在，你也知道你的能力所在。所以，尽管我们在很多方面都和他不同，但也有很多胜过他的方面。他那种自谦并不适合我们。客观的自我评价才是我们的风格。

尽管你父亲的童年正逢大萧条时代，从来没有多少零花钱，但他总是把钱看得很淡。他穷得什么都买不起。但和别人不一样，他在这种时候也会掏出自己"几乎无法承受"的零钱给加油站的服务人员小费。我认为，他回避赌博（对你来说是投机，对我来说是计算风险），既和自己缺钱有关，也和他不愿占别人便宜有关。我们两个在这方面的观点和他不一样。

我相信，你有能力克服人生中遇到的一切暂时困难。这不是靠运气，而是凭借你对所有数据和建议的分析。如果像阿里一样，遇到在树林里被群殴的情况，你就会明智地撤退，让他们自己打自己人，然后再像麦克阿瑟一样，杀回去赢得胜利。你强大的自信心将会确保你的胜利。

我爱你，豪伊。

量价分析：
量价分析创始人威科夫的盘口解读方法

ISBN：978-7-5153-4437-9

作者：〔英〕安娜·库林

定价：49.00元

- 美国亚马逊量价分析主题图书长期排名榜首。
- 威科夫量价分析法至今被华尔街所有投资银行奉为圭臬。
- 杰西·利弗莫尔、J·P·摩根、理查德·奈伊所倡导的盘口解读法。

利弗莫尔的股票交易方法：
量价分析创始人威科夫独家专访股票作手利弗莫尔

ISBN：978-7-5153-4285-6

作者：〔美〕理查德·威科夫　杰西·利弗莫尔

定价：38.00元

- 两位华尔街传奇人物的对话，一部珍宝级的投资宝典。
- 投资大师理查德·威科夫对利弗莫尔的独家专访首次整理成书。
- 从5元本金到身家过亿，缄默的股市传奇终于接受采访！

行为投资学手册：
投资者如何避免成为自己最大的敌人

ISBN：978-7-5153-4549-9

作者：〔美〕詹姆斯·蒙蒂尔

定价：39.00元

- 被评为"华尔街人必读的22本金融佳作"之一。
- 《怪诞行为学》作者丹·艾瑞里倾情推荐。
- 3小时迅速摆脱投资中常见的行为偏差和心理陷阱。

集中投资：
巴菲特和查理·芒格推崇的投资策略

ISBN：978-7-5153-4871-1

作者：〔美〕艾伦·卡尔普·波尼洛

迈克尔·范·比玛　托比亚斯·E.卡莱尔

定价：59.00元

- 巴菲特、芒格、索罗斯等伟大投资者共同的投资风格——集中投资。
- 让资产安全复利增值的投资策略，芒格却称只有2%的投资者属于这个阵营。
- 颠覆传统资产配置智慧，洞见新一代财富缔造者的成功之道。

扫码免费听
《高效能人士的七个习惯》有声书